大展好書　好書大展
品嘗好書　冠群可期

中華傳統武術 12

祁家通背拳

單長文 編著

大展出版社有限公司

兩背相通善左右兩手互運兼前後步法多變連奇去神仙了也犯無

似表祝賀　苗雨時

為《祁家通背拳》書出版草書七言四句

二○○五年春月

苗雨時先生題詞

単長文鞍山市　武術協会主席

通臂拳伝人劉月亭　弟子之蔚百"健康老人"証場

北京市海淀区発給王蔚百九十五歳写

动静有常剛柔断矣

九十五歲高齡的王蔚百先生題詞

九菡勛德

此匾是後人為頌揚祁家通背拳著名大師悅曇先生所掛。「九菡勛德」乃清朝胤禎之嫡孫愛新覺羅燾純先生所題。其字由愛新覺羅溥仙先生書寫。

武林奇葩

癸未年春　勝林書

崔勝林先生題詞

祁家通背拳第四代部分傳人

劉　澎（1853～1937）　　　賈　文（1863～1948）

張　策（1866～1934）　田瑞卿（1869～1949）　劉月亭（1870～1934）

靳小軒（1879～1944）　修劍痴（1883～1959）　　許　讓

譚武瑞

余振江

高占鰲

賀振芳

王榮標

祁家通背拳第五代部分傳人

楊桂林（1877～1969）

胡悅曇（1900～1956）

陳天祥（1906～1986）

戴星垣（1910～1979）

王蔚百（1910～）

張聖武（1911～1988）

王俠林（1911～1994）
（女）

李寶明（1914～1999）

翟樹桂（1919～1980）

陳信莆

祁家通背拳第六代部分傳人

周振武（1911～1975）

程德焜（1918～2000）

蔡　敏（1933～）

魏慶祥（1934～）

賀國棟（1944～）

張國光（1946～）

王宗存（1946～）

陳連君（1950～）

戴振川（1955～）

與著名太極拳大師
王培生先生合影

與陳式太極拳名家
陳正雷合影

與武當山內家拳代表人
游玄德合影

（上）與開門八極掌掌門人吳連枝（左）、北京形意拳研究會會長邱國勇（右）合影

（中）與少林武僧團團長德揚合影

（下）與鴛鴦拳名家鄭鐵雲（左一）、七星螳螂拳名家霍瑞亭（右二）、地趟拳名家張憲政（右一）合影

演練

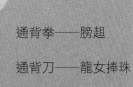

| 1 | 2 |
| 3 | 4 |

通背拳──膀趄

通背刀──龍女捧珠

祁門劍──橫劍截眉

通背槍──穿指穿袖

與八卦掌名家朱寶珍
（左二）、少林拳名
家德揚（左三）、武
當拳名家游玄德（右
三）、意拳名家薄家
聰（右二）、形意拳
名家李宏（右一）同
台展示絕技

對練——
　　空身提撩劍

對練——
　　對滑大杆

對練——
　　闖槍

1996年10月27日為慶賀祁家通背拳第六代傳人程德焜先生八十壽辰,程先生全家與北京市武協領導劉哲、范寶雲(女)、部分友人,知名武術家黃菊芬(女)、隋世國、張貴增、于伯爾等,先生之師嬸(師娘)、師嫂,部分師弟、弟妹、弟子、徒侄、徒孫等人合影留念。

作者(後左三)與老師
蔡敏、師叔姜廣大、賀
國棟及師弟、弟子合影

作者與老師蔡敏、部分師弟、弟子等在鞍山成龍武校合影

作者介紹

　　單長文，男，生於 1945 年 3 月 23 日。遼寧省遼陽縣人。1964 年考入北京鋼鐵學院（現更名爲北京科技大學）。1969 年畢業後，一直在鞍山鋼鐵公司工作。高級經濟師。現擔任鞍山市武術協會主席，遼寧省武術協會委員，科研委員會副主任。

　　單先生出身貧苦，少年聰明好學，性格豪爽，爲人正直，慕俠義，好管不平事。9 歲始，先後隨啓蒙老師付洪德先生、王春山先生、趙潤堂先生習練通背拳、查拳、少林拳、六合拳等基本拳法。

　　他在北京鋼鐵學院讀書期間，擔任該院武術代表隊隊長。京城乃藏龍臥虎之地，機緣有幸，先後結識了形意、八卦、太極諸多拳種的武林朋友，尤以結識意拳名家李志良、李永忠、周子嚴等先生更是幸事。蒙衆先生喜愛，稱爲「忘年之交」，並不吝賜教，受益匪淺，知道了中國傳統武術文化之博大精深，猶如浩瀚之大海。從此開始了對中華傳統武術眞諦的探索與追求。

　　由於武術門派衆多，不能一一精學。天賜良機，

單先生在學院武術隊教練員、吳式太極拳名家李秉慈先生的引導下，經多方查尋，拜識了祁家通背拳第五代嫡傳、著名拳師楊桂林（名步蟾）先生，暢談之下，頗爲投緣。因楊先生年事已高，故親自指薦其弟子、第六代嫡傳、傑出代表人物蔡敏先生爲其師。從而正式拜師，得入門牆，走上了科學研習祁家通背拳之路。

授業恩師，傾囊而授，加之單先生天資聰慧，勤學苦練，進步神速。其師爲進一步造就其才，欣然帶他拜見通背拳的幾位前輩師爺，並得其親身傳授，如著名通背拳大師劉月亭、田瑞卿之嫡傳楊桂林先生（槍、刀、手得有眞傳，並受「中興之祖」胡悅曇大師指令，匯總了祁家通背拳拳譜、八步十三刀刀譜及傳留了通背槍譜與槍法，是第五代傳人中傑出貢獻者之一）、翟樹桂先生（拳學造詣極深，人稱膀趄專家，是第五代傳人的佼佼者）、張聖武先生（功力高深，大劈挑得有眞傳，刀法亦精，綽號「劈挑張」，亦是第五代傳人中之精英）。

除此之外，先生還得到了第六代傳人中程德衢先生、周振武先生等師伯、師叔親身指教。由於眾前輩的精心調教，功力大增，集通背拳老、少門技藝於一身，刀、槍、劍、拳無不精純。技藝啓於大通，已臻奧境。

古來習武者率多不文，故難及上乘也。先生憑藉其文化底蘊，在通背拳大師胡悅曇《南遊日記》的指導下，精心研求，不但技藝已達上乘，武學之理論亦

有極深造詣，堪稱文武雙修，並科學地提出「以現代哲學、辯證法（矛盾論），結合在當今仍有現實意義的古典哲學、辯證法（含易經、道家、佛家）、現代力學、醫學、心理學、人體科學、兵法等作爲指導武術的思想理論基礎」，反對封建迷信與邪理玄說。

先生在研究武學的過程中，能去粗取精、去僞存眞，不受門派之爭的干擾。先生常云：「尺有所短，寸有所長，武林同源，萬法歸宗，藝到化境，門派已無矣。門派只是習武者的切入點，乃過程耳。誠然，亦不應數典忘祖也。」

20 世紀 80 年代初，先生受聘於鞍山市少年宮，擔任業餘武術教練員，從此開始授徒。二十餘載，授生、徒數百人，不論貧富，一視同仁，惟好學者優之，深受廣大習武者之敬重。

先生品行端正，剛直不阿，武德高尚，心胸寬闊，廣交四海朋友。武林常議之：「像先生這樣品學兼優者實屬不多。」

1983 年被鞍山的眾武林同道推選爲市武術協會主席，連任至今，爲鞍山地區武術運動的普及與提高作出了重大貢獻。1984 年被評爲全國千名優秀武術輔導員之一。1993 年被載入人民體育出版社出版的《中國武術人名辭典》。2002 年由中國體育報業總社主持的「中華武術展現工程」選爲「祁家通背拳」主講代表人物，並錄製了祁家通背槍、刀、劍、拳十五盤 VCD。

先生爲繼承發展祁家通背拳學，歷盡艱辛，收集了大量歷史資料，綜舊匯新，編撰了《祁家通背拳》

一書。内容豐富，論述精闢，既保存了原傳體貌，又富有新意，實乃通背拳大成之作。

先生云：「吾習武一生，不求聞達，惟欲把前輩心血結晶傳留下來，能給後學以啓迪，光大中華傳統武術文化遺産，吾心願足矣。」可以說，此書爲中華武林百花苑中保留了一脈眞諦。

苗雨石、殷長義、隋傳興

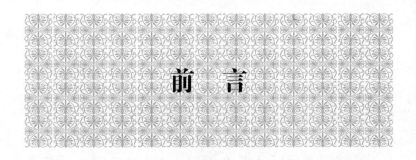

前　言

　　祁家通背拳自祁信創始以來，已有近二百年的歷史。經幾代傳人不斷豐富發展，使之形成了槍、刀、手爲一理的我國傳統武術優秀拳種之一。在京、津、河北、遼寧等地區流傳爲最廣。

　　通背拳原本是以單操、散手技擊爲主，套路爲輔，内外雙修的練功方法，具有很強的技擊性、養生性。功行久之既能防身自衛，又能強身健體，祛病延生。

　　通背拳歷史較爲悠久，又經幾代人繼承、發展。由於歷史的局限，各位傳人得到的傳授多少不同，個人形體特點不同，智力、知識、愛好、習慣、體會等也不同，故流傳至今風格特點均有一定差異，但淵源頗深，只要是得到眞正傳授，又細細科學研練者，都應大同而小異也。

　　有關通背拳方面的書籍已有過出版，但從近代自編套路方面講述較多，而技擊中之特點、精要論述似有不足。爲了繼承、發展通背拳之眞諦，本書經考證，全面系統地保留了祁家通背拳原傳體貌，客觀地

記載歷史，並側重從單操手技擊方面要求等介紹給讀者。

本書以現代哲學，辯證法結合在當今仍有現實意義的古典哲學、辯證法（含易經等）、力學、醫學、人體科學、心理學、兵法等作為指導思想的理論基礎。反對封建迷信、邪理玄說，力求不要誤導眾生。

本書介紹的「通背拳術」「八步十三刀」「祁門十二杆」均為代代相傳的歷史記載，其中單操手法、技擊要領、套路等均由通背拳第六代傳人程德衛、蔡敏所傳授，由其兩人的第七代傳人單長文執筆編撰。程、蔡兩位先生為祁門嫡傳，程先生一生好武，為人忠厚，技藝廣博，祁門通背拳和槍、刀、手均由其全面系統地傳留下來並傳於後世，1983 年後一直是北京通背研究會委員，可以說一生為通背拳的繼承、發展默默地做著事業的貢獻；蔡先生 9 歲始即專習祁門通背拳，60 餘年苦心研求，技藝精深，真正精純地保留了祁門通背拳的原傳精神體貌，1983～1997 年曾任北京通背拳研究會副會長、會長，對祁家通背拳精髓的繼承發展作出了較大貢獻。

兩位先生從師於第五代傳人著名通背拳師楊桂林（字步蟾）、翟樹貴、張聖武、胡悅雲（為前三人半師半友）。楊、翟、張、胡四人分別從師於第四代傳人、著名通背拳名家劉月亭、田瑞卿、劉澎：劉月亭師從於第三代傳人王占春，王師從於第二代傳人「飛刀」陳慶；田瑞卿從師於第三代傳人神槍崔敬，崔從師於少師祖祁太昌；劉澎從師於張玉春、欒和修，

張、欒從師於少師祖祁太昌。

本書編寫過程中雖想全面系統、細緻地介紹祁家通背拳，但因篇幅及編者水準所限，加之技擊術中有些只可意會不可言傳的意思，變化太多，故不可能全部寫清楚，難免有不當之處，望讀者批評、指正。

在這裏還需要說明一點，通背拳流派很多，傳人遍天下，無法將所有脈流傳人收集清楚，故書中遺漏乃情所無奈，而非故意，望武林同道海涵爲盼。

在這裏對程德衞、蔡敏、賀國棟、翟志安、閻永昆、王宗存、陳連君、魏慶祥、周常仁、韓寶軒、趙建國等先生提供的歷史資料、照片等表示衷心感謝。

對秦彥博先生攝影，表示衷心感謝。

祁家通背拳

目 錄

目
錄

祁家通背拳

第一章
祁家通背拳綜述

第一節 祁家通背拳的源流與發展

一、源流

祁家祖居河北冀梁城西南三十里大郭村。清嘉慶年間，祁老威、祁老清兄弟二人好武成癖，遍請周圍名師，藝業廣雜，後以心機六合拳、六合大槍為主。藝成後二人分開行走江湖，尋師訪友，以增閱歷和技藝。在山東羅家集，祁老威巧遇羅家槍傳人羅師傅（名字無記載，但知住在淄川番陽集），兩人相處，情投意合，隨後拜為把兄弟。日久，羅師傅見祁老威為人仗義，根基雄厚，便欣然將羅家槍傳之。

此槍法名為「斷門槍」，原名叫「五勁槍」，即五種勁法；又叫「五戶槍」，即五家槍法，包括三國趙子龍的「力斷」、後漢姜伯約的「鎖口斷」、隋朝尚大夫的「摩旗斷」、前唐羅家的「奸斷」、宋代楊家的「梨花斷」。

此槍法乃當世著名槍法之一。

祁老威回鄉後不久，在新橋鎮鹽店坐池矩家（即在矩家護院）。在此期間，將此槍法傳於侄子祁信。祁信在祁老威處學得十二槍後，遷往固安宮村西北小太平莊居住。祁信將羅家槍和楊家梨花槍、六合大槍共冶為一爐，始有「祁家大槍」，實乃羅、楊兩家槍法之精華。槍法虛實結合，奇正相生，進銳退速，勢險節短，靜似山岳，動如雷霆，圓神不滯，神化無窮。

祁信操練槍時，常用長一丈一尺五寸的大杆，而不安槍頭，故稱「祁家十二杆」。其中有十二趟操法、十種主要斷法、三十六個散點。祁家家藏道光二年所書槍譜，秘不傳人，非入室弟子不得見也。

清道光年間，祁信藝成後，一次出門行走江湖，住在河北省固安縣宮村鎮賈家店（亦同興店），店主賈興（號四太爺）喜武好友，祁信與之交往甚歡。恰逢賈家與附近叫黑馬的人為爭奪琉璃河渡口雙方大戰，祁信手拿長杆前去助拳，不料其長杆被黑馬用雙鐮削斷，鎩羽而歸。首戰敗後，祁信又找其叔祁老威二次學藝，重返賈家店，再與黑馬大戰，大獲全勝，從此祁信威名大振，始有「杆子祁」之稱。前來學藝者絡繹不絕。

祁信在賈興的支持下，在賈家店開山立萬，設場授徒，稱為「祁家門」，河北固安賈家店也成為祁家門的發源地，祁信即為創始人。祁信當時的主要器械是祁家大槍（杆子），手打的是「明堂拳膀趓門」的手，動作風格是大劈大挑，大開大合；步法以大閃展步、碾閃步為主，勁法剛猛脆硬，對敵時硬劈硬砸不碰硬。

祁家通背拳

其子祁太昌，自幼習武，武藝精湛，祁家大槍更是威名遠揚。當時江南有個郄師傅（名字不詳），號郄蠻子，因仰慕祁家大槍，隨之與祁太昌以心極通背拳換祁家大槍。祁太昌將心機六合拳、明堂膀切手法、心極通背拳融入大槍之法，共冶為一爐，才真正有了祁家通背拳。

祁家通背拳以活法為根源，由三十六手築基、七十二散傳組成，素以單操散手為主，頗具技擊性。祁家通背拳在形成衍化、發展的過程中，是不斷地汲取他人技藝之所長而提高的。

這裏舉一例，據楊步蟾先生講：老祁師傅（指祁信）遇河南馬（名字不詳）較技，河南馬用提膝步、引手將祁信的門牙打掉兩顆。老祁師傅不露聲色把門牙咽了，為學其技，便叫少祁師傅太昌拜到河南馬門下學藝，從此有了引手、提膝步，才帶動了一百零八手的靈活與精細，這是少祁師傅打手細膩、剛柔並濟的重要轉捩點。

在河北固安縣東徐村有單刀趙勝，乃河北名拳師，與祁太昌齊名，刀法精妙絕倫。因恭慕祁家槍法，一次與祁太昌在友人家相遇，暢談之下，互相仰慕，遂以刀法與祁家大槍互相傳授。此刀法經祁太昌、祁信研究總結，融入槍拳之理，才有祁家通背刀法。此刀法含八種步法、十三個刀點、三十六種招法，故亦稱「八步十三刀」。

至此，祁家通背真正形成了槍、刀、手為一理的拳種，後經歷代傳人不斷繼承、研究並發展，使祁家通背拳成為中華武林中著名拳種之一。

祁太昌卒於光緒二十一年，祁順十五歲，祁信約在光緒十六年去世。

二、歷代通背拳名家及主要傳人

自一代宗師祁信開山以來，歷代皆有傳人。第二代傳人中以祁太昌、飛刀陳慶、黃九、李忠等人最為出名，其中尤以祁太昌貢獻最大，繼承並發展了祁門技藝，人稱「少師祖」。到了清末民初，此拳發展很快，高手輩出，尤以河北、京、津一帶最為昌盛。

第三代傳人琢州「神拳」全祿（清朝二品帶刀侍衛）、「神槍」崔敬、王占春、張玉春、欒和修、許天河、「飛腿」李慶海等人皆功深藝精，少遇敵手，當時被稱通背幾大高手。

第四代傳人中尤以涿州「快手」劉智（崔敬外甥）、北京國強武術社長劉月亭、田瑞卿、劉澎、靳曉軒、欒友林、賈文、修劍癡、「大槍」許讓、京東香河縣馬神廟的張策等人為傑出代表人物，其中劉月亭、修劍癡二人影響為最大，在繼承、推廣、發展等方面作出了較大貢獻。

（一）歷代名家

1. 劉月亭

劉公諱長春，字月亭，生於前清同治庚午四月初四（1870年），卒於民國二十三年甲戌八月初九（1934年），河北寶坻東關人。劉先生年少時性格豪爽、正直，為人仗義、嫉惡如仇，舉動果敢。少負大志，年十二即遊京師。在京首拜陳振芳為師，先習彈腿之技，數載即已可

祁家通背拳

觀。陳師察其品學兼優，專志不二，特秘授祁家通背拳。後陳師過世，經其師爺「飛刀」陳慶指薦又從師王占春，無論寒暑，埋首苦練二十載，技遂大成，刀槍劍拳無不精純。手法以老祁師傅的擒捉、拍掌、劈山炮等法為主，相容少祁師傅手法，功力奇高，已達爐火純青之境，而道中卻鮮為人知。民國初，為發揚國粹，開始授徒，然擇材甚嚴，非體堅品正難得其傳，故當時僅三五人而已。民國九年春，在眾知交勸促下，始成立北京國強武術社（在北京東四牌樓十條胡同）。教學十載，授生、徒不下百人，無論貧富一視同仁，惟好學者優之，名聲大盛，求教者眾多，故「十條」已成為通背拳愛好者心目中之代名詞。當時各通背拳名宿皆前往切磋學習。先後成名的張策、修劍癡等同代高手亦是常客，且受益匪淺。

1915 年修劍癡到東北遼寧的路費等均是劉月亭資助，後在東北成名，成為著名通背拳大師。劉先生在推動武術運動的發展，在拳學的研究上作出了重大貢獻，培養出一批通背拳高手，如近代對通背拳繼承發展作出了巨大貢獻的胡悅疊先生就是代表人物。劉先生畢生以武術為生，曾被朝陽俄專、法政畿輔、鐵路大學、募警講習所等聘為國術教師或教官。後於民國十九年受內政部委任為警官高等學校拳術教授。譽滿京城，堪稱通背拳一代傑出大師，也是當時京城公認的「十大」名拳師之一。

2. 修劍癡

修公諱子真又名修明，字燕儂（博偉），生於光緒癸未年間六月廿四日（1883 年），卒於 1959 年 7 月 12 日。

滿族，河北固安縣修家新莊人。自幼勤奮讀書，敏而好學。首拜河北祁家通背拳第三代傳人李衡為師，後拜河北名拳師許天河為師，勤學苦練，廣結武友，功夫大進。1915 年，在劉月亭資助下來到遼寧創業。初到瀋陽，後落腳大連開業授徒，以教拳為生，稱「祁家門」。風格以少祁師小架為主，單操五掌，剛柔相濟，善用七星插掌法，槍法善用拈槍之法。

1933 年，應湖南省邀請任湖南省國術考裁判，後留下任武術教官。此期間結識了大江南北諸多武林高手，使其不但更精於通背拳，亦對其他優秀拳種如形意、太極、八卦、長拳等進行了學習與探討。

修劍癡由湖南返回大連後，繼續求索，銳意創新，從理論上進行了總結，晚年著書立說。1953 年總結出勢、法、理三部書稿。在其畢生武學研究中，悟出了矛盾之理。在教學過程中，又自編自創了不少教習套路。

修劍癡畢生從事武術事業，對通背拳的推廣、繼承、發展在理論與實踐上作出了重大貢獻，其學生「桃李滿天下」，堪稱近代著名武術家、通背大師。

3. 胡悅曇

第五代傳人中當以北京胡悅曇為祁家通背拳傑出代表人物。

胡大印，號悅曇，生於 1900 年，卒於 1956 年。原籍河北衡水縣趙卷村人。少年隨父入京，勤奮好學，23 歲畢業於北京大學文學系，後又到清末狀元劉文林先生處進修文學。青少年時酷愛武術，首拜北京披掛高手王榮彪為

師，1927 年前後拜八卦掌名家翠花劉為師，再拜通背大師劉月亭為師。劉師卒後，又拜「神槍」崔敬嫡傳弟子、通背拳碩果僅存者之一田瑞卿為師，後又拜劉澎為師。胡悅疊好武成癖，為研究武術之理論，提高技藝，1933～1937 年間曾隨田師四次走遍全國訪藝，歷盡艱辛，耗盡家財，在所不惜，對散傳於民間的各種技藝集其大成，對全國著名通背拳高手所善之技均有深入研究，並用畢生心血寫出《南遊日記》12 篇，對通背拳前輩高手的槍、刀、手的精華，均有明確闡述，給後人留下了通背拳靈魂的第一手全面資料。這是歷史性的貢獻。

胡悅疊崇尚科學，反對迷信，對前輩留下來的東西勇於批判吸收，去偽存真、去粗取精、勇於創新。早在 1933 年，他就提出了「建設革命科學的武術，革命是掃除神秘而不切實際的心理」，「科學是有系統的正理即要用哲理，結合道家、佛家之古典哲理，從生理、體能、功勁等方面解釋武學」，給後人指出了正確的發展方向。

他總結了通背拳幾步主要功法。數度南遊，閱歷大增，苦心研練，可以說集老派手法與少派手法於一身，槍、刀、手技藝絕非一般高手所能比擬，功力高深，打手無形無意，技藝已入化境。其人終生未收入室弟子，但對其師兄弟及友人皆能代師傳藝。京城通背拳著名拳師楊桂林、翟樹貴、張聖武、郭雲貴、陳天祥、戴星垣、李保明等均對其崇敬有加。

著名拳師楊步蟾先生在刀譜序中曾有這樣一段話：「幸得同門師弟胡悅疊從旁指導，余之有今日者，皆胡弟所賜也。」就連其啟蒙老師王榮彪，見到後期胡悅疊打手

後也心悅誠服地說：「這輩子沒白活，我見到真把勢了。」可見胡悅曇在前輩心中的地位。

可以說，胡悅曇不但是一代文武雙修的通背拳泰斗、頂尖大師、武術家，而且還能主講佛學，醫學亦精，是近代武學奇才，是承上啟下、繼往開來的代表人物。為通背拳技擊精要及理論的繼承發展作出巨大而不可估量的貢獻，後人尊稱其「中興之祖」。由清朝胤禛之嫡孫、正名盧主人愛新覺羅燾純先生題字，愛新覺羅溥仙先生為胡悅曇先生書寫的頌匾「九菡勳德」足以說明胡悅曇先生武學、禪學等的高深造詣和藝境。

(二) 歷代主要傳人

第一代

祁　信

第二代

祁太昌、陳　慶、黃　九、楊繼賢、杜榮弼、趙經俅、李　忠、韓貫一、賈　興（與祁信為半師半友）等人。

第三代

祁　順、李慶海、王占春、陳振芳、金鳳閣、穆同喜、吳桐軍、王玉順、全　祿、崔　恭、崔　敬、欒和修、欒敬修、張玉春、高明山、許天河、張　九、李　恒、王玉衡、李　振　夏永珍、賈元吉、賈元善等人。

第四代

田瑞卿、劉月亭、劉　智、李　源、崔鳳鳴、崔鶴鳴、崔鵬鳴、崔雉鳴、崔晏臣、范永華、祁　泉、梁海榮、張少三、靳小軒、李　香、劉　澎、關錫恩、欒友林、高　鹿、高　凌、譚武瑞、余振江、修劍癡、賀振芳、許　讓、賈　文、高占鼇、李華庭、張　喆、王榮標（與劉月亭為半師半友）、張策（與王占春為半師半友）等人。

第五代

胡悅曇、楊桂林、陳天祥、戴星垣、張聖武、翟樹桂、陳信甫、李世保、魯振生、李萬春、龍占熬、沈友三、孫炳岳、李寶明、郭燕田、郭永貴、蘇祥林、徐德林、崔秀雲、崔秀峰、崔　璉、范海城、陳乃傑、陳乃寬、馬永忠、閏仲華、李亞齋、張久豐、潘俊元、白亞山、橫永振、李　洪、劉　維、楊玉章、姚寶琦、王俠英、王俠林、張選三、徐長恩、王蔚百、李捷三、蘇景林、楊藹民、劉克敬、馬占山、李腫三、解伯雍、楊成彩、李介眉、修曉霞、高紹先、王久經、成傳銳、韓鵬躍、于少亭、薛儀衡、林道生、王耀庭、劉伯秧、沙國政、王子和、王嘉義、王樹章、王　義、武田熙（日本）、王增路、賈德全、鄧洪藻、張殿英、包應士、張以謙、張　越、吳圖南、強雲門、韓占熬、周景海、王仲猷、董秀生、康文勝、周學儀、張殿華、趙　達、李振海、馬熙春、符懋塱、劉守義、王汝意、靳寶均、靳文斌、

靳文質、陳西增、宮錦武、韓作舟、梁介臣、謝寶齊、
劉子玲、王漢儒、許啟佑、蘇兆青、楊樹友、朱化榮、
張雲樹、張雲書、陳永和、伊振海等人。

以下各代傳人按姓氏排列：

第六代

丁永江、丁全質、于增全、馬　宏、馬　傑、馬全福、
大　申、王　宏、王增來、王宗存、王寶仲、王世文、
王世玉、王友貴、王長順、王學義、王樹玉、王東福、
王廣順、王吉生、王光偉、王茂林、王秀儒、王金巨、
王伯信、王賀祥、王省三、田桂芬、田介三、白占魁、
白鐵山、付洪德、馮　林、葉仲宜、朱潤泉、朱生安、
任繼華、紀玉生、伊仿臣、劉　山、劉文華、劉德海、
劉增瑞、劉仲元、閆永昆、閆子奇、孫世奎、孫亦晶、
孫志強、孫德起、蘇寶民、蘇寶華、蘇寶冀、沈洪元、
冷洪鳴、邱士文、齊志山、李　忠、李　煊、李　鈞、
李炳信、李光偉、李增泰、李增科、李增新、李振華、
李振昆、李松昆、李天林、李惠忠、李增普、李德潤、
李連仲、李連元、李春祥、李春普、李恩榮、李紹增、
李明章、李明義、李永勤、李端生、楊有雨、楊士福、
楊士坤、楊文俊、楊繼明、吳敬泉、吳敬陽、吳巧玉、
吳立新、吳海英、吳樹青、吳潤芝、吳會林、宋會明、
蕭勝三、張國光、張鐵林、張國彪、張啟明、張倫昌、
張富晨、張承濱、張繼宗、張淑佺、張吉來、陳　榮、
陳　柱、陳連君、陳長義、陳才元、祁志平、孟　濤、

祁家通背拳

范京利、林道功、林植元、周振武、周仁江、周榮鑫、
單士忠、鄭劍峰、國興權、季玉林、趙恩龍、趙振華、
趙振國、趙秋菊、趙建國、趙子棟、趙鳳歧、祖進才、
鍾國麟、鍾德富、胡同發、胡寶林、姜廣泰、賀國棟、
賀嘉慧、賈　鑫、賈省三、徐　復、徐　旗、徐春普、
高興凱、高東生、高東立、郭　鵬、郭樹森、郭清泉、
黃雲其、盛中興、常松勝（日本）、梁　仲、梁書德、
梁國棟、梁學功、程德焜、程忠厚、靳榮慶、靳雲橋、
靳玉昆、靳玉行、靳倉祿、靳孝臣、蔡　敏、翟志安、
翟景龍、潘德延、槐文濱、穆秀傑、穆漢川、穆百川、
薛金柱、藏春江、戴振川、魏慶祥、魏寶成等人。

第七代

丁玉海　丁富平、丁亞晨、馬秋生、么　波、王　振、
王　欣、王　超、王　強、王　騰、王紹平、王振祿、
王振增、王愷朋、王英林、王夢華、王俊啟、王世明、
王世平、王志傑、王志民、王志平、王佳瑞、王立國、
王全海、王國通、王九喻、王恒濤、王偉光、王建輝、
王建華、王哲廣、王曉東、王文生、王寶巨、王大中、
王萬全、王武生、尹秀俊、尹東兵、左殿寶、石雪峰、
石亞傑、盧金城、葉連生、田生堂、白新年、付奎武、
付奎義、艾金鎖、邊學正、呂新明、呂桂森、邢　偉、
邢廣彬、安少玉、朱　平、朱景江、任金俊、紀雲才、
劉世福、劉寶順、劉寶華、劉永生、劉永江、劉劍芳、
劉志軍、劉小健、劉守仁、劉賀生、劉學文、孫鳳桐、
孫鳳照、孫連生、孫振環、孫景城、蘇福合、龐德利、

邱宗傑、李　浩、李　群、李　健、李　源、李寶柱、
李廣福、李中秋、李紹增、李和順、李振莊、李振來、
李松林、李寶林、李章安、李龍路、李正華、李樹成、
李勝春、李羿琳、李建國、李洪峰、李國亮、李德山、
李俊豐、李鐵圈、李文學、李福利、李志奇、李周田、
李春生、李春才、李銘晏、李銘振、李宗貴、李慶雲、
李永維、李永亮、李鳳澡、楊林生、楊宗德、楊志洲、
吳利華、吳志剛、宋建國、何志武、何金錠、杜朝龍、
杜小華、張　文、張　靜、張　迪、張　生、張　濤、
張恩昌、張福輝、張守權、張衛國、張立福、張玉祥、
張和義、張和友、張玉興、張乃波、張恭柱、張新軍、
張建光、張兀山、張永軍、張松山、張士光、陳志海、
陳廣呈、陳學智、邴繼振、孟國才、佟增利、汪志剛、
邵德水、范常華、金克勤、苗雨石、林　猛、單長文、
周常仁、周常安、周鳳勤、鄭忠奇、鄭廣華、鄭順利、
房澤華、武鳳山、季竹春、趙　俊、趙燕華、趙奎全、
趙德福、趙連成、趙振川、趙寶祥、趙德利、趙文啟、
趙鐵良、鍾寶義、鍾寶強、鍾寶玲、駱起方、胡　義、
胡長水、胡雙喜、胡小鐸、胡建國、俊　田、宮建旭、
姜壽民、洪來順、秋　豐、賀　鵬、殷元章、賈登坡、
賈根英、徐升元、高　飛、高學明、高學亮、高曉軍、
高長林、郭　進、郭振泉、郭勝利、郭法生、郭繼生、
郭繼清、耿玉山、梁景水、梁鳳飛、崇華楊、崔　甫、
崔樹恒、崔立恒、崔百栓、曹雪峰、項　煒、薩燕桐、
韓寶軒、韓志民、程　浩、程　斌、程志友、蔣秀山、
彭景章、董少鵬、董秀元、靳福臣、靳莽華、靳大奇、

祁家通背拳

靳漢成、蔡小明、蔡小東、蔡小龍、翟福順、翟希亞、
黎德仲、黎樹鬆、裴建平、滿洪泉、藏旭生、穆雙喜、
穆雙利、戴　維、戴鐵鎖、魏興旺、魏少英等人。

第八代

丁　濤、馬世強、馬志強、王　珣、王　曦、王　媛、
王桂清、王安平、王建平、王育良、王巨侖、王國興、
王德群、王寶青、尹　霞、尹相慶、鄧和發、鄧淦戈、
田小輝、付海山、安　東、關守玉、池　深、湯鐵軍、
行鳳祥、紀　哲、劉興偉、劉洪明、劉志良、劉國營、
劉永泉、閆一茗、孫汝江、李　力、李　鵬、李　豔、
李　超、李　凱、李　昂、李　軍、李　傑、李中橋、
李樹銘、李經偉、李宏林、李長順、李順利、李孟軍、
李國慶、楊　威、楊志軍、楊寶宏、宋　鵬、宋振忠、
何　迪、張　明、張　斌、張　忠、張宏昆、張喻宏、
張學東、張崢旭、陳明元、狄榮傑、金婷婷、金興國、
林　勇、單　玥、周　悅、周　佳、周建國、周長水、
鄭廣利、鄭金利、鄭金海、武愛林、武德林、武德秀、
屈盛洪、苑永貴、姜慶林、柳來茂、趙躍坤、趙雲怡、
鍾　琦、駱志迪、駱志鵬、秋　笛、段樹才、郝德國、
郝洪生、柏朋友、祝　賀、侯月紅、殷長義、袁東平、
賈　武、高　群、高　維、高大躍、郭祥寬、郭吉浩、
郭軍庭、都春生、隋傳興、隋玉虎、黨建民、翁鵬飛、
崇　珊、崔勝林、崔豔林、曹德順、韓　沖、程　毅、
舒仲江、溫盛剛、董振寶、靳元舉、蔡　林、蔡　晨、
翟躍超、黎　娜、黎樹香、黎樹利、裴　斌、薛　姣、

薛利平、魏連喜等人（鞏民強等人為第九代傳人）。

第一代至第五代部分傳人出生年代至故去年代一覽

第一代：

祁　信　　　? ～ 1845

第二代：

祁太昌　　　? ～ 1850

第三代：

祁　順　　　? ～ 1895

張玉春　　1836 ～ 1900

崔　敬　　1844 ～ 1893

第四代：

劉　智　　　? ～ 1930

劉　澎　　1853 ～ 1937

賈　文　　1863 ～ 1948

田瑞卿　　1869 ～ 1949

李　香　　1870 ～ 1921

劉月亭　　1870 ～ 1934

靳曉軒　　1879 ～ 1944

修劍癡　　1883 ～ 1959

張　策　　　? ～ 1934

第五代：

賈德全　　1882 ～ 1964

楊桂林　　1887 ～ 1969

胡悅曇　　1900 ～ 1956

陳天祥　　1906 ～ 1986

王俠英　　1906～1996
戴星垣　　1910～1979
張聖武　　1911～1987
王俠林　　1911～1994
潘俊元　　1913～1998
李寶明　　1914～1999
翟樹桂　　1919～1980

第二節　祁家通背拳技擊的主要風格特點

祁家通背拳是以單操、散手為主、套路為輔的技擊性強並能養生健體的優秀拳種之一。通背拳單操技擊中具有以下特點風格。

一、象形取意

為什麼取名通背拳呢？是因為前輩所創時以「象形取意」也，即形取長臂猿臂長的特點；取其動作輕靈活快，發力相對較長，即意長、力長之技擊特點。乃取其法也，而非單一取形。故此拳曾稱「心極通背」。

心極有心法和心勁兩方面含意：心法要求長、嚴、連、整、順、近、巧、靈、活、準；心勁則要求冷、彈、脆、快、硬、重、猛、輕、撞、抖。老一輩拳家常說：「心勁是冷猛整撞，心法是扶手中拳。」這是指拳意而言。通背拳在勢、法、理上都是象形取意而非單取其形。

二、長

「一寸長一寸強」。長能擊遠，先敵而至，這是技擊之優勢。通背拳取長臂猿之特徵，因此「長」是重要特點之一。「長」有如下幾方面體現：

(一)手臂長

打手強調自身肩胛配置要踩足、撐膝、擰腰、切胯、含胸、探背、鬆肩、合肘、舒腕、運指，以渾身各關節的鬆活擰轉、搖動及韌性來催助手臂放長擊遠。放長不是放到極點，要形不破體，重心平衡為要。所謂長與短主要是相對自身形體而言，而非取材不同。

(二)步法長

通背拳對敵時，手所不及要用步法彌補之。步長不是放大步幅，而是用相關步法能迅速接近。步法、身法與手法協調配合，方能打出「長」意。

(三)力長

通背拳打手有混元之力，發力時要有力透脊背之意，且在作用方向上要向縱深、切不可淺及即收。

在操手時，各種發勁對自身肩胛配置均有嚴格要求，全身內外相合、渾身整合，合者之力，方為真長，否則形似而勁不是也。

(四)心意長

通背拳打手時主要在心意,心意要長,不能短、淺。要精神飽滿,神氣逼人,大氣磅礴,有無所不能、無所不及之意。心意長則臂長、步長、力長,遠近因時而用,心一動而即至,否則形似而意不是也。打手時要意貫周身外,有視敵如蒿草、擊敵如行路之氣魄。

(五)長短互用

通背拳打手發力時,形體長到手指、腳趾,短到肩、肘、胯、膝、頭,皆能發力,遠可長擊,近可短用。一味求形長,重心不穩,無混元之力,勁不整,打擊力度降低。長而不知短用,易被長所誤,則失偏矣。

三、嚴

(一)勢嚴

通背拳操手時,在手法、身法、步法上均有嚴格要求。形體要做到「三折九扣三尖對」。「三折」為臂折、身折、腿折;「九扣」為指扣、腕扣、肘扣、肩扣、胸扣、胯扣、膝扣、踝扣、趾扣:「三尖對」是打直線手時手尖、足尖、鼻尖對正在一個立面之內。

人體大三節、小三節皆要協調配置,儘量縮小被攻擊面,並使自己動作開合自如,順暢無滯。做某些操手時,應如前輩所言:「琵琶骨活如扇,兩手穿梭如星串,三尖

不離一條線。」因此有人形容通背拳打手形同海上航行之巨輪，有劈波斬浪、勇往直前之勢。

（二）法嚴

通背拳操手時有似封似閉之法，即打與顧互為表裏，矛與盾的應用與轉化皆在其中。內藏五護（即上下左中右），打手時高挑、低摟、裏擠、外滾、中來懈，相機而動。由身法、步法、手法協調配合，組成三維空間範圍內的「圓形」防禦系統，封閉極嚴，不為敵所乘。

四、連

連即連續，也是通背拳打手重要特點之一。連能克化，連能降力，連能制勝。連意有四方面內容。

（一）勢連

通背拳有兩背相通之意，因此對膀、腰、胯有極特殊的要求。肩膀琵琶骨屬小三節的根節，要求必須鬆、沉、吞、吐自如，活動範圍盡可能大；腰腹是中節，乃全身之紐帶，動作之主宰，腰部轉動變換猶如蛇行。胯是下三節之根節，進退，起落，帶動重心移動，牽連步法快慢，因此要求胯似奔馬。膀、腰、胯協調配合，帶動全身的各關節靈活自如，打手方能勢連。因此，通背拳在單操手基礎上進行組合連操時，不論發哪種拳法、掌法、腿法均能互相組合，變換連續，動作勢勢相連。

打手過程中兩手沒前沒後，兩腿沒前沒後，後手追著

前手打。起如颶風捲地，落如暴雨傾盆。

通背拳按老少門不同風格，有大架連操和小架連操之法，均以一發六手為主，如一掌一拳爽袖代推拉轉環等手法、步法。聯手之訣在於勢法順、近、熟，一定要操至極連、極熟、極冷，方可為用。

(二) 勁連

通背拳在打手時力求粘衣發勁。即去時鬆柔，打時突然變緊，變剛；發力後立即又變鬆變柔，剛柔、鬆緊之間轉換在最短時間內完成。步法、身法、手法緊密配合。在發力步法完成後，要立即形成蓄力步法，意在下一次連續發力。身法、手法亦然。勁不斷，即發力、蓄力不間斷。

(三) 法連

通背拳連擊方法無中斷點，除連手之外，很重要的一點是拳去不空回，效率提高一倍。打手去時崩、穿、擠、按、滾，回手撕、刨、捋、帶，則勢不斷，勁亦不斷，手手相連，心法涵湧。剛柔、虛實、陰陽、奇正、開合皆在其中，如環無端，循環變化，亂環變化。

(四) 意連

通背拳無論操手或打手，心意均不可斷。心意斷則法亦斷，手亦斷，勁亦斷。打手過程中，要有控制對手之能力，要有扶其前手、斷其後手加變化之意。

前輩所說的「意在半路」「躲著手打，不如躲著心打」，即在操手或打手過程中，手不可放極，勁不可使

極，意不可用極。意求中和才能變，法亦能變，勢才能連，勁才能連。因此，通背拳打手之勢如同大海之波濤，洶湧澎湃，滾滾而來，如及敵身則有「驚濤拍岸，擊起千堆雪」之意境。胡悅曇前輩所說「涵湧」之意即如此也。

五、整

通背拳又一重要特點是「整」。手足起落，整齊而不散亂，身體轉動舒順而不呆滯。整是勁的總綱。

(一)勢整

通背拳雖各勢不同，但均力求渾身鬆整，內外相合。內合要心與意合、意與氣合、氣與力合；外合要肩與胯合、肘與膝合、手與足合；內外相連要眼與心合。內外相合，渾身整合，體舒和暢，上、中、下才能協調一致，五臟六腑充實，無形中自增氣力。

(二)勁整

通背拳無論何種發勁均要整。人身分則成萬法，合則成一體，發勁時內從五臟到六腑，外從足梢、指梢到頂梢、髮梢，從舌到齒，大小三節在瞬間皆須由鬆變緊，周身成為一體，這樣發出的勁才整，才有身撞之力，才有爆發力。

(三)意整、精神整

通背拳發勁時心要有整意，意整則精神飽滿，氣勢如

虹，左右平衡，鬆緊隨意，上下一氣貫通。心、意、力、精、氣、神高度統一，渾身一整，力可推山。即如前輩所說：「渾身要活，心意要整，精神一整，一切全了。」此才是功力之真意。

通背拳技擊中還有其他特點，如順、近、巧、靈、快、準等，這裏就不多介紹了。

第三節　祁家通背拳操手要領

通背拳操手對自身的形體要求是很嚴格的，稍有不慎，即失偏，走彎路。故前輩常說：「武藝雖曰互擊之術，然離開己身則無法可求矣。」

人體有五臟六腑、四肢百骸，無處不各有三節。三節者，根節、中節、梢節也。大三節以頭為梢節、身為中節、腿為根節；小三節亦為各節中之三節。如大梢節中天庭為梢節、鼻為中節、頦為根節；大中節中，胸為梢節、腰為中節、下丹田為根節；大根節中，足為梢節、膝為中節、胯為根節。以肱言之，手為梢節、肘為中節、肩為根節，如此等等。前輩云：武藝亦三節把勢也，並形象比喻形體要求是：虎坐、龍身、龜背、猿手。

技擊中最基本的就是要將人體大小三節合理組合，長、短、曲、直、側、歪、偏、斜、鬆、緊、開、合等形成不同槓杆和點、線、面，與五臟六腑各器官及氣之協調配合運用，使形體運動順暢無滯，鬆緊自如，發力嚴整，變化多端，以達技擊、養生之要求。

一、對形體姿勢的要求

(一)頭頂項領、神氣貫頂

操手時，頭頂要有虛靈頂勁，頸部舒挺，即鬆而不懈，挺而不僵，拿神不拿勁。同時下頦微收，口自然閉合，牙齒微叩，舌尖舐上牙床，眼神內斂，耳應常聽。整個頭部保持中正，並隨身體不同變化而協調一致，神態自然。運動中進退閃展，左右橫移，頭項則要先領。發勁瞬間，則頭要頂實，項要挺直，齒要叩緊，舌尖舐嚴，眼神打開。通背拳講「收神驚赫」，主要靠頭部各器官來體現，所以要達「神氣貫頂」之意境。

(二)探背鬆肩、沉肩墜肘、空胸緊背

操手時探背鬆肩，使手臂各關節伸長，以達放長擊遠之目的。但發勁時還有其他肩胛配置，如沉肩墜肘。沉肩即垂肩，與鬆肩是不同的。垂肩時琵琶骨凸起，舒胸下氣，氣沉丹田。垂肩要求肩身合一，氣能貫於肘，肘垂則氣貫於腕，腕挺則力達指尖或拳鋒。

發力時還有空胸緊背之勢。此勢又不同於沉肩墜肘，空胸指肩扣，胸部內扣如洞；緊背指背部拔緊如滿弓，空胸下氣，氣沉丹田，順肘，力達於梢。通背拳發力肩胛配置還有其他形式，如錯肩轉腰擰胯發力、裹肩滾肘發力、開肩舒臂發力等等，非細細研練則不能達真。

(三) 鬆腰理氣、驅身如槐蟲

古云:「練拳不活腰,究竟藝不高。」腰是人體中節之中節、上下之紐帶,對四肢百骸活動及動作的合理性、完整性起著主導作用。通背拳操手時要鬆腰,「腰如蛇形,腿似鑽」,鬆腰可理上下之氣,調整人體重心。透過彎腰、轉腰、擺腰、鬆腰、挺腰等相互靈活變換,驅動全身運動,藝稱「驅身如槐蟲」。

(四) 尾閭中正、裹襠提穀道

「尾閭」俗稱「尾巴根」,是脊椎骨末端,它在通背拳操手過程中要保持中正,微有向前上提托住小腹之意。脊椎是人體豎向轉動的中心軸,尾閭中正是指人體轉動中心軸要保持中正、中和,這樣,人體轉動、重心移動才能快速沉穩。如固執偏斜一方,則容易失重,動作受制而不靈活。俗話所說,「撅腚貓腰,傳授不高」即如此也。

裹襠即兩大腿根及臀部微內收,有裹包之力。提穀道即提肛。操手時肛門括約肌微收斂上提,有托起小腹(丹田)之意,配合舒胸、鬆腰,將氣蓄養在丹田處。一般靜勢和一般動作時,小腹(丹田處)要鬆圓,發力時尾閭向前上翻之(有的發力不全如此),坐胯小腹實圓,氣沉丹田,則力沉如推山。緊後即鬆,日久運用自如,即可以意催氣發力。切忌將氣固存丹田處,否則氣血不通,筋絡不舒暢,全身發拘,必拙之。提肛要與頭頂項領協調一致,久之神氣自生。故云:「緊收穀道內中提,明目輝之頂上飛,托爐吊頂藏真氣,無形之中自生靈。」

(五) 合膝扣胯、十趾抓地

通背拳操手時，對下肢基本要求是合膝、扣胯。兩膝微屈，內合有扣勁即為合膝；兩胯關節向內合扣，謂之扣胯。通背拳兩手、兩腿前後變化迅速似兩背相通，故要求下肢形體配置必須與之協調一致。如果開胯、開膝、開足欲打拗步手時，必受後胯、膝之約束，則腰轉動不靈，臂不長，速度慢，變化難且露形跡，易受人制，更何況襠部大開易受致命攻擊。故合膝扣胯乃順勢，但不是定勢，也可變勢。提膝摘胯、鬆襠下胯、進步催胯、落步擠胯、左右搖胯等等皆為變勢。總之要求「胯似奔馬」。

通背拳打手時常是「提膝變手、落步發力」，發力時兩膝還要有撐力，膝無撐力則力斷矣，則無有腳踏彈簧之意，更談不上「整」。膝為下肢之中節，在進退、閃展、轉動、收放等過程中必須靈活，並與周身相合。

通背拳打手，意由心發，力從根節起。足為根節之根節，是人體與地面接觸產生摩擦力之部位，根節不穩，尤如浮萍。因而要求十趾抓地，有落地生根之意。

「前腳裏合後腳前扣，十趾抓地，大趾用力」是對足根節的基本要求。由於合膝扣胯，兩足也就基本定位。即前腳向內微合，後腳順其膝踝自然放置向裏合扣，十趾抓地，腳心空起，重點在大趾扣。值得注意的是後足跟不能抬起，否則勁不可能整、大。打順步手，前腳有踩意，後腳有蹬催意。打拗步時兩腿有撐挾之意（也可變勢）。梢節起、中節隨、根節摧。古人云「腳打踩意不落空，發力全憑後足蹬」，十分強調了足根節的重要性。

二、對眼法、心法、手法、步法、身法的要求

(一)眼神要敏銳

古云：「眼觀六路，耳聽八方」，這也是通背拳要求的「鷹目猿神」之意。眼為監察官，是人體之感覺器，技擊中傳入見性，由感覺神經元，傳向神經中樞，反應到運動神經元，把興奮傳到效應器，產生肌肉收縮等，使人體進行各種動作，所以習武者眼光當敏銳。

眼又是體現人體精、氣、神的主要視窗，以眼神虛虛實實變化，可引誘、詭詐、聲東擊西、驚嚇、震撼敵人。通背拳的「神引」「收神驚赫」等法即為此術。眼之練習是不時地常循環，練拳時隨手動，隨心動，隨意變換，技擊時要善觀察、審時度勢，準確判斷敵之剛柔、動靜、虛實、急緩，方能使自己應對無誤。

(二)心意要靈犀

人為萬物之靈。心者，人體感物之中樞，靈氣之主宰，腦也。意者，心之所發也。人體在外有形，在內有意。心靈是指頭腦反應靈犀，神經系統反應靈敏，應變能力強。操手時勤思常想，意念先導；用時則要思維敏捷、反應迅速、應變靈活、剛柔相濟、虛實結合、不存成見。總之，要心靈手巧。

(三) 手法要精妙

手法，單、雙手技擊方法也，精妙、虛實、細微、意想不到也。通背拳有一百零八手之傳授，含老門、少門之手法。老門以劈挑、大拍掌、大擒捉等手法為主，長、嚴、整、連、順。少門以膀趄手法為主，相容老門手法，其中含有穿、拍、砍、撞、圈、斬、撣、雲、四總、四山、四象等手法，更加巧、靈、活、快。

前輩們常說：「真拳真法與真藝，打手要在虛實間。」虛，要靈、巧、活、快，真真假假，似有似無，快如追風，變化多端，給敵人看得見，摸不著，產生「有門無框」之感。實，要準、狠、毒、重。準如探囊取物，狠如老鷹抓兔，毒如蛇吸青蟾，重如泰山壓頂。

習練通背拳還要深諳吊帶、合口、七星、似封似閉四總法之妙用，通曉五護八斷之深義，掌握正合奇勝之變化，體現無形無意之藝境。藝到精化時，渾身皆虛靈，無處不彈簧，打手如同水銀洩地，有「手起物落，一手定乾坤」之氣概。

(四) 步法要輕靈活快

技擊中，步法從來都是研練的重點。「手似兩扇門，全憑步贏人」「足打七分，手打三」等等，雖不十分準確，但均說明了步法之重要。

通背拳步法有五十餘種之多，但主要步法有方形步、圓形步兩種。方形步主要有提膝步、雞行步、墊步（喜鵲步）、寸加擠步、擦拉步、擊步等；圓形步則有閃展步、

碾步、碾閃步、倒行步、蓋步、繞步、五虎群羊步等。在老門中以大閃展步和碾閃步為主，少門中則以提膝步為主。通背拳要求抬步即是腿，落腿即是步，步中寓腿。根據對敵之遠近、方位之不同，而採用進、退、橫移、斜行、高縱、低落等步法，並要求輕、靈、活、快，協調，多變，嚴整。練步法時渾身要放鬆，做到鬆而不懈、輕而不浮、靈而有根、活而不僵、快而不亂。久之，方能「輕、固」，才能達到「隨風而動，飄忽不定，落地生根，風擺荷花」之藝境。

（五）身法要空靈

身法是四肢百骸運動的綜合與主宰，通背拳研練的核心。諺云：「打手容易，身法難求。」通背拳的搖身趄膀身法是由轉動、搖動、鬆緊等體現人體各部器官配置的合理性、出人意料性。

在對抗運動中，有時空胸緊背，有時身正腰挺，有時搖身趄膀，有時鑽身進步等等，身法隨縱、橫、高、低、進、退、反、側而協調一致。靜如平湖秋月，動似電閃雷鳴，一靜無不靜、一動無不動，一鬆無不鬆、一緊無不緊、一進無不進、一退無不退，進是進，退也進，退中有進，忽正忽側，忽曲忽直，忽高忽低，忽近忽遠，翻身顧後，後即前，左右轉動似游龍，起如大鵬展翅，落如猿猴入洞，忽大忽小，空靈玄妙，周身內外無一處不合、順、整。整體身法在眼，變通在心，四肢百骸不令而行，拳似流星，眼似電，腰似蛇行，腿似鑽。正如拳譜上所云：「身若有病被人欺，心存成見是資敵，不學空化難為首，

功夫不到終是迷。」

三、勁法

習武者，懂勁是一個重要歷史階段，光知用力不一定是懂勁。懂勁是周身鬆緊協調嚴整的綜合反應。通背拳的發勁從整體上來說有 20 個字，即冷、彈、脆、快、硬、沉、長、活、軟、巧、重、猛、輕、撞、抖、涵、蓄、粘、連、隨。力似泰山壓頂，勁似利箭穿革。但由於各勢手法不同，勁亦各異。手法純熟必須懂勁，懂勁方具一定根基，才能更上一層樓。

要懂勁，必須要先有「心勁」。心、意、氣、力要協調配合，以思維意識活動誘導氣、力作用於形體，形體根據局部發勁或整體發勁而採用不同的肩胛配置。但一般要求是：「手打扔勁、炸勁，腳走蹬踩勁，腰走涮勁，身走撞勁。」有人說通背拳是鞭子勁。是也，非也。

通背拳不但要有梢節力，更要有根節力。通背拳散手中有局部發力和整體發力。局部發力因攻防之部位不一定非要重擊，主要以散敵之精氣神、撥其根為主，故以鬆柔快、柔中剛為主。整體發力則要一手定乾坤。

通背拳要求粘衣發勁，由於距離較近，因此入手取法要鬆，以便迅速接近、到位，發勁要整，方能一擊有效。整即瞬間一緊，整體形成剛體，緊後即鬆，仍為柔體，整乃通背拳發勁之總綱。

滾、鑽、撞為三大總勁，乃大槍之勁轉化為打手之勁矣。處處有螺旋力，處處有斜橫勁，化打自在其中，此乃

通背大師胡悅曇先生所說的「滾」之秘訣。發勁是互相轉換的，因此要掌握鬆緊、剛柔矛盾之變換，轉換時機要不可過，也不可不及，應恰到好處。通背打手不但自身要有混元之力（即上下左右前後之六面力），亦要洞悉敵方之意及勁路，相機而動，一味死纏亂打，不為上乘也。即師云：打手要有「斤勁」「節奏」「陰陽頓挫」。總之，「練拳容易懂勁難，用勁容易分寸難」。

四、祁家通背拳綱要

包括三絕，四妙，四忌，八反、八打八不打、八剛十二柔、十八串通法。

（一）三絕

一絕：打袋運指。指打吊袋時要以意催氣，氣運指尖，力達於梢。

二絕：收神驚赫。收神，溫和也，即神態中和；驚赫，冷也，突然吐露神氣，嚇阻、震撼敵人。為內在心意精神之外在表現，靜如處女，動如猛虎發威。

三絕：提膝作步。虎坐龍蹲，培植靈根，意在動靜之間。靜如山岳，動如靈猿。提步之法，每日可在沙地之中飛騰跳躍進行練習。

（二）四妙

一妙連環：乃連擊之法。手法一連能克百巧，能降十力。聯手加變化，使敵難以顧及、反應。

二妙代環：手法起落不空回，不但能增加技擊效率，且能代散敵之門戶，自己發勁有借力點。代環有單手、雙手之法，但均不用抓、拿，而有撕、刨、捋、摟、扛、錯、拉、滾撒（螺旋）等法，力點放於彼方梢節為宜。

三妙轉環：乃圓形變化之手法，遇剛、猛、硬、貪之敵手，以轉環變化迎之，則敵難測防矣。轉環有上、下、裏、外等法，皆圈之妙用也。

四妙粘、連、隨：乃搭手感、化之手法。遇敵入手要在快速之中粘住它，不放彼進，亦不令彼出，並連續隨敵變化而動，或化打，或找空打。

（三）四忌

一忌賣臉：操手時要目視前方，面部不要隨便左右轉動，否則精神不整，視線不集中，習慣後要受敵制。

二忌塞胸：操手時要虛胸。挺胸則有礙探背鬆肩，且不能舒胸下氣，久之必拙。應將氣涵養於丹田處，如此上下方能協調，圓活自如。

三忌順肩：操手時要伸肩而非順肩。順肩則不能拉長肩關節，也不能增大琵琶骨的活動範圍，達不到練功之目的。

四忌斜胯：操手時胯要正。斜胯則襠不嚴，打後手受制，且軌跡長，易露形。通背拳少門手法以提膝步為主，胯要正或微斜。但老門手法則有的可斜胯，如大劈挑，是以大閃展步為主，即可以斜胯。但不是必須，而是隨勢而動。

(四)八反

一反不要實，實則易破。
二反不要躁，躁則易亂。
三反不要猛，猛則難退。
四反不要急，急則難緩。
五反不要貪，貪則必剛。
六反不要浮，浮則無根。
七反不要欺，欺則無詐。
八反不要驕，驕則必敗。

(五)八打、八不打

對陣時，區分敵我矛盾，手法輕重應不同，切記不可傷及無辜。

1. 八打

打眉頭雙眼；
打唇上人中；
打穿腮耳門；
打背後骨縫；
打肋內肺腑；
打胯陰交骨；
打鶴膝骨頭；
打破骨幹筋。

2. 八不打

不打太陽為首；
不打對心鑽口；
不打中心兩閉；
不打兩肋太極；
不打海底撩陰；
不打兩腎對心；
不打尾閭氣腋；
不打兩耳扇風。

(六)八剛、十二柔

1. 八剛

剛泰山壓頂，
剛迎面直通，
剛順步雙掌，
剛跌肘硬攻，
剛貼門靠劈，
剛應崩府底，
剛左右雙捆，
剛摔持兩分。

2. 十二柔

見剛而回手，
口呼而入手，

left

祁家通背拳

入手而偷手，
直通而勾手，
接手而滾手，
滾手而摟手，
捋手而入手，
摟手而進手，
合手而入手，
開手而疊手，
粘手而破手，
破手而拿手。

(七) 十八串通法

遞手由神發、進手由膽發、移手由意發、炸手由心發、裂手由頭發、挺手由項發、塞手由肩發、劈手由膀發、擤手由膊發、穿手由肋發、撲手由腰發、隨手由身發、躍手由胯發、閃手由步發。

(八) 通背歌

虛心問道苦研求，百煉成鋼繞指柔。
勤行自知其中味，常留人間自在遊。
拳似流星眼似電，腰似蛇形腿似鑽。
臂似鐵，腕如棉，琵琶骨，活如扇。
兩手穿梭如星串，三尖不離一條線。
坐如綿羊行如女，動如猛虎打如猿。
身若有病被人欺，心存成見是資敵。
不學空化難為首，功夫不到終是迷。

對陣觀胸膛，動手心莫慌。

破出輸法去，定心是主張。

(九)通背拳練功的六個階段及三步藝境

武術雖曰小道，若不專心致志則不得也，必須百倍其工，朝夕研練，循序漸進，方可收溫故知新、舉一反三之效，否則白費心機枉勞神。

通背拳練習是以動態操手為主。定步操手不但練勢、練法、練勁，亦練樁功；行步操手不但練招法、練勁法，同時練步法、身法。時刻注意勢、法、理的研究，才能提高練功效率。初學通背拳要在正確的練功方法指導下，緩緩行之。緩中求疾，順中求勁，柔中求剛，虛中求實，動中求靜，鬆中求緊。語云：「千里之行，始於足下；九層之台，起於累土。」猛進，則欲速而不達，阻力橫生。當持之以恆，則熟，熟能生巧，巧能生藝，方可神而明之。

1. 通背拳練功的六個階段

第一階段：活法。主要是要把人身從頭到腳、腰身四肢各個關節活動開，練鬆練活，尤以肩、腰、胯、膝為主，其中包括活臂法、活腕法、活腰法、活胯法、活膝法、活步法、活腿法、養氣法、練氣法、抱氣法、拍打功法等，紮實基本功，這樣才能上下氣血通暢無滯。

第二階段：單操手。包括大架定步、行步單操，小架定步、行步單操。主要是求單片手法的肩胛配置，線路順暢，打手之勁力，整體手法、身法、步法之協調，以三十六手築基為主。

第三階段：**連操手**。包括大架定步、行步連操、小架定步、行步連操。主要是把單片手法組合連操，求其各種變化。手法、身法、步法要熟之極，連之極，冷之極，以七十二散傳為主。

第四階段：**套路輔助練習**。主要是展開身體，加強體力、耐力、身法、步法，手法、節奏的訓練，並提高練功興趣。

第五階段：**聯手、拆手**。主要在老師的指導下兩人對拆，掌握各種手法的用途及技擊的方法，並用意念引導求其變化，進行有意的攻防訓練，為散手做準備。

第六階段：**變手散手**。主要是兩人進行實際對抗。練時有定規，用時無定法，不受各種招法限制，一切為了實戰。習拳不要怕挨打，善敗者易勝，關鍵是時時總結經驗教訓，在實戰中，求其自身的精神力量及打手之「斤勁」。判斷敵之動靜、虛實、剛柔、急緩，百戰而精，逐漸形成條件反射。

2. 通背拳的三步藝境

第一步：**打招，明拳內之法也**。打手形體順暢、整齊，呼吸與運作和諧，發勁完整，體堅氣充，招法熟練，開合、進退、伸縮有形於外，主在大腦。

第二步：**打意，明心內之法也**。通背拳十分重視心意的培養，在第一步有成之後，就要求其變化，招勢已熟並生巧，意念先導，反應靈敏，動作手法隨心而動，活潑無滯，長、嚴、連、整、順、近、巧、靈、活、準。步法輕靈活快，身法協調嚴整，精神充足，心靈手巧，五護八斷

內中藏，奇正隨意，變化神奇，粘（沾）衣發勁，見招打招，見藝打藝。有形於外，有意於內，爐火純青之境也。

第三步：化境，拳法之外也。其身混元一體，圓活無滯；其心空空洞洞，無有痕跡；動作不思而動，無形之中而生，行雲流水，出神入化。形無形意無意，打手如同水銀泄地，周身無處不彈簧。此藝境只可意會不可言傳，「功行久之，必然一氣貫通」，一切皆在神經系統形成條件反射。正如前輩所云：「想不想何用再想，動不動何用再動，一手定乾坤，抬手之勞耳。」

第四節　祁家通背拳技擊要論

一、勢法論

「勢」，姿勢也，態勢也；「法」，方法也。「理」，科學之道理也。未研究勢法，先研究理術。勢有善，有不善，如理順，未有不善之勢也；法有精，有不精，如理順，未有不精之法也。明理則法正，法正則勢真矣。是故，善學者宜先明其理，理明則無有不善之勢、不精之法也。

拳術之最要者乃手法、身法、步法、精氣神也。手法要嚴緊、精妙、活潑多變；身法亦不可固執，要空靈玄妙，運用如飛，忽遠忽近，忽屈忽伸，忽大忽小，忽進忽退，身一動則無處不動；步法亦要輕靈活快，手到腳到，手腳齊到，隨風而動，飄忽不定。

拳勢不僅要外合，更要內合，心、意、力、精、氣、神要高度統一，即周身要內外相合，融會貫通，整體合一，如一發動則勢可破竹。

二、剛柔論

人云：剛者，硬也；柔者，軟也。亦有人云：「曲柔而剛直。」此乃古之常論；是也，非也。是者，因剛柔乃物之屬性。常態下，剛者，硬也；柔者，軟也。此乃狹義理解也。在一定條件下，剛者非硬也，直也；軟者非柔也，曲也。如龍捲風其態甚軟，其勢甚剛，能摧堅物；又如水，其質甚軟，高落亦可滴水石穿。故廣義理解乃「勢」也。

在技擊中，制勝之道在於快，快之道在於輕，輕者必須泄力，而泄力，手即不能降人；欲降人必須手硬，手硬則必須著力，而著力則重，重則滯，滯乃遲，故必在此矛盾中求一兩全之道，即不遲又降人，此道乃剛柔相濟也。

勁之剛柔乃矛盾之理也，柔為快，剛為用，是對立統一的兩個方面，兩種屬性。它們相互依存，剛中寓柔，柔中寓剛；又相互制約，相互矛盾鬥爭，蓋剛能克柔，柔亦能克剛；剛柔在運動中消長，發展到一定階段都要向各自相反的方向轉化，柔極則剛，剛極回柔。轉化條件，內在心，外在速度、鬆緊。

剛柔乃相對而言，構成剛柔的內在聯繫即鬆緊，在運動變化中是有獨特規律的。技擊中勁以柔為貴，「柔居其九，剛居其一，」剛之時不過轉瞬，剛後即柔。柔則鬆、

則快、則活、則巧、則易變化；而剛則緊，為用，但變化慢，久練剛力必成拙力。用柔之時必心存剛意，外柔而內剛；用剛之時心存柔意，外剛而內柔。即用剛之時不能獨用剛，用柔之時不能獨用柔。剛柔相濟方為合宜。若柔中無剛，則失之軟；剛中無柔，則失之拙。故云：「孤剛則折，獨柔則廢。」

三、虛實論

虛者，空、虛，有而若無，本體無所不在，但又無形可見；實者，實在。技擊中「虛」可解為精矣、假矣；「實」可解為靈矣、真矣，出手老誠矣。精、靈、假、真均有，成其虛實，亦矛盾之理矣。

對敵之時在於虛誘實擊間之變化。虛者難攻，實者易破。若彼虛，我不可性貪，貪則猛，則無虛而實，敵人一變，便束手無策，必受其制。

攻敵之時要自顧，手雖深入須防敵變，敵變我手要隨之變，亦實而虛；敵不變我手即入，亦虛而實。即真做真時真亦假、假做假時假亦真，虛、實相機而互相轉化。如有進無退，則必存敗機。

攻敵之虛實全在於心，不在於形。心若虛，形雖實亦虛；心若實，形雖虛亦實。蓋心要精靈，虛中有實、實中有虛，虛實結合、意在半路，方可攻守兼備，立於不敗之地。故云：「見可而進，知難而退。」

祁家通背拳

四、動靜論

靜者，安定不動也；動者，改變原來狀態也。靜變則動，動止則靜，靜能制動，動亦能止靜。

技擊中，靜為本體，動則作用；動為陽，靜為陰，亦矛盾之理也。動靜在發而未發之間，謂之動靜。對敵時，要蓄精斂神，靜觀其變，察其神情、動靜、虛實、剛柔、急緩，外靜而內動，應機而動。彼不動，我不動；彼微動，我先動。敵觀我時，我則靜不露機，動不見跡。此時形雖靜，心內則大動也。

動靜本在心，心靜則神定，氣血平和，一靜無不靜，靜如山岳。心動則體動，氣血鼓蕩，一動無不動，動如雷霆。動靜轉化要適宜。心存動靜則中和，動中有靜、靜中有動，動靜本無分，陰陽亦平衡，遍體皆虛靈。「起如天庭雷震怒，罷如東海凝青光」，乃動靜之意境也。

五、奇正論

奇正乃用兵之道也。正者，正面，位置在中間。指一般的、正常的、有形的。奇者，側、偏、歪、斜也。指特殊的、變化的、意想不到的。戰國著名軍事家孫臏曾論述：「形以應形，正也；無形而制形，奇也。」

古譜云：「凡戰者以正合，以奇勝。」「戰勢不過奇正。真法以對面交戰為正，旁面設伏為奇，奇正如環之無端，無盡也。故善出奇者無窮。如天地不竭，江水泄而復

來，日月落而復升。」奇正是相對的、辯證的，互相依存、互相制約又互相轉化的，奇中有正，正中有奇，奇中奇，正中正，奇正相生，奇正之變化，萬法也。

技擊中對奇正的理解可分四個方面。

(一)位置的奇正

對敵之初，戰位選擇有正對正、正對奇、奇對正、奇對奇。打手過程中，由於步法的移動，進退、反側、閃展、縱橫、起落等使雙方站定的位置、朝向、角度在三維空間中不斷變化，奇正亦不斷變化。

通背拳則較多地要求自己的中心要對準敵之重心（在一定角度範圍內）；而使敵之中心偏離我之重心。這樣的戰術位置能使自己極端得力，而敵則極不得力。身處中正多奇變。但這並不是絕對的。

(二)勢的奇正

通背拳打手，身與手（足）之間姿勢的配合，有身正手正、身正手奇、身奇手正、身奇手奇。打手過程中，或左或右、或裏或外、或上中下三盤的變化，皆離不開奇正之變化。

(三)法的奇正

通背拳操手亦有奇正之法。如四總法中，吊袋、合口要求身正、腰挺、手平直為正；而手臂之滾，為奇，即是以身正為主，以手奇為輔的操法。而七星，似封似閉要求手與手、手與身交叉、斜、圓為奇，而身正腰挺為正，即

祁家通背拳

是以手奇為主、以身正為輔的操法。只有在操手中，相容各種奇正，形成慣性，打手中方能運用自如。不明奇正，則事倍功半；明奇正，而事半功倍。技擊中明奇正而不想奇正，皆在習慣自然中而生，方為正道也。

(四)心意的奇正

前述位、勢、法的奇正，均在外，為有形。而在技擊中，心意的奇正在內，無影無形，這才是關鍵。身奇，心要正；身正，心要奇。心存奇正，外才有動靜、虛實、剛柔、急緩。靜為動奇，虛為實奇，柔為剛奇，緩為急奇，「發而為正，其未發者奇也」。因此通背拳要求靜不露形，動不見跡，打手如同水銀泄地，手手不離奇正，無處不正，無處不奇，使敵無所測其陰陽也。

古云：「以一形之勝勝萬形，不可。」在技擊中，用正不可專用正，用奇不可專用奇，用奇正亦不可有意去專用奇正。只要平時按勢、法、理要求，嚴格操手，久之，即可融會貫通，奇正只在其中，則化愚頑為神奇矣。

六、對敵論

技擊之道，乃用兵之道也。吾藝至精，安知無更精於我者；吾法至善，安知無更善於我者。生剋制化，有一定之道，彼此相持，互不瞭解，安有必勝之理。故對敵要「知彼知己，百戰不殆」。如不能知彼知己，則心不明、眼不亮，猶如盲人騎瞎馬，無的放矢矣。

用兵之道，貴乎前知，對敵亦如此。兩人相對，心是

君，身是帥，眼是監察官，手是先鋒官，耳是旁聽官。首先要凝神聚氣，審視敵人，料敵在先。凡事豫則立，不豫則廢。敵未動，其神情已先告，由其眼神，面部表情，可料其內心，是謹慎，還是驕、躁；是坦然，還是恐懼等等。敵如出手，則可以逸待勞，靜觀其變，從中知其身法活滯、功力大小、技術高低等，判斷出敵之動靜、虛實、剛柔、急緩，做到知己知彼。

既已知己知彼，就要策略對頭，揚長避短，心無成見，聚精會神，放膽一搏。先要選擇有利地形站位，與敵成三角斜形；精氣貫於四肢，膽大、心細、面善、心惡，意貫周身外，全部精神集中於敵身，達到忘我、無我之意境。兩眼觀敵之胸膛，看住敵之手腳，注意力度、角度、尺度、速度、時度，「五度」隨意變化。敵出手時，我要應時而動，及時而發，迎機而破之，斯為得法。若待彼手已回，從後追之必不及矣。

深諳「對鏡之法」，敵擊左，我右動；敵擊右，我左動；敵擊上，我下動；敵擊下，我上動；敵擊中，我左右一齊動。彼剛我柔，柔在剛之後；彼柔我剛，剛在柔之先，剛柔相濟方合宜；彼虛我實，實在虛之前：彼實我虛，虛在實之後，虛實結合方為先：彼急我緩，要奇變多詐；彼緩我急，要迅雷不及掩耳。「搭手急入，入不及身，傳授不真」「打閃紉針，打上還嫌慢」「破除輸法去，定心是主張」。

對敵之要義：

勸君對敵心莫慌，神態中和站中央；
察其體魄觀神情，五護八斷內裏藏。

知己知彼豫則立，揚長避短策略高；
擊敵如同蛇吸食，動手身似遇人燒。
彼手若來迎機破，隨後追之必不祥；
肩打一陰反一陽，兩手相合洞中藏。
頭打落意隨足走，肘打去意上胸膛；
鑽身進步親著打，冷彈快硬敵難防。
高挑低摟中來憚，裏擠外滾化術高；
葉底藏花皆是手，轉環代環連環手。
遠發手足近膝肘，上打敵面下撩陰；
正合奇勝隨意生，出正入正總要真。
腳打踩意似彈簧，發力全憑後足蹬；
步法輕靈活又快，進退好似龍捲風。
左右閃展蓋他意，手腳齊到方爲真；
拳打三節不見形，如見形影不爲能。
收神驚赫詐敵神，不可貪欺與驕浮；
混元一體太極象，令敵無處測陰陽。
勝時心宜靜，敗時氣莫餒；
對敵要取勝，放膽即成功。
通背一法包萬象，學時用時仔細參。

七、群戰論

群戰之法乃運動之戰法也。水無定形，兵無常勢。一
人對眾敵，未戰之初，當審時度勢，能戰，則要看清地
形、地物，選好戰位，切不可陷入重圍之中。

對戰中，敵人雖多，然各人武藝不同，有精有粗，有

巧有拙，身法有快有慢，功力有大有小。當先應避精而取粗，捨巧而取拙。對戰中，又有遠近、前後、左右之不同，宜聲東而擊西，指左而打右，捨近圖遠，擊其薄弱環節。激戰中，頭腦要冷靜，心要狠，步要活，身要快，手要毒，要快速殺傷敵人，絕不能戀戰，宜盡快解除危機。

當所剩敵手均為較精者時，則切忌死戰，應選擇運動戰法為策略。佯做逃跑，敵必追之，追之即有快、有慢、有前、有後。當性貪者又孤身一人追至時，應立即回身，以迅雷不及掩耳之勢各個擊破之，其他亦然。此乃「斯巴達克斯」式戰法也。

當敵人之勢遠遠大於我時，自我判斷根本無取勝之可能，則應充分利用地形、地物及時空等外部環境，選擇薄弱環節作突破口，迅速突圍逃跑，此為上策。俗話說：「三十六計走為上策。」「留得青山在，不怕沒柴燒。」勝敗乃兵家常事，勝不驕，敗不餒，故善敗者易勝耳。

如數人對眾敵，則應當研究陣法、兵法。

第二章
祁家通背拳基本功

第一節　基本手型、步型

一、手型

(一) 拳型

通背拳傳授至今有四種握拳法。

1. 赤背馬猴 (亦稱扣拳)

四指二節捲屈扣緊，三節與拳背平直，拇指掐扣於食指彎曲處，整拳要握緊（圖 2-1）。

圖 2-1

2. 通背猿猴（亦稱鳳頭拳）

三指屈握成螺絲狀，抵住拇指根部肉胖，拇指伸直壓於中指側，食指第三節要伸出，食指一、二節捲包住拇指尖，整拳要握緊（圖2-2）。

3. 天降石猴（亦稱平拳）

四指捲屈扣緊，拇指屈壓於食指、中指第二節之上，拳面要平，拳要握緊（圖2-3）。

圖 2-2

4. 六耳獼猴（亦稱尖拳）

四指屈握，中指凸出成尖，拇指第一指節壓於食指、無名指的第二指節上並抵住中指第一節骨節處，整拳要握緊（圖2-4）。

圖 2-3　　　　　　　　圖 2-4

歌曰： 金豹露爪赤背馬，鳳眼鵝頭通臂猿。

天降石猴專點穴，六耳獼猴中路拳。

（二）掌型

1.摔掌型

五指自然微屈分開、伸直，掌心微合，手指不可僵直（圖2-5）。

2.拍掌型

五指分開伸直，成最大扇

圖 2-5

面，虎口要圓，手心要空，五指尖要有扣意（圖2-6）。

3.插掌型

四指併攏自然伸直，小指、無名指向裏微扣，掌心微合，拇指向內彎曲（圖2-7）。

圖 2-6

圖 2-7

4.凹攏掌

　　五指併攏、伸直，掌心至五指均呈凹狀，掌指尖微扣（圖 2-8）。

　　掌型之變化，是根據掌之所用部位不同而定的。掌分六面，五指各有其用。用掌尖則為插掌、戳掌等；用掌心則為拓掌、推掌等；用掌面則為拍掌等；用掌輪則為劈掌、砍掌等；用掌根則為撞掌；用掌背則為摔掌、引手掌等；用掌上沿則為挑掌等；用拇指根節則為裂門掌，中食指為指路手；用中指、無名指、小指則為捋手掌等等，不再細述。

（三）爪型

1.虎爪型

　　五指分開，一、二節彎曲成爪，各手指之間要張開。主要用於扛爪、捋手（圖 2-9）。

圖 2-8　　　　　　　　　圖 2-9

2.鷹爪型

食指、無名指、小指向內捲曲，拇指張開，一節手指向內彎扣，虎口張圓；中指伸直，一節向內彎扣。主要用於黃鷹掐嗉等手法（圖2-10）。

圖 2-10

二、步型

1.弓步

右腳前上一大步，屈膝半蹲，小腿垂直地面，腳尖微內扣。左腿挺膝伸直，下胯，腳尖內扣，兩腳全腳掌著地，十趾抓地。重心所放位置為前腿七，後腿三。如左腿膝微屈，其餘相同，重心所放位置為前腿六，後腿四（亦稱虎步常用）亦可。圖 2-11 為右弓步。左弓步亦相反對稱。

圖 2-11

2.馬步

雙腳平行分開，略寬於肩下蹲，兩腳內扣，兩大腿與地面微平行；上身正直；兩手心朝下，平伸於身前：目視前方（圖2-12）。

圖2-12

3.仆步、半仆步

兩腳左右開立。右腿屈膝全蹲，大腿和右臀部靠近小腿，右全腳掌著地，膝腳相合外展；左腿挺直平仆，腳尖裏扣，全腳掌著地；上身直立微左轉（不許撅臀、貓腰），左臂立掌順左腿斜下伸直，右臂掌與左臂立掌成一條直線，伸於左斜上方，頭頂項領；目平視左方向。此為左仆步，右仆步亦相反對稱。如右腿半蹲即為半仆步（圖2-13）。

圖2-13

4.丁步

兩腿併步，屈膝半蹲，左全腳掌著地；右腳跟提起，前腳趾虛著地面，貼靠幹左腳腳

圖2-14

弓處，重心落於左腿上；上體正直；兩臂自然鬆垂，頭頂項領；目視前方（圖 2-14）。

5.提膝步

左腿屈膝下蹲，內扣；右膝彎曲提膝，小腿鬆垂，放於左膝前，合膝裹胯，尾閭中正，右腳前掌著地，微內扣，腳跟虛提；上身正直；兩掌自然下垂；重心放於左腿上，頭頂項領，渾身放鬆；目視前方（圖 2-15）。左提膝步亦相反對稱。高提膝步，後腿微屈即是。此步型是技擊中主要步型，由虛步細化而來。在套路中為了表演好看，亦可做成虛步，即前腳前伸，腳面繃直，腳尖虛點地。

圖 2-15

6.五五步

在提膝步基礎上，前腳全腳掌著地、踩實，腳尖內扣，重心放於中間，兩腳各擔五五。此步型為雙重步法，只在站樁和發力時用，其餘運動過程不允許（圖 2-16）。

圖 2-16

7. 四六步

在五五步基礎上，前腿後撤少許，重心後移，後腿六、前腿四，即是（圖2-17）。

8. 三七步

在五五步基礎上，前腿後撤半腳餘，重心後移，後腿七、前腿三，即是（圖2-18）。

圖 2-17

9. 一九步

在三七步基礎上，前腿後撤，重心後移，後腿九、前腿一，即是（圖2-19）。似提膝步。

圖 2-18

圖 2-19

祁家通背拳

通背拳還有其他步型，這裏不作詳細介紹，待操手或套路中再作說明。

第二節　基本功法

一、活身法

此法是遵循技擊原則活動身體各處部位，使周身所有關節鬆開、靈活的方法。

（一）活頸法

1.擺頭法

預備勢：站立，上身鬆直，兩手鬆垂，頭頂項領，鬆而不懈，挺而不僵，神態中和，目視前方。

以頸根為基點，先向左緩慢擺頭，再向右擺至中間；再向右擺至右側，再向左擺至中間；再向前低頭，再向後擺至中間；再向後仰頭，再向前擺至中間。擺頭幅度儘量大，速度要緩慢；目光不變。反覆運動。

2.搖頭法

預備勢：同上。

以頸根為基點，頭部向前、向左、向後、向右、向前，緩慢畫圓搖動；再反向畫圓搖動，回位。反覆搖動。

3.轉頭法

預備勢：同上。

向左，再向前；向右、再向前，緩慢轉頭。反覆運動。由慢逐漸轉快。

4.搖擺頦法

預備勢：同上。

頸根不動，用下頦向左、向中、向右、向中，來回緩慢擺動。

用下頦向前、向中、向後、向中來回緩慢擺動。

用下頦向前、向左、向後、向右、向前緩慢畫平圓搖動；再反向緩慢畫平圓搖動。

用下頦向前、向下、向回、向上緩慢畫立圓搖動；再反向緩慢畫立圓搖動。以上均須反覆運動。

(二)活臂八法（八手膀子）

1.伸肩

預備勢：兩腳正成 30°角站立；兩臂自然下垂，五指併攏，貼於兩腿外側；頭頂項領（即頭有虛靈頂勁，項要鬆挺），叩齒，舌抵上腭；目平視前方，神態自然。

重心移至左腿，屈膝下蹲內扣，右腳前伸成三七步型，腳尖微內扣，腳跟虛落地面；身正腰挺，舒胸下氣，尾閭中正；合膝裹胯，十趾鬆抓地面；雙手成凹攏掌型，收於腰間並微外翻，鬆肩墜肘，左臂裹肘擠肋，順心口處

圖 2-20

圖 2-21

向前平伸至遠，高不過肩；手指微扣，手腕鬆挺。成拗步手（圖2-20）。左臂裏肘撤回，同時右臂裏肘擠肋，順心口處前伸至兩手交接時，兩手同時滾翻，左手順右手虎口處撤回肋下，右手順左掌輪前伸至遠，成順步手。操順步和拗步手時，兩腿要有撐挾之力，鬆肩探背，呼吸要自然，氣要涵養於丹田處。此為伸肩之一個循環，隨之反覆連續緩緩操之。換腳亦然（圖2-21）。

【目的】

鍛鍊肩背關節，增大吞吐幅度，順氣，運指。

【要領】

操手時意在兩肩和兩尖，即雙肩關節要鬆開下沉前伸，前手尖探按，後肘尖向後鬆垂。一出、二入、三滾手。一忌賣臉，二忌斜肩，三忌斜胯，四忌塞胸。渾身要鬆，緩緩操之，鬆中求緊，柔中求剛，順中求勁。初學者以100次為一組，然後逐漸增加。

注：前輩曾用皮帶掛於柱上，以手來回拉動，後棄具空操，以此得名。

2.弓步單活臂

預備勢：同前。

重心前移，左腳向前邁出，成左弓步；上身右轉，胯正、身右斜，左肩向裏扣，與右胯相合（左肩井穴與右胯環跳穴相合），左臂下垂於右膝外側，左手心朝左，左臂與右小腿成一垂線；右手臂立掌

圖 2-22

（掌心朝左）向前伸直放平，高與肩齊，周身放鬆，呼吸自然，目視前方，然後向下、向後、向上、向前貼右耳成立圓反覆掄劈（圖 2-22）。

上述一組動作停後，仍原勢不動，只是右臂由下向前、向上、向後貼右耳反覆掄挑。動後還原。

活左臂則與上面動作相反對稱。

【目的】

活肩，氣血貫於指尖，增加手臂鬆沉劈挑之力。

【要領】

十趾抓地，渾身放鬆，立掄成圓，呼吸自然。初學以50次為一組，然後逐漸增加（以後活臂一組動作，亦以此數為基礎）。

3.馬步雙橫活臂

預備勢：雙腳併攏站立，左腳向左跨出，成馬步；雙手平行立掌，掌心朝前平推，沉肩墜肘懸腕，指尖高與眉齊；然後，以兩掌間距中心點為圓心，直臂由左向上、向右、向下順時針畫圓活臂，兩手間距不變，如同面對牆壁揉球，意在膀根（圖2-23）。

圖 2-23

一組動作後，改為逆時針畫圓活臂。

【目的】

活膀根，增大琵琶骨鬆沉自由度，練橫圈之力。

【要領】

臂要直，掌要立，身不晃動，周身儘量放鬆，舒胸下氣。

4.直立前後雙活臂

圖 2-24

預備勢：同上。

兩臂伸直，同時由下向後、向上、向前、向下循環掄動；到前面時雙手掌心朝下，如同拍物；向上時，要儘量貼雙耳（圖2-24）。

一組動作過後，雙臂改變方向，由下向前、向上、向後、向下循環掄動；到前面時，雙掌手心朝上，如同托物（圖2-25）。

【目的】

　　練習雙通背之理，增加前托、後撩之力。

【要領】

　　雙臂要鬆直，前托、後撩、舒胸，呼吸自然，十趾抓地。

圖2-25

5.直立前交叉雙活背

　　預備勢：同上。

　　左、右臂分別同時由左、右兩側向上托起（手心朝上），在頭頂上方交叉後，繼續向右、向左，向下畫圓掄動。經胸前時雙肩要合扣，向下時掌心向內，循環操之50次為一組（圖2-26）。

圖2-26

　　上述一組動作完成後，還原。然後雙臂分別向相反方向交叉畫圓掄動。

【目的】

　　練習合肩、空胸、雙臂掩圈之力。

【要領】

雙臂要鬆直，舒胸，雙肩要儘量合扣，呼吸要自然。

6.直立單橫活背

圖 2-27

預備勢：同上。

左手後背，掌背貼於腎處；右臂伸直，從下向右（手心朝前）、向上、向左、向下貼前胸逆時針掄圓活臂。然後畫小圈 在前活臂。一組動作後，反向順時針右活背（圖 2-27）。

上述一組動作停止後，換左臂反向對稱活背。

【目的】

練習單臂肩背外圈裹掩之力，增大琵琶骨活動範圍。

【要領】

肩要或扣或翻，臂要直，全身鬆活。

7.弓步鴛鴦活背

預備勢：同上。

左腳向前跨進一步，成左弓步；左臂立掌，順左大腿外側向前、向上，然後翻掌向後、向下畫圓掄動，到前方時立掌有上挑之意；同時，右臂同步向後、向上，然後翻掌向前、向下畫圓掄動，至前方時立掌有下劈之意。一組動作後，雙臂改變原來掄動方向，左手下劈，右手上挑同時掄動（圖 2-28）。

圖 2-28   圖 2-29

　　上組動作完成後還原，然後換右弓步，再做同樣前後
活背。

【目的】

　　練習兩臂同時上下運動，增大雙肩、背同步上下之張
力。

【要領】

　　意在膀根，要鬆活，力達前臂及梢節。

8.風輪式活背

　　預備勢：同上。

　　左腳向前跨出一步，成左弓步；左臂由下向後、向
上、向前、向下畫圓掄臂，手至前方時成立掌，手心向
右；同時，右臂滯後左臂180°，與左臂成一條直線，由下
向後、向上、向前、向下與左臂同方向畫圓掄劈。雙臂往
上方時均要經耳側立輪成圓（圖2-29）。

然後，雙臂換方向同時掄動，亦向前上挑，經耳側立掄成圓。右弓步掄臂亦如此。

【目的】

練習雙臂、背同時但不同步下劈、上挑之力。

【要領】

肩關節要鬆活，腰要鬆挺，意在前臂與手掌掌輪或掌上沿。

歌曰：洗膀活臂氣流通，朝夕鍛鍊苦用功，

功成自能通神化，周身氣力貫指鋒。

(三)活腕八法（八手腕子）

1.斬手活腕

預備勢：提膝步。

兩臂向前彎曲伸出，手心向上，手腕放鬆，同時上下抖動活腕；抖動數下後，兩手同時由鬆變緊握拳（天降石）向下斬落，拳之尖端盡力向下（圖 2-30）。反覆活動，以30次為一組。

【目的】

練習手腕下斬之靈活及斬手握拳法。

【要領】

抖腕要鬆，握拳要緊，拳心朝前。

圖 2-30

2. 揮手活腕

預備勢：同上。

兩臂彎曲向前，立掌平伸，自然放鬆，兩手腕分別同時向左、右平行抖動；抖動數次後，兩手同時由鬆變緊握拳（通背猿）向兩邊橫揮。反覆活動，以 30 次為一組（圖 2-31）。

圖 2-31

【目的】

練習手腕橫揮之力及靈活性，同時亦練通背猿握拳法。

【要領】

抖腕要鬆，握拳要緊，兩拳心分別朝左右。

3. 引手活腕

預備勢：同上。

兩臂彎曲，手心朝上，向前上斜伸，兩肘尖合在胸前，兩前臂儘量裹肘併攏，兩腕交替前後抖動（圖 2-32）。

圖 2-32

【目的】

練習手腕前摔之力及靈活性，同時亦練習合肩。

祁家通背拳

【要領】

渾身放鬆不動，只是前臂及手腕前後抖動，要合肘，裹肋。

4. 砍掌活腕

預備勢：同上。

兩臂平舉前伸，掌心朝下，拇指裹扣，兩掌對稱左右抖動（圖 2-33）。

【目的】

練習手腕之橫砍之力及靈活性。

圖 2-33

【要領】

周身放鬆不動，只活動手腕。

5. 魚形活腕

預備勢：三七步站立。

兩臂立掌向前伸平，掌心相對，兩臂、腕同時對稱左右抖動數次；然後，兩手一起向

圖 2-34

裏，由鬆變緊，合擊立停，中間空，不接觸，如同從兩側合擊皮球。兩手臂、腕亦可大開大合，緩緩擺動，左右活腕，如同游魚（圖 2-34）。

上述一組動作後，左手、右手錯開一個手位，左手心

對著右手前臂。兩掌同時平
抖數次後，兩手一起向裏，
由鬆變緊，合擊，如同驚魚
擺尾，其餘同上。

【目的】

　　練習雙手臂、腕的由鬆
變緊橫抖、合擊之力。

【要領】

　　要掌握好鬆緊的變化，
一鬆無不鬆，一緊無不緊，
合擊時周身要整，氣沉丹
田。

圖 2-35

6. 轉環活腕

　　預備勢：同上。

　　右手彎曲向前平伸，立掌；左手托在右肘下，右掌先
順時針右轉環形活腕，然後再逆時針左轉環形活腕（圖 2-
35）。

　　換左手活腕亦同上。

【目的】

練習手腕環形轉動的靈活性。

【要領】

注意要合肘，只是轉動手腕，其餘部位不動。

7. 裏擠外滾活腕

　　預備勢：馬步站立。

祁家通背拳

| 圖 2-36 | 圖 2-37 |

兩臂向前平行平伸，手心朝下，先兩肩、兩手及前臂同時向裏、向下合擠，兩手心外翻向上，兩肘抵腰，沉肩墜肘（圖 2-36）。然後兩手及兩前臂同時向外翻滾，並向前上穿伸，手心朝外，反覆運動（圖 2-37）。

【目的】

練習手腕及前臂裏擠外滾之力及靈活性，並練習舒胸合肩。

【要領】

手及臂均要放鬆，裏擠外滾之時均要有彈力。

8.鷹翻活腕

預備勢：同上。

兩手心朝上，向前平伸，兩掌輪相併，兩手同時向上、向胸部捲腕，兩手背相貼，繼續向下、向前翻轉伸直，兩手背相貼；然後兩手再順原路線反向翻轉（圖 2-

38）。反覆練習。

【目的】

練習手腕內捲、外翻之靈
活性及肘部關節之靈活性，亦
鍛鍊兩肩翻合之靈活性。

【要領】

渾身放鬆，裏、外翻時雙
手不能分開，裏翻有攫意，外
翻有插拓之意。

歌曰：沉肩舒腕手搖鈴，
　　　滾腕翻掌勁要鬆。
　　　勤行自知其中味，
　　　掌沉手快冷如風。

圖 2-38

（四）活腰法

1. 橫活腰法

（1）抱肘橫活腰法

預備勢：併步站立。

雙手互抱肘，上臂平直，
然後繞豎軸（脊柱）左右搖
動；目視前方（圖2-39）。

（2）馬式撐臂橫活腰法

馬式站樁，雙臂向前平
伸，屈肘豎前臂；左手握拳，
拳心朝後，右手握拳，拳心朝

圖 2-39

圖 2-40

圖 2-41

前，以腰轉動帶動雙臂左右橫活腰，雙前臂同步轉動；至左邊時，雙拳亦橫滾，變化為左拳心朝前，右拳心朝後，轉至右邊時互變；目視雙拳方向（圖 2-40）。

2. 搖擺活腰法

預備勢：同上。

雙手反掐腰，下肢不動，腰部放鬆，以腰為軸，上身左右搖擺；然後以腰為軸，上身前後搖擺。幅度要大。

3. 大循環活腰法

預備勢：同上。

左腳向左邁一步，兩腳間距與肩同寬，雙手上舉，掌心朝前，下身不動，上身前俯，然後向左、向後、向右、向前大循環活腰，然後再反方向大循環活腰（圖 2-41）。反覆運動。

4.曲直活腰法

預備勢：同上。

右提膝步，坐腰，弓腰，雙手掐腰，右腳向前踩落成五五步；同時重心前移，挺腰向前身撞，然後再收右腳，向後鬆腰，坐腰，弓腰，重心後移，成右提膝步。反覆練習。換步亦然。

【目的】

活動腰部關節，增大活動範圍及各種轉動屈伸之能力。

【要領】

腰部一定要鬆，呼吸要自然。

歌曰：抱肘拔項身中正，活似車輪一般同。

左搖右晃強腰腎，五內牢堅氣自充。

（五）活胯法

1.提胯落胯法

預備勢：同上。

左腿下蹲，右腳向前成提膝步，左胯不動，右胯上提，然後重心向前放鬆落胯成五五步，反覆練習。換左提膝步，提左胯亦如此（圖2-42）。

圖 2-42

2.換胯法

預備勢：同前，兩腿微彎。

先向左移胯，重心經左胯落於左腳，右胯、膝、足虛提，然後換胯移動重心，經右胯落於右足。反覆練習（圖2-43）。

圖 2-43

3.搖胯法

預備勢：同上。

雙胯先向左，再向前、向右、向後、再向左畫水平圓搖胯，反向亦然。亦可左右搖擺。

4.送胯法

預備勢：同上。

右腳向前，左腿下蹲，成右提膝步；左足蹬地，向前送胯，右腳落步左腳跟擠成五五步，重心放於兩足間，然後向後送胯，撤右步，成提膝步。反覆練習。

【目的】

增大胯關節前、後、左、右、上、下活動範圍及靈活性，提高重心移動速度。

【要領】

是搖胯、送胯，而不是搖身，周身要放鬆。

歌曰：提膝摘胯勢法鮮，搖胯送胯意帶身。

進退反側活又快，胯似奔馬步輕靈。

（六）活膝法

1.弓步活膝法

預備勢：同上。

右腳向前跨出一步，成半弓步；倒背雙手，右膝以右足跟為圓心，順時針畫平圓活膝，重複練習，然後再反向逆時針畫圓活膝（圖2-44）。

活左膝成左半弓步，亦然。

2.蹲身活膝

預備勢：同上。

蹲身併步，兩手按在兩膝蓋上，雙膝向左、向前、向右、向後畫平圓活動。反向亦然（圖2-45）。

3.併步蹲起活膝法

預備勢：同上。

兩手經下向上平端至丹田處，左手在上，貼在右手心上，周身放鬆，兩膝下蹲，雙手立掌，向前推出，再起立（圖2-46）。重複練習。

【目的】

練習膝蓋的柔韌、靈活性及力量。

圖2-44

祁家通背拳

圖 2-45

圖 2-46

【要領】

雙膝要放鬆，呼吸要自然。緩緩行之，不可一開始就猛烈運動，要有預熱過程。

歌曰：活膝活腕與活腰，分流同源萬法朝。

混元一氣五行勁，進攻退守勢法高。

（七）活踝法

1.畫圓活法

一腿站立，一腿虛提，以虛提之腳尖為軸，腳踝放鬆，先順時針畫平圓活動腳踝；然後再逆時針畫平圓活動。反覆活動（圖 2-47）。

2.碾踩法

一腿微屈站立，另一腿亦

圖 2-47

彎曲，前腳掌前伸踩，以前腳
掌為軸，腳跟向外碾踩，再向
內碾踩。雙腳輪換反覆活動
（圖2-48）。

（八）活腿法

1.悠腿法

預備勢：初學者右腳站立
在較高處（亦可墊塊磚頭），
左腳懸空，身體直立，右手扶
住支撐物，左手掐腰，或兩臂
平伸開，左腿放鬆伸直，前後
悠擺，前踢、後撩，渾身放
鬆，呼吸自然。換腿亦然（圖
2-49）。

【目的】
活胯、活腿為撩腿等打基
礎。

【要領】
渾身放鬆，支撐腿重心要
穩，擺腿要直。

2.盤腿法

預備勢：同上。
左腿向左跨一步，兩腳與肩同寬，兩腿微屈成高馬

圖2-48

圖2-49

祁家通背拳

步，兩手疊放於丹田處，手心朝上，然後兩腿交替向上盤踢（圖 2-50）。

【目的】

開胯、活膝、盤腿，為盤踢打基礎。

【要領】

盤腿時像踢毽球，腳後跟要朝襠部盤踢，周身要放鬆，不使僵力。

圖 2-50

3. 袢腿法

預備勢：同上。

雙腿下蹲，同時上身右轉，左腳跟要外碾，右腿盤起，經左膝上部向右落下成馬步，正身。換腿對稱亦然（圖 2-51），兩腿交替袢腿。

【目的】

開胯、活膝，為袢腿、撩腿打基礎。

圖 2-51

【要領】

身要轉，腳要碾，袢腿要高，落腿要迅速。

4. 蓋腿法

預備勢：同上。

圖 2-52　　　　　　　　圖 2-53

　　左腿下蹲，右腿提膝落前，成右提膝步，雙手叉腰，或上下交叉，右腿從左向右開胯外擺，腿要直（圖 2-52）。然後從右向左合胯，裏合腿，腿要直，腳面要裏扣鬆崩，高不過胸。換腿亦然（圖 2-53）。反覆操之。

　　【目的】

　　開胯，為橫向腿功打基礎。

　　【要領】

　　胯要一開一合，腿要直，裏合外擺速度要快，上身與另一腿不動。

　　歌曰：一足撐地一足揚，各種腿法內中藏。

　　　　　　若將此法勤操練，十人見了九被傷。

　　至於其他壓腿、踢腿方法可參照長拳練功法，此處不作介紹。

（九）養氣法（坐功吐納法）

預備勢：盤膝打坐，左腿在上，右腿在下（女子相反）；腰鬆直，頭頂項領，閉目合睛；雙手盤疊於丹田處，左手在上，右手在下（女子相反），手心朝上；周身放鬆入靜。俗稱散盤。

行功時，先開閘門，即嘴微張，齒鬆開，舌從上腭放下，由腹經口向外均勻緩慢吐氣，氣要吐淨。然後關住閘門，即齒叩，舌舐上腭，用鼻均勻、沉長深深吸氣（納氣）貫於丹田。循環吐納。

【目的】

呼吸養神，加強深呼吸功能，增大橫膈膜上下活動幅度，久則氣血合順充盈，不受瘡疾之苦，人之養生根本。

【要領】

周身要鬆，心定神靜，無雜念，均勻沉長深呼吸。古譜中曰：坐功用於子時。可供參考。

（十）練氣法（小五功周天法）

預備勢：同上。

呼吸自然，眼內視，用意念引導經氣暢通於任、督二脈，即起於下丹田，出會陰，經尾閭（長強）、命門、大椎、玉枕（風府）、百會、上丹田（印堂）、中丹田、下丹田。如此循環，稱之文火周天，亦意念周天。久之不用意念引導，經氣仍能暢通，即為經絡周天。

除用小周天運行法亦可用督脈運行法。即用意念引導，使經絡之氣起於下丹田，出會陰，經長強、腰俞、腰

陽關、命門、至陽、身柱、陶道、大椎、啞門、風府、百會、神庭、印堂、人中，然後再經督脈返回下丹田。如此循環。

意念行功後，雙眼睜開，用嘴深吸（吃）一口氣，左手由丹田處抽出，鬆握拳，舉於左耳側，肘朝前。然後左拳變掌，向前醒氣扚拍三次，五指張開，掌心吐力。拍後，左手復位（指打坐姿勢）。同時換右手同樣扚拍三次，復位。

用嘴再吸一口氣，同時，雙手變拳舉於雙耳側，同時醒氣扚拍三次，雙手復位。

再用嘴吸一口氣，雙掌同時變拳收於肋間，突然變雙掌向前醒氣平插出，手心朝上；向上、向裏捲，雙掌向前平插出，手心朝下；然後鬆腰醒氣，兩手由上向兩側放按。

用嘴再吸一口氣，同時雙手握拳收於肋間，突然變雙掌向前醒氣平插出，雙手併攏，手心朝上；然後，雙掌向上、向裏捲翻併攏，突然向前醒氣平插出，手心朝下（上組動作勢同鷹翻活腕），雙掌向兩側平分成一條直線；再雙翻掌，手心朝上，同時向前突合；再向上、向裏捲翻，併攏向前平插（鷹翻）；再向頭頂上方直臂抬起，兩掌突然分開，向兩側放鬆按下，同時鬆腰醒氣；雙手收歸原位（二勢）。

再用嘴吸一口氣，接上動作，兩手同時向前合攏，雙手手指伸直，對應接實，虎口張圓，如同掐球；鬆肩，墜肘，手與前臂成斜線，雙手尖（點）與兩肘尖（點）組成面對自己的直立等腰三角形，靜坐十餘秒鐘；然後雙手向頭上慢慢直插，雙手合併，伸直，拔腰，再同時鬆腰醒氣向

祁家通背拳

兩側平分放按。雙手收歸原位，呼吸自然，靜坐一會兒。

【收功方法】

小五功練完後要收功。

1. 搓手。雙掌相對互相搓擦。

2. 乾洗面。用雙掌由上往下洗臉。

3. 乾梳頭。用雙手十指由前向後畫圓梳理頭皮。

4. 拍打頭部。用雙掌拍打頭部。

5. 揉按穴位。用雙手拇指揉按耳前上沿；用中指揉按耳前中部聽宮穴。

6. 搓彈雙耳。用雙手拇指、食指、中指搓揉雙耳廓及內外部；用中指彈雙耳尖。用拇指、食指拽耳垂。

7. 揉眼眉。用雙手拇指第一關節輕揉雙眼；再由眉頭畫按至眉梢絲竹空穴。

8. 揉鼻側。用拇指一節上下揉搓鼻兩側。

9. 叩齒。牙齒上下張叩。

10. 轉頭。頸鬆挺，左右轉動；用下頦做前後畫立圓運動。

11. 擦大椎掐頸椎。用手擦搓大椎，如有汗要擦乾，掐揉頸椎。

12. 揉搓上身。雙手交叉揉搓上身；雙手按於丹田處，在小腹與前胸間畫圓搓揉。

13. 搓腰腎。雙手心按住命門與腎上下搓揉，拍打；用食指外側在腎脊椎兩側上下搓揉。

14. 搓拍手臂。雙手相互拍打手臂，兩手互相握住搓揉。

15. 鬆腿腳。雙腿放鬆伸直，雙腳尖畫圓活動；用雙手

由踝處向上至胯，再向下反覆掐撚；雙手上下捋雙腿：用雙手中指、食指、無名指揉按雙膝後面委陽、委中穴。

然後向後慢慢躺下，再慢慢起來，雙手順腿扶住雙腳，上體前俯，頭向雙腳貼靠，慢慢坐起，收功完畢。

【目的】

疏通經絡，調和氣血，增加意念力，強身健體，袪病延年。

【要領】

鬆、靜，小五功是五口氣六個動作。

注：小周天運行法及督脈運行法皆前人所傳，因現在的經絡說有很多種假設，爭議頗多，至今仍無科學之定論，故只提出，僅作參考。

(十一) 抱氣法

預備勢：同上。

一勢：左腳向前邁，出成五五步，前腳合，後腿扣，十趾抓地；兩手鬆垂握半空拳，食指伸直鬆垂於兩腿側，手心相對；用鼻深深吸氣，同時兩肩向裏合扣，空胸緊背，兩手變掌裏旋，掌心向外（圖2-54）；兩掌變拳，拳心向前翻，兩肩後展，身正腰挺，用鼻向外呼氣。反覆練習（圖2-55）。

圖2-54

二勢：左腳上步，兩腿前後分開成五五步；同上，兩臂鬆垂，兩拳鬆握，拳眼貼於腿側；兩臂上舉到頂，握緊拳，同時用鼻吸氣，兩肋抱緊；鬆後，雙腳前腳掌碾地，右後轉180°，雙拳落下，握緊，拳心朝前，拳輪貼於腿側，周身抱緊，用鼻呼氣。循環操作左四、右三次。

圖 2-55

歌曰：先師傳下呼吸法，
　　　內有陰陽二氣功。
　　　混元一氣五行勁，
　　　遇敵自然顯神通。

（十二）站功法

站功法即站樁法。通背拳所有操手皆有樁法，即動態樁法，但亦可單獨拿出各勢進行站樁練習，即靜態樁法。動是絕對的，靜是相對的。每個樁法均有勢、法、意、氣、神內外配合之要求。這裏只介紹六種主要樁法。

1. 蹬峰請示樁法

預備勢：雙腳立正站立；兩臂自然下垂，五指鬆直貼於雙腿外側；頭頂項領，舌齒微叩，舌抵上腭，目平視，舒胸理氣，神態自然。

精神提起，兩臂鬆直，在身前90°角向上慢慢托起至頭

頂上方，用鼻深深吸氣，收小腹。渾身關節鬆開，意念掌從天空迎接大自然之真氣，似霸王舉鼎，撐住天空（即托天勢）。稍停一會兒，雙手尖相對，掌心向下，罩住頭頂，呼吸一會兒，意念真氣從頭頂灌下，至丹田處，同時兩手向下緩緩按至下丹田，屈膝下蹲。與身手動作同步，用鼻慢慢向外均勻呼氣（即入海勢）。

圖 2-56

　　左腳向前一小步，微扣前腳，成三七步；右胯環跳穴向前塞，裹襠提穀道，丹田有上托之意；同時，雙手掌心朝下，向前、向外半圓畫按，屈臂成弧形，在左膝前上兩外側按住，虎口相對，兩指尖平斜向前，垂面與前腳尖相齊（圖 2-56）；頭頂項領，舒胸理氣，合膝裹胯，提肛，周身鬆整，心無雜念，目平視前方。

　　靜站一段時間後，進行微動、鬆緊、操練。意念先導，後足前蹬，雙手下按撐住，整個身體向前直擺，頭有頂撞意，前膝撐住，雙腳不動，十趾抓地，腳有踩意，周身一緊，渾身一整，前撞。緊後即鬆，回原位。注意動時形跡不要過大。即微動，蠕動。動作後再入靜。

　　左腳回收，慢慢站起，雙手緩緩下落，鬆垂兩腿側。收功，換步亦然。

2.推山樁法

　　預備勢：同上。

雙手緩緩提於腰間，掌心朝上；重心下降，右腳前踏成三七步；雙手立掌緩緩前推，雙掌在前呈八字形，虎口相對，五指張開，有扣意，掌心空（圖2-57）；雙臂微屈前撐，渾身鬆整，舒胸理氣，靜站如山丘。

圖2-57

後足有蹬催意，前腳下踩。雙膝撐住成五五步，渾身內外，由鬆變緊，氣沉丹田，身正腰挺，沉肩墜肘，撐雙臂，雙掌吐力，整體向前寸勁推撞。緊後即鬆，回原位，反覆練習。

前腳收回併步，慢慢起身，雙手緩緩下落，鬆垂兩腿側，收功。換步亦然。

3. 子午封閉樁法

預備勢：雙腳立正成30°站立；兩臂自然下垂，五指鬆直，貼於雙腿外側；頭頂項領，齒微叩，舌抵上腭，雙目平視，神態自然。

精神提起，採用腹式深呼吸，用鼻深深吸氣；同時收小腹，兩臂鬆直，在身前成90°角，向上慢慢托起至頭頂上方，渾身關節均伸開，意想兩掌從天空迎接大自然之真氣，似霸王舉鼎，撐住天空，稍停一會兒；雙掌尖相對，掌心向下，罩住頭頂，屏住呼吸一會兒，意想真氣從頭頂灌下，至丹田處；兩手同時向下，經中丹田（兩乳中間區域）鬆按至下丹田；同時屈膝下蹲，與身、手動作同步，

用鼻慢慢向外均勻呼氣。

用鼻再深深吸氣，身體重心移至左腳，右胯、膝提起，右腳前提一足遠，前腳掌著地，右腳跟虛提，腳微扣，十趾抓地，合膝裏胯，身正腰挺成右提膝步；同時，雙手掌心朝下，向前、向外半圓畫按，屈臂成弧形，放於前膝外側，停一會兒。用鼻均勻慢慢呼氣；同時身體微左轉，胯正身斜，右手裏肘向前指引，左手裏肘，經右肘彎處斜向上立交叉慢慢插出，鬆腰坐胯，含胸。右臂彎曲，上臂與身成 45°角，前臂平直立掌，高與心齊，右肘、右手與脊椎成一條直線；左肘貼於心口處，左手立掌，掌根斜合於右肘彎內側（稍離），左手指高與右肩齊。做到右肩（肩井穴）與左胯（環跳穴）相合；右肘與左膝相合，右手與左足相合；右手尖、前足尖及鼻尖成一立面（通稱三尖不離一條線）；鷹目猿神，目平視前指尖前方，耳聽八方，靜止不動。此為右手順步樁法。右手拗步樁法是右手在前，右腳在前，其餘相同。左手順步，拗步樁法與右手相反對稱即是（圖 2-58、圖 2-58 附圖）。站後，前腳慢慢收回，雙手亦慢慢鬆垂兩側，緩緩站起，收功同上。

勢定後，站樁全身要鬆而不懈，挺而不僵，神情聚攏，即前輩所云「拿神不拿勁」，呼吸自然，小腹鬆圓，氣涵養於丹田處（不是發力時，不可氣沉丹田，沉則滯、拙）。

站此樁兩褶似有撐挾、十趾似有抓踩之意，頭、身、手、足均有一觸即發之勢。

心存假想之敵在面前，敵之來手，我則兼顧上中下三盤，裏外門，似有高挑、低摟、裏擠、外滾、中來懶五護封閉之意。步法不可站死，亦有前後、左右、斜行、高

祁家通背拳

圖 2-58

圖 2-58 附圖

縱、低落之意。意念在動靜之間，心動形不動，似動非動，似靜非靜，靜中求動，靜為形，動為意。「動靜本無分，渾身皆虛靈」。

【目的】

協調身體內外各部位，手、眼、身、法、步、肩、肘、腕、胯、膝、足、頭、心、神、意、氣、膽、血、脈、筋、骨、皮動作一致，無一處不合；變上實下虛為上虛下實：內氣充足；底盤紮實有力；攏胸下氣中不散，心寧氣清下不散，提膝護腎，渾身虛靈。

4.七星椿法

預備勢：同上。

屈膝下蹲，右臂裹肩，合肘，仰掌，微屈臂前伸，指尖與鼻齊，左手俯掌，屈臂護於右肘內側。上左三七步；右側身，右臂邊內滾邊向下、向回採按，左手俯掌，微屈

臂向前拍按，五指微張，虎口張開，掌心空起；右屈臂撐圓，右手俯掌，護於左肘下方（圖 2-59）。胯正身微側，左前臂與右前臂成七星交叉之勢。渾身鬆而不懈，挺而不僵，頭頂項領，舒胸理氣，小腹鬆圓，合膝裹胯，三折九扣，三尖一條線。靜似山岳。

圖 2-59

靜極生動，後足前蹬，前足撐踩成五五步，如踩彈簧。渾身由鬆變緊，沉肩墜肘，氣沉丹田，整身向前寸勁按撞。緊後即鬆，身、足皆反彈回原位，反覆練習。

前腳收回併步，慢慢起身，雙手緩緩下落，鬆垂兩腿側，收功。換步亦然。

5.金龍合口椿法

預備勢：同上。

屈膝下蹲，右腳向前成三七步，合膝裹肘，左側身，胯正身斜；雙手同出，屈右臂，裹肩，仰掌，掌心朝前，五指張開向下，掌心空，右肘抵肋；屈左臂，裹肩，前伸，左掌五指張開，立掌，掌心空，向前推出，雙掌一上一下，掌心垂齊，似金龍張口（圖 2-60）。

胯正身斜，項右擰，鼻尖、手尖、足尖三尖一條線（即在一個立面之內），靜似山岳。

靜極生動，左足有蹬催意，前足撐踩，成五五步，渾

祁家通背拳

身突然由鬆變緊，沉肩墜肘，氣沉丹田，整身向前寸勁擁撞，緊後即鬆，回原位。反覆練習。

前腳收回，併步，慢慢起身，雙手緩緩下落，鬆垂兩腿側。收功。換步亦然。

6.混元養生樁

預備勢：併步站立。

圖 2-60

左腳向左緩緩橫移一步，兩腳平行，與肩同寬，兩腿下蹲成高馬步樁；兩手交叉抱置丹田處，男子左手在內，右手在外（女子相反）；頭頂項領，面部放鬆，似笑非笑，雙目平視；周身自然鬆直不動，上自頭、皮、髮，下至湧泉各關節穴位全部鬆開；站至全身鬆垂時，意用丹田之氣，催動身體膨脹，如同雙手與丹田之間有一氣球慢慢變圓增大，使

圖 2-61

雙手向前繃推而出，高度在胸與腹之間任意位置；腋窩張開，兩手尖相對，距四寸左右，雙手臂似同抱球，整個身體與兩手臂均有前、後、上、下、左、右六面混元之力，碰則有，不碰則無（圖 2-61）。採用腹式呼吸，吸氣是意

想採天地之靈清之氣，歸於下丹田；呼氣時意想濁氣、病氣，從周身所有孔處（包括汗毛孔）散出。

站後，雙手內翻雙掌心朝下，緩緩平行下按，身緩緩站起，兩手臂鬆垂兩腿側，併步。

收功：同小五功周天法。

【目的】

調協陰陽、氣血、養氣、養神，增大胸膈運動，祛病延年。意念蠕動，即可形成技擊樁法。

【要求】

心定神靜，氣血和平，鬆開周身大小關節、穴位。

古譜中所云「站樁功行於午時」有一定道理，因午時光合作用最強，綠葉吸收二氧化碳、放出氧氣能力強。午時站樁，人體與自然和諧，養氣為最佳時間。

注：站樁是靜中求動，活法是動中求靜，動靜本無分，乃矛盾的兩個方面，不可偏重。站樁功，要鬆靜，意念求索混元之力。

(十三)行功

預備勢：同上。

下蹲成右提膝步；雙肩、雙臂自然鬆垂兩側，身正，腰挺，攏胸下氣，向前行走：先進右步，跟左腳，前腳落實，後腳向前提膝，成左提膝步；雙腳交換前行，即提膝行步。行走時前腳尖要貼著地走，後腳要催胯前行，不可邁步，要合膝扣襠，上股不動，十趾抓地，腳心空起，行步如貓輕；行走路線有直行（含前進後退）、橫行、斜行（左右斜進退）；呼吸自然，與行走速度相配合，速度慢

中求快，由慢到快，架勢由高到低。

此功法可在平時走路時進行，久之速度漸快。

【目的】

此行功是為技擊做準備，與養生行功不同，主要是採天地精靈之氣，久之清升濁降，周身氣血和順，步法移動，快速多變。

【要求】

扣襠，行走之時要送胯，而非邁步。呼吸要與行步協調配合。全身輕靈活快。

古譜中云：「行功用於卯酉之時。」可供讀者參考。

(十四) 拍打功法

通背拳練藝不許別人打自己，但卻要自己打自己。老一輩練功曾有踢椿打袋，並用木尺、鐵尺拍打自己的練法。但後期，前輩胡悅曇總結前輩得失，認為踢椿打袋利少弊多，一是肩、肘、腕、指等關節易受傷害；二是各關節鬆不開，發力無彈勁、透勁。但手、身不碰硬，無一定抗擊能力，技擊中自己又易受傷害。因此，就選擇硬度相同的自身拍打功法進行自我練功。自己拍打功法即拍打自己全身。

1. 金龍纏柱

雙腳分開，與肩同寬，轉動腰身，頭轉，眼看後腳跟，帶動雙臂交替前後纏身：一手在前，用手掌拍打華蓋穴，另一手在後，用手背拍打腰腎；一手拍打對肩肩井穴，另一手拍打背部；一手拍打前胸，另一手拍打腰背；

一手拍打對側肋部，另一手拍打對側背肋（圖2-62）。

雙手交叉拍：雙臂交叉拍，一手拍打對身肩井穴，另一手拍打對身肋部。

2.拍打前身

雙手在前由上至下拍打前身。

3.拍打雙腿

雙手由上至下，再由下往上拍打雙腿四周。

4.磕胳膊

雙前臂互相磕碰。

5.拍拳四面

雙手互拍對手拳背、拳輪、拳眼、拳心。

6.拍掌五面

雙手互拍對掌掌心、掌背、掌輪、掌沿、掌指。

7.擢打扣拳面

雙手互擢對手扣拳拳面。其餘各種拳亦要拍打。

以上拍打時，意要想拍到哪兒，氣到哪兒，每種拍打均可以30下為度，增強自身抗擊能力。

祁家通背拳

【要求】

由輕到重，周身放鬆，拍打部位要緊，用腰身自由帶動雙臂拍打。氣要鬆沉。

(十五)抱門法

抱門法乃技擊中之預備勢。外靜心動，外存奇正，心亦有奇正，外溫而心存殺機。抱門雙手不外乎奇、正、開、合、上、下、裏、外、前、

圖 2-63

後；雙腿不外乎前、後、左、右、提、落、開、合等。抱門則要兼五護而又存埋伏。下面介紹幾種抱門法。

1.提膝步抱門法

蹲身站左提膝步，胯正身斜，左手屈臂前伸，裏肘，五指成凹攏掌，掌心傾斜45°。右手掌心斜朝下，置於左手前臂腕、肘中間內側，目視敵方。（圖2-63）。亦可站成拗步。

此抱門手存上崩、下扒、裏擠、外滾、抹、裂、掩、圈、鑽、撞、轉、刺、穿等手法變化。步存進退、閃、展、碾、墊、擊、跟、拉等變化，亦含各種腿法。此抱門是少祁門法，以提膝步為主。手法以膀趄等為主。

2.白鶴亮翅抱門法

側身斜胯站，高提膝步，一手屈臂前伸，掌心朝上，另

圖 2-64　　　　　　　　圖 2-65

一手心朝上，在後屈臂平伸，目視敵方（圖 2-64）。站正
面提膝步，雙手仰掌屈臂，在兩邊亮翅抱門（圖 2-65）。

　　此抱門手存拍、踢、鑽、崩、劈、挑、搓、捉、穿、
插等手法變化，步亦存碾、閃、墊、擊、跟、拉等步法變
化，並含各種腿法。此抱門是老祁門抱門法，以碾、閃步
為主，手法以大劈挑、大拍掌等為主。

　　歌曰：裹肘合胸步法靈，神出鬼沒令人迷。
　　　　　　上下相合隨機變，進退虛實法正奇。

　　抱門法很多，主要由自己體會其特點來決定，這裏不
多介紹。

　　【目的】

　　鍛鍊身體各部位在技擊中防守與防守反擊之靈敏度，
掌握手法、步法、腿法變化，靜中求動。

　　【要領】

　　前腳提膝步距不可太大，心存奇正，外鬆內緊，呼吸

祁家通背拳

自然。

二、手法、步法、腿法

手、足、腿遵循技擊原則而動，分別稱為手法、步法、腿法。

(一) 手法

通背拳手法共發一百零八字，隨意而發，或一字發出，或二字發出，或三字連發，或四、五、六、七、八字一齊發出，使人無處測知。

通背拳手法有：指引、攞挑、攢捌、轉環、劈摟、勾刨、托隨，撩按、捋（luo）帶、摔拍、推撲、撣煽、擒裹、插撐、擁撞、接攔、勒打、騰封、揉搽、滾翻、搓扯、掏掖、雲攏、撥掩、拂挽、劫擰、撅掀、崩斬、兜捋（lu）、切靠、搠點、掙掄、拋掠、領送、錯鍘、沖闖、搪架、支穿、擠插、塞揣、撈摸、挺裂、掃掛、虛誘、誆詐、摧拽、踢押、捉拱、坐抖、粘連、涵炸、跳躍、閃展。

以上手法在此不一一介紹，在後面單操手或套路中將有介紹。

(二) 步法

通背拳步法有：閃步、錯步、偷步、碾步、跳步、擠步、碰步、提步、行步、進步、退步、踏步、鑽步、馬步、弓步、三七、四六、半仆、準提、龍行、虎形、牛形、駝行、鶴行、雞行、喜鵲、抽撤連環步、猿猴倒行

步、五虎群羊步、膀趄步等。

通背拳少門以提膝步為主，而老門則以碾閃步為主。此敘步法仿其形跡只一步，而一步包羅萬象，究其理，察其妙，各有所用耳。下面介紹幾種主要步法：

1. 碾閃步（亦稱鷹翻）

（1）先操碾步

站三七步，雙腳如下圖形左腳不動，以右腳尖為軸，右腳跟向右外碾踩，右腳跟向外有撐勁，再還原，再碾踩，反覆練習，換左腳亦然。老門手法常配合上面身手，打碾步中拳和碾步挑山等手法（圖2-66、圖2-67）。

（2）左、右碾閃步

碾前腳，仍站三七步；右腳以前腳掌為軸先向右碾踩；身左旋，左腳緊隨右腳，向右腳後外側閃步，落實仍成三七步，碾閃角度可大、可小（圖2-68、圖2-69）。換腳亦然。

圖2-66　　　　　　　　　　　　　　　　圖2-67

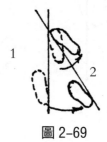

圖 2-68   圖 2-69

　　碾後腳，仍站三七步；以後腳掌為軸，後腳跟外閃，即後腳外碾，前腳同時經後腳內側，向後腳後外側轉閃落步，身隨步轉（圖 2-70、圖 2-71、圖 2-72）。碾閃角度隨意，反覆操之，換步亦然。上面身手與之配合。

圖 2-70   圖 2-71

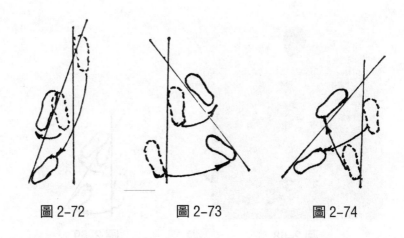

圖 2-72　　　　圖 2-73　　　　圖 2-74

　　配合上面身手，可打碾閃步劈山、碾閃步挑山、碾閃步貫耳、碾閃步穿掌、碾閃步拍掌、碾閃步中拳等等手法。

2.閃展步

　　（1）先閃前腳操法
　　站三七步或提膝步；右腳向右前方閃展落步，左腳隨之向右腳後外方閃展落步（圖 2-73），身隨步轉，仍成三七步或提膝步，閃展角度隨意。反覆操之，換步亦然。
　　（2）先閃後腳操法
　　站三七步或提膝步；左腳向左前方閃展落步，右腳隨之向左腳後外方閃展落步（圖 2-74），身隨步轉，仍成三七步或提膝步或弓步（虎步），閃展角度隨意。反覆操之，換步亦然。
　　配合上面身與手，可打閃展步劈山、挑山、貫耳、穿掌、拍掌、中拳等手法。

圖 2-75

圖 2-76

3.猿猴倒行步

站馬步或三七步或提膝步，左腳從右腳後向右腳右側倒插落步，右腳從左腳前再向右開步（圖 2-75）；上兩勢重複快速運步練習。換腳對稱亦然。

此步法為圓形步法總綱。

4.雞行步

站三七步或一九步（右腳在前）；左腳向前蹬催，送胯，催右腳向前進，右腳先落，左腳緊跟，提於右腳踝處，腳微離並平行地面；右腳向前蹬催，送胯，催左腳向前進，落左腳後，右腳緊跟，提於左腳踝處（圖 2-76）。反覆練習。

寒雞步不是把提起之腳放在另一腳腳踝處，而是平腳高提，置於另一腿膝彎處，腳掌平行地面。

雞行步行進路線可參照提膝步行進路線，雞形步是方形步之總綱。

圖 2-77

5. 提膝步法

左腿屈膝下蹲，右腿提膝，腳掌點地，腳跟虛提，合膝扣胯，提於左腿內側稍前方（步型為一九步，重心後腳九前腳一）；兩手自然下垂於兩胯側進行操練；然後，可抱門進行操練（圖 2-77）。行進路線：前進、後退、左移、右移、左斜行前進、右斜行前進、左斜行後退、右斜行後退。具體可按如下圖形路線操練；

（1）十字路線

①進步、退步

1）左腳催右腳前行，右腳先落地，左腳緊跟擠，落於右腳後，重心落左腳（即後腳）；右腳迅速虛提（占一成勁）仍成右提膝步。繼續前進即可，形成下次前進蓄力步法。此為順步提膝步前進步法。換步亦然。

2）左腳催右腳前行，右腳先落地，左腳迅速前提，重心落右腳九成，成左提膝步；右腳催左腳前行，左腳先落地，右腳迅速前提，成右提膝步，反覆練習。此為拗步提膝步前進步法。換步亦然。

3）預備勢仍為右提膝步；右腳掌迅速向後踩，蹬催左腳迅速向後退步，重心落左腳九成，右腳迅速落左腳前

祁家通背拳

側，仍成右提膝步。連續後退，反覆操之。此為順步、退步提膝步法。換步亦然。

4）預備勢仍同上。右腳迅速後撤，同時左腳也向後蹬催，右腳後退先落地，左腳迅速提膝至右腳前側，成左提膝步；左腳再迅速後撤，同時右腳也向後蹬催，左腳後退先落地，右腳迅速提膝至左腳前側，成右提膝步。反覆操之。此為拗步、退步提膝步法。

②左右移步法

1）左移步法：預備勢同上。左腳向右蹬催，右腳向右迅速移步，右腳先落，左腳也迅速向右併擠，左腳落地後，右腳迅速提膝，仍成右提膝步。繼續用此步法右移，反覆操之。

2）右移步法：上述操至最後一步，右腳落地，左腳迅速併擠後，立即虛提於右腳內側，然後，右腳蹬催，左腳迅速向左移步，左腳先落，右腳也迅速向左併擠，右腳落地後，左腳迅速提膝，仍成左提膝步。繼續用此步法左移，反覆操之。

3）綜合操法：從圖 2-78 中 0 點出發，即進步→退步→退步→進步→左移→右移→右移→左移，形成「十字」路線。

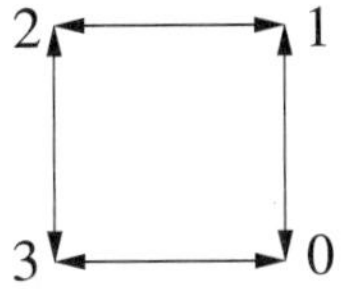

（2）方形路線

①用提膝步法按圖 2-79 路線：前進→左移→後退→右移，即 0→

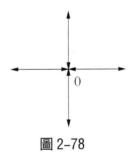

圖 2-78

圖 2-79

1→2→3→0；左移→前進→右移→後
退，即 0→3→2→1→0。

圖 2-80

②按圖 2-80 路線斜行進退：0 點
左提膝步→1 點變右提膝步→2 點仍為
右提膝步→3 點變左提膝步→0 點變右
提膝步。再按原路線返回，均以一步為
準，反覆操之。

（3）之字路線（即三角斜行，亦
為沱行步）

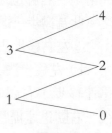

圖 2-81

如圖 2-81 所示，在 0 點為左提
步；左斜行前進→1 點，變右提膝步；
右斜行前進→2 點，變左提膝步；左斜
行前進→3 點，變右提膝步；右斜行前
進→4 點，變左提膝步。從 4 點再按
4→3→2→1→0 的次序斜行退步，回 0
點。均以一步為準，反覆操之。

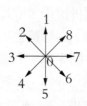

（4）米字路線

按圖 2-82 所示，由 0→1→0→2→
0→3→0→4→0→5→0→6→0→7→0→
8→0 的路線練習。此路線為十字路線
與三角斜行的組合路線。練習者可任意
組合操之。

圖 2-82

（5）九宮八卦路線

按八卦方位路線圖 2-83 由 1→2→
3→4→5→6→7→8→9→1 操之。先以一
步為準，然後再行多步。步之大小、左

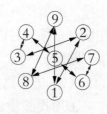

圖 2-83

祁家通背拳

或右提膝步，自行調解。熟練操之。

【注意事項】

①操以上步法，面部均朝北或朝南，身子不完全轉向，進退、橫移（左右）、斜行，假想敵均在前面。

②操此步法由簡入繁，以求靈活多變，適應打手中角度、尺度、時度、速度、奇正之變化。

③操此步法由慢到快，達到快似青煙，飄忽無形，落地生根。

④頭頂項領，渾身鬆整，尤其腰腹要鬆活。氣不可沉於丹田處，而是小腹要鬆圓，氣要鬆沉。

⑤千萬注意，行走步法不是邁步，而是後腳蹬催送胯，帶動身體重心迅速移動，同時雙腳要貼著地行，不可高離地面，久之才能輕靈活快，快而不浮。

⑥當步法熟練後，應與上肢相配合，可先用抱門法，左右變換與步法、身法相配合。如子午封椿抱門、飛虎攔路抱門、金龍合口抱門、當堂遞手抱門、七星式抱門、小雲手抱門法等等。總之，要求步法與手法要相合、順暢、協調、嚴謹。

⑦尾閭要中正，切不可撅腚貓腰。

⑧此步法是由雞行步與虛步結合變化而來，而具有靈活性、實用性是通背拳技擊中主要步法之一。亦名準提步、鶴行步、懸膝步。

6. 墊步（亦稱喜鵲步）

站四六步、三七步或提膝步，重心稍前移，後腳先動，向前腳後墊半步，前腳再向前進落地，後腳再向前墊

半步，前腳再向前進。墊步速度要快，要不露痕跡。

　　墊步主要用於追擊敵人，如後期打手用的側身不換勢，非此步法則不能也。

　　其餘有關步法在單操手或套路中再作介紹。

　　「中興之祖」胡悅曇先生曾告訴後人，墊步、碾閃步、閃展步、提膝步一定要單操，可見其在技擊中之重要性。

　　歌曰：對戰之時步為先，準提碾步法最嚴。

　　　　前進後退提膝妙，左右閃展要連環。

(三)腿法

　　通背拳腿法有：彈腿、掃腿、掛腿、圈腿、截腿、外撞、膀趄、擦丁、撩陰、連環、抄腿、十里反撞、猿猴扒枝、十字飛球等等，但通背拳抬步即是腿，技擊中多用彈撩二腿。有關腿法將在單操手或套路中介紹。

第三章
祁家通背拳一百零八單操手

通背拳有三十六築基單操手和七十二散傳操手，共計一百零八單操手。

第一節　三十六手築基

一、四大總法

吊袋、合口、七星、似封似閉四法，可以說是通背拳技擊路線、打手的總法。

吊袋為左右之理，合口為上下之理，七星為交叉之理，似封似閉為圓形之理。

圖 3-1

(一)吊袋

預備勢：立正站立；兩臂自然下垂，五指鬆直，貼於腿外側；頭頂項領，齒微叩，舌抵上腭，雙目平視，神態自然（圖 3-1）。

圖 3-2

圖 3-3

　　重心移至左腿，屈膝下蹲內扣；兩手成凹攏掌放於肋下，掌心朝上，微外翻；右腳前落成三七步或前提成右提膝步（九一步），身正腰挺，舒胸下氣，尾閭中正，合膝裹胯，十趾抓地；同時，左臂順心口處向前裹肘擠肋平伸至遠，高不過肩，手心朝下，手指微扣，手腕鬆挺，成拗步勢（圖 3-2）；右臂順心口處前伸；臨至前手時，左臂裹肘擠肋撤回，兩手交接時，同時滾翻，左手順右手虎口處撤回肋下，右手鬆直，順左掌輪前伸至遠，手指要有探按勁，成順步手（圖 3-3）。

　　操手時兩腿似有撐挾之力，鬆肩探背，呼吸自然，氣涵養於丹田處，此為定步提膝吊袋之一個循環，隨之連續緩緩操之。換腳亦然。

　　行步吊袋：上勢做到右順步吊袋時，左足蹬地，催胯、催右足向前趟出，左足跟擠右足，鬆襠下胯，成右五五步（俗稱寸加擠步）；同時，左臂拗步前伸，右臂裹肘

擠肋收歸肋下，上身與定步相同，身有前撞之意；提左步成左提膝步（提胯），同時伸右手臂至遠，左手歸於肋下；右足蹬地，催胯，左足向前趟出，右足跟進，擠左足，鬆襠下胯，成左五五步；同時，左臂順步前伸，右臂裏肘擠肋收歸肋下。此為活步提膝吊袋一個循環，反覆連續操練。

步法路線可以進退、直行、斜行、左右橫移。

【目的】

伸肩、奪背、裏擠、外滾、運指、順氣、活步，主要練習左右出手方法、技擊路線，求法而非單求打勁。

【要領】

出手於心口處，相交於虎口處，左右要分明，肩、肘要鬆垂，手支膀抖，後肘鬆沉找後心，前手探按。活步吊袋須提胯、催胯、落胯，不能邁步，步法要輕靈活快。其他要領與活臂中伸肩相同。

頭頂項領，緊背鬆肩；空胸下氣，氣養丹田。
身正腰直，目注指尖；手從口發，撒歸肋下。
步分虛實，心無外念；緩緩操之，意要自然。
久則氣順，五內堅然；有根右恒，祛病延年。

注：前輩從前用狗皮製成袋子裝砂盛豆吊於牆上，用掌拳上下、左右擊之，故稱吊袋。後來棄具打空而不打袋，以此得名。

歌曰：伸肩奪臂勢法高，神出鬼沒用心操。
　　　　若能悟透其中理，能使愚頑化英豪。

吊袋還有其他操法：大弓步吊袋（即步為弓步操法）、撐步吊袋（即步用五五步操法，走硬勁）、掉舵吊袋（即弓步立掌走七星斜形，走支抖勁）等等，不詳作介紹。

(二) 合口（金龍合口）

預備勢：同上。

兩臂在胸前斜交叉相疊，右手在上，手心朝下，左手在下，手心朝上，十指張開，右肘置於左肘彎處；雙手小舞花，右手向上、向右圈至前臂在前平直，後肘則於中，掌心朝前，五指向下；左手肘貼於右手肘附近，隨右手向右、向上轉動，掌心朝前，五指向上，如同龍張口（圖3-4）；雙手轉動時，吞肩，琵琶骨攏起，雙手微向裏帶；同時屈膝下蹲提右胯、右膝成右提膝步；右足前落，鬆襠下胯，成五五步，同時雙手分上下，右手斜下裁、左手斜上支，同時向前撕、推、抖、撞發力，為右金龍合口。換左提膝，換手亦然。

行步操手時，左足催胯進步，落胯落步，左足跟擠即寸加擠步，右合口。再提左膝，做左金龍合口。步法路線為三角斜行，如同「之」字。

【輔助練習】

形同伸肩吊袋，但雙手出入路線為上下，而非左右。亦稱合口吊袋，操合口吊袋，要注意手有先後之分，手有搓

圖3-4

意。

【目的】

鍛鍊雙手上下變化之嚴謹，明瞭上下入手之法。

【要求】

要合肘，手分上下，發力要鬆襠落胯，十趾抓地，身撞，手抖，周身整，前手尖、前足尖、鼻尖三尖成一條線。

歌曰： 金龍出水勢法狂，搖頭擺尾把口張。

欺身進步行如浪，陰陽二物奔中央。

(三) 七星掌

預備勢：同上。

屈膝下蹲，成右提膝步；雙手立掌，同時裹肩合肘向前交叉上下扔插，交叉點在右前臂中部、左前臂腕部，雙手指尖朝前，手分長短前後（圖3-5）。換步亦然。

行步操手：上述動作加提膝活步法，前進後退，左右橫移，左右斜行進退即可。

【目的】

鍛鍊雙臂交叉出入之路線順暢，主要是練習「法」，練勁次之。

【要求】

渾身要鬆，心存各種變化，前手尖、前足尖、鼻尖三尖一條線。

圖3-5

歌曰：七星掌法手勢玄，進攻退守非等閒。

雙手插花藏變化，左顧右盼上下連。

(四) 似封似閉

預備勢：同上。

屈膝下蹲，成右提膝步，微坐腰，空胸；右臂沉肩墜肘，立掌屈臂前伸，左臂裹肘立掌，放於右臂肘處，成抱門勢。右手掌微上挑向前錯插，至前方後，左臂順右臂上方向前錯插，同時右掌下栽，畫立扁圓拉回至左肘下，待左手至前方後，右手再順左臂上方向前錯插，左掌下栽，畫立扁圓拉回至右肘下（圖3-6）。兩手如此循環操之。

上述動作停後，雙手在前；在一個立面內反畫立扁圓操之，即手有上支穿擺、往回勾畫裂挑之意。

以上操手可立操，也可平操、斜操。換步操手亦然。行步操手加上提膝活步即可。

【目的】

鍛鍊雙手上支、下栽、錯拉之路線及上下左中右圓形封閉之法。

【要領】

周身放鬆，沉肩墜肘、肘打去意上胸膛，雙手前後要在立圓之內錯拉、穿擺、勾畫。打與顧互為表裏，矛與盾自在其中。著意練「法」，而練勁次之。

圖3-6

祁家通背拳

歌曰：封閉手法妙輕靈，看守門戶勢法嚴。
　　　　高挑低摟中來懈，左顧右盼要相連。

二、四大名山

（一）劈山

預備勢：同上。

蹲身上右步，成右提膝步；同時出右手，立掌向前指引，臂微屈；左手立掌，放於右肘下。裹左肩，左手經右臂下外側向上、向前、向下直圈劈，手立掌落左腿；同時右手撤回，經右肋、右耳上舉，腰身、手臂伸直，直臂立掌往前向下劈出，膀身相挾，手落右大腿內側；氣沉丹田，渾身一整，左手由下向上迎右臂交叉擦碰而過，停於右肩內側；同時前足前落，踩實，成五五步，挾襠。接上動作，抬右手向前指引，左手下繞於右肘下，接著做圈劈。此勢俗稱「單劈」。換手亦然。反覆操練即可（圖3-7）。

活步劈山即加上各種步法操練。這裏介紹四種：

閃步劈山：操劈山時，右腳右閃，左腳隨之即右閃，微掉舵（臀），手至，腳至即可。練習時要左右閃，換手

圖3-7

劈。

碾步劈山：操劈山時，前腳掌右碾，左腿右閃掉舵，前手斜圈，右掌直劈即可，練習時要左右進行。

倒步劈山：操劈山時，先倒行左腿，重心右移，再右移右腳，手到腳到即可，左右均要練習。

跟步劈山：操劈山時，左腳蹬，催胯，催右步前沖，後腳跟進即「準提步」，手到腳到即可。左右均要練習。

【目的】

鍛鍊左右手臂下劈之力；手法，步法協調一致，氣力合一；發力時瞬間要整。

【要領】

操手時意在胯根，胯身要有挾力，而非單是手臂下劈；落步時兩腳要踩實，十趾抓地，兩腿要有挾力，腹有挺意，氣沉丹田，渾身要協調嚴整；操手時鬆緊有度適宜，由慢到快，由輕到重，不可急功近利。

歌曰：劈山勢法手要真，左右閃展奔敵人。

氣膽相合欺身進，好似閃電晃乾坤。

(二) 挑山

預備勢：同上。

站右提膝步，右手立掌指引；落右步成五五步或虎步，擰身（身右轉），擰胯；左手握平拳，由下向上、向前拗步挑撞，沉胯根，右手掌落撤後撩；然後右手握平拳由下向上、向前（高不過肩）挑撞，擰身、擰胯、沉胯根，同時左拳變掌落撤後撩；兩手臂挑、撤時交叉碰前臂。反覆練習，換腿亦然（圖3-8）。

活步挑山：先練碾步挑山。即操挑山挑右拳時，前右腳掌右碾，腳微橫；挑左拳時右腳掌往回左碾即可。然後操碾閃挑山，即挑右拳時，右腳掌右碾，左腳隨身右閃，右拳挑出，手腳齊到。換手對稱亦然。

圖 3-8

　　再練閃展步挑山。操挑山時，右腳右閃，左腳隨之右閃，右腳右碾，右拳臂向前、向上挑撞。換手對稱亦然。反覆操之。

　　跟步挑山：操挑山時，後腳蹬，催胯、催前步前沖，後腳緊跟（寸加擠），前手挑撞可拗步，可順步。

　　【目的】

　　鍛鍊身手臂挑撞之力；左右閃展步、碾步、寸加擠步與身手之協調配合。

　　【要領】

　　動作過程要鬆，發勁時要項擰、腰擰、胯擰，沉肩、順肘，氣沉丹田，三尖要對正。落點，敵之襠部至下頦均是拳眼，俗話說：「日操千挑，神仙難逃」，故習者需多操練才行。

　　歌曰：迎面引手使挑山，穿心炮法往裏鑽。

　　　　　　閃展步法急又快，左挑右挑要連環。

（三）推山

預備勢：同上。

蹲身坐胯，重心移至左腳，右腳提膝前提，成右提膝步；同時雙掌由兩側向前、再向裏合掩（手心朝上），兩手在前面交叉，兩肘相合疊，向腹部雙勒，雙手由腹部勒至雙肋，身正腰挺；右腳前踩成五五步；同時雙臂外滾，同時向前翻掌發勁推出，掌心朝前，十指張開，兩虎口相對，掌根外撐，兩手微成八字形，雙掌要有炸勁；鬆腰坐胯，沉肩墜肘，空胸緊背，兩腿有撐力。

還有一種發力形式，即在雙勒時鬆腰坐胯，雙掌推出時，身正腰挺，沉肩墜肘，操手時可細細體會。左右換步亦然。此為掩手推山勢（圖3-9）。

與上勢相同，只是兩手不是雙勒，而是雙抱丹田（即雙手拍抱小腹）。抱丹田時氣沉丹田，小腹實圓；然後兩掌推出，吐氣，意灌丹田，小腹實圓，左右換步亦然。此為抱丹田推山，出功力較快。

活步推山：操推山時，配上提膝活步，前進後退，左右移動，斜行進退即可。此外還有雙手下揮推山、裏邊推山，以及衍變的闖山（向上）、拍山（向下）等，不再介紹，可自己體會。

圖 3-9

祁家通背拳

【目的】

鍛鍊雙手向前推炸滾撞之力；氣力之配合；底盤之穩固。

【要領】

發力時要沉肩墜肘，或空胸緊背，或身正腰挺，手撐、腿撐、身撞。發力時要沾衣發勁，有突然爆炸之力。周身皆撐圓。雙手如從下入手，則有擺挑推撞之意；如從上入手，則有撲按擠撞之意。

歌曰：推山勢法猛無敵，氣膽相合前腿提。

沖擁闖撞雙進掌，擺挑推撲探臂急。

(四) 攬山

預備勢：同上。

馬步攬山：左腳向左跨一步；雙手握平拳收於腰間，蹲身成馬步；同時雙拳向前平沖而出。雙臂沉肩墜肘，分別以肩為軸，在前直臂由外向裏非同步畫圓攬動，反覆練習。此為下攬山。又臂由裏向外非同步畫圓攬動，為上攬山。

提膝步攬山：攬山用提膝步法即是。

活步攬山：操攬山時，左腳向右腳後倒行，右腳向右開步，同時上臂使攬山（圖3-10），操到第二個攬山時，左

圖 3-10

臂攪，右臂高抬落下，用拳劈砸（為避免打空，可擊左手心）；左右反覆操練。

前攪山：提膝步，三角斜行步，雙臂分前後，向裏、向下、向前邊捲曲邊向前攪動（圖3-11），反覆練習。

【目的】

鍛鍊雙臂攪動之力，及與身、步之協調配合。

圖3-11

【要領】

要沉肩墜肘，雙臂如攪泥，步要輕快，移身迅速。亦可前後移步。

歌曰：見著纏劈使攪山，一攪一劈走連環。

裏圈外斬劈提捌，四大名山緊相連。

三、四象

即四種形象。

（一）通背輕招

預備勢：同上。

蹲身坐步，成右提膝步；同時，雙手握鳳頭拳（通臂猿猴），右拳向前上打，吊腕，左拳放於右肘彎處；左拳順右前臂上面向前上打，同時右拳下栽立圓圈掛，至左肘下；右手從左臂下向前、向上擺打，左拳向上，向回立圓

圈掛至右肘下；左拳從右臂下向前、向上打；右拳向上、向回立圓圈掛至左肘下。如此反覆操練。換腿亦然（圖3-12）。

圖3-12

【活步操法】

操手時運用提膝步法，前竄後跳，左右騰挪，或用彈腿或用連環腿均可。

【目的】

鍛鍊鳳頭拳之擊法，上擢下栽，上下圈掛之力。上自眉頭、雙眼、鼻，下至心口、腑及腋下皆為拳眼（力點）。

【要領】

操手周身放鬆，含合口及封閉之法。發勁時，身整，步法輕靈活快，兩手兩腿沒前沒後，拳急如雨，密不透風。

歌曰： 通背輕招步法輕，圈擢纏掛妙無窮。

閃展跳躍驚人膽，四象之中第一形。

（二）魁星點鬥

預備勢：同上。

蹲身坐步，成左提膝步；右手握扣拳（赤臂馬猴），由心口處向前、向上擊出，拳打扣勁；左手扣掌於右肘底；身體右轉側身，左拳向前、向斜上擊出，拳打扣勁，同時右拳變虎爪，爪指朝下，往下、再往上畫弧往回摟

掛。至前胸處。左右連環操之
（圖 3-13）。

【活步操手】

操手時，提膝步法可前
進，後退，左右閃展，跳躍縱
橫，手足齊到。

【目的】

鍛鍊扣拳之用法，拳打扣
勁，擊敵之太陽穴、眉頭、雙
眼、鼻梁及前胸；回手摟帶，
拳去不空回之法。

圖 3-13

【要領】

胯正身斜，出手抖扣；回手摟帶；兩手出入為左右或
上下；含吊帶之法、合口之法；步法要輕靈。

歌曰：魁星點鬥奔前胸，閃展跳躍步輕靈。

搖身捋掛太陽穴，四象之中第二形。

（三）猛虎爬山

預備勢：同上。

屈膝下蹲，右提膝步；右手立掌指引，左手放於右肘
下：左手經右臂下向前，向斜上變尖拳（六耳獼猴）沖
出，拳心朝下，同時右手變虎爪，經左拳面，向回捋帶至
胸口處，成拗步拳；右手經左臂下向前，向斜上變尖拳沖
出，拳心朝下，同時左手變虎爪，經右拳面，向回捋帶至
胸口處，右腳落地踩成五五順步，拳操拗步手時襠有裏挾
之意，順步手時襠有撐意。連環操之即可（圖 3-14）。

【活步操法】

當上勢手操至左拗步手時，回提右步，再向前落步，同時左腳騰空，向前蓋跳步，左手捋沖右拳，右腿起跳，在空中捋右手沖左拳，右腳向左腿前落下，成右弓步，同時捋左手沖右拳；再回撤右腳，成右提膝步，同時捋右手沖左拳，反覆操之。換腿亦然。

圖 3-14

【目的】

鍛鍊尖拳握法及用法；捋帶扛爪之力；跳步與身手之配合；面部至心口間皆為拳眼。

【要領】

身正、爪捋、拳重、步跳。操手時跳步要高遠，形如猛虎爬山。

歌曰： 動如猛虎上山峰，撥葉尋花圈掛騰。

　　　　撩捋進步迎面搠，四象之中第三形。

(四)抽換牌影

預備勢：同上。

屈膝下蹲，成右提膝步；同時右手握平拳（天降石猴），經心口處順步裹肩，墜肘直臂，向前立拳平沖；左手握平拳放於肋間；左拳立拳，經右前臂上方裹肩墜肘直臂，向前平沖，右拳拉回心口處；再經上方連續沖右拳、沖左拳；然後從左拳下沖右拳，再經右拳臂下方沖左拳、

沖右拳。即上面三拳，下面三拳，反覆操之。換腿亦然（圖3-15）。

圖 3-15

【活步操法】

上述操手配合提膝步前進，後退，左右閃展，斜行即可。

【目的】

鍛鍊平拳前沖之力及身、手、步的配合。

【要領】

身正拳平，發力時膀抖身撞，有錯、拉、挑、撞、之意。步法輕靈活快，連擊速度要快。抽換牌影亦稱合口吊袋中拳即要連綿不斷、拳拳相替。

歌曰： 抽換牌影法求精，葉底藏花步輕靈。

閃展進退人莫測，四象之中第四形。

四、四拳

（一）中拳（捋手中拳）

預備勢：同上。

蹲身坐步，重心左移，右提膝步；雙手提於腰間，左手立掌，屈臂前伸，高與眉齊，右手立掌放於左肘下，前手尖、腳尖、鼻尖三尖一條線。

右腳向前落；右掌沿左前臂下前沖，接近力點時，迅

速變立尖拳攢撞而出，同時左手變虎爪，經右拳眼向回捋帶至心口處，前腳踩實，成五五步，鬆襠下胯，腳打踩意。成順步捋手中拳。

右腳回撤，左手沿右前臂下直臂前沖，接近力點時，迅速變拳攢撞而出，同時右拳變虎爪，經右拳眼向回捋帶至心口處，前腳成提膝步，十趾抓地，合膝裹胯，成拗步捋手中拳。反覆操之。換腿亦然（圖3-16）。

圖 3-16

操此定步中拳，前腳可落成大弓步中拳，反覆操之。

【活步操手】

操捋手中拳時，用寸加擠步法（前面已述）亦為其一。

其二：接上述右順步中拳，重心後移，右步後撤，成左弓步，同時捋右手，沖左拳；捋左手，沖右拳；同時重心繼續後移，成左提膝步；蹬右足催胯，催左步向前，捋右手，沖左拳，右腳跟擠左腳（距一足遠，即寸加擠步）；重心後移，左步後撤，成右弓步，同時捋左手，沖右拳；捋右手沖左拳，同時重心繼續後移，成右提膝步：蹬左足催胯，催右步向前，捋左手沖右拳，左腳寸加擠步，此為抽撤進步連環中拳。反覆操練。

【目的】

鍛鍊中路拳法、勁法及步法；亦練扛爪，撕刨捋帶之力。

【要領】

中拳發力要身正腰挺，頭頂項挺，氣沉丹田，沉肩墜肘，周身要整，手到腳到，攢拳要撞，力透脊背，切不可淺及即收或拔根擰轉（指後腳）。前腳走踩意而非踩腳跟。此中拳亦可操空胸緊背之勢。

歌曰：拳法不離中平正，輸贏全在靈機動。

欲使敵人落下風，粘衣發勁冷急硬。

中拳戰鬥規矩：

對敵手要虛上伸，腳踏中門往裏鑽。

入界心含奇與正，肘不離肋手護心。

一處不到難取勝，手腳齊到才爲眞。

動手視敵如勒草，似箭穿心一般同。

中拳總法歌訣：

萬拳之法不如中，中門之路妙無窮。

此拳一發包萬象，五護八斷在其中。

迎敵我使中拳護，入界我使中拳攻。

敵人若是中拳進，急變中拳保正中。

敵取其上我取中，敵取其下我取中。

敵取其左我取中，敵取其右我取中。

迎取戰鬥中拳進，防守斷護不離中。

彼來若緩中拳候，彼來若急中拳迎。

彼來若虛中不動，彼來若實中拳封。

彼來若剛柔中破，彼來若柔步撤平。

彼若一動我速動，彼若沉靜引誘靈。

祁家通背拳

身要平穩拳中正，五護八斷不透風。

對敵先占中平位，一路中拳保太平。

(二) 擒捉

預備勢：同上。

右腳向左前方繞步，腳斜橫；左手掌收於肋間，虎口朝上，右手經身前下方，向左、向上、向前、向下斜圈，手尖、鼻尖、足尖成一條線，身側，手奇；上左步，落右腳尖前；同時左手掌向上抬起至左耳側，向斜下方右手腕處變立尖拳錯砸，鬆襠下胯，身側胯微斜，後膝前合，成五五步；右手掌撤回肋下，虎口朝上；左腳向回、向右繞步，腳斜橫，同時左手變掌向下，向右後、向上、向斜前下斜圈，上右步落左腳尖前，同時右手抬起至右耳側，向斜下方左手腕處變立尖拳錯砸，鬆襠下胯，身側胯微斜，後膝前合，成五五步，左手掌撤回肋下，虎口朝上。反覆操之（圖 3-17）。所行路線為三角斜形，即「之」字路線。

【目的】

鍛鍊拳臂向斜下錯、勒、劈、砸、整撞之力。

【要領】

發力時要手、足、身同時到，鬆襠下胯，氣沉丹田，圈手時吸氣，發拳時醒氣，出手如同剿草一般。兩手相錯，形同勒東西。路線走三角斜形。

圖 3-17

歌曰：擒捉接法勢要真，劈勒捉搠翻掌雲。

　　　　如若攻破敵人勢，緊跟中拳刺敵心。

（三）貫耳

預備勢：同上。

蹲身坐步，重心左移，提右膝，成右提膝步；右手立掌前指，左手立掌附於右肘內側；左手掌前伸圈貫，回掩至心口前，後肘擠肋，同時右手底轉環從右側向上、向左變拳橫貫，腳落五五步，換左手亦然。

【活步操手】

接上勢。左手掩、右手橫貫過程中，右腳掌撐地右碾，左腿右閃，身體左轉亦可，此為碾閃步貫耳。可連續操之（圖3-18）換手相反，對稱亦然。

接前勢。左手掩，右手橫貫過程中，左腿向右腿後倒行，右腿緊接著右上移，落步右貫手。可連續操之。此為倒行步貫耳。換手換步，相反對稱亦然。

手步之組合，還有其他，在此不做詳細介紹。

【目的】

鍛鍊雙拳橫貫之力，及腰、身、步法之配合。

【要領】

左手虛貫實掩，右手橫貫有轉腰之力，速度要快，貫手可用拳眼面，亦可用拳正面、

圖3-18

骨棱及拳心面，亦可用掌。運動過程中要鬆。貫拳時要緊。力點主要是頭部各部位。

歌曰： 出手不打兩太陽，耳根腦後一命亡。

鬆肩閃步朝前貫，兩手連環把敵傷。

(四)橫揣

預備勢：同上。

屈膝下蹲，右提膝步，右手手心朝上，微向前上屈臂指引；左手手心朝下，放於右前臂中間上面。右手臂向前、向內滾腕翻肘，同時右掌迅速握平拳微向右橫揣擊出，左手掌與右手同步外翻，握拳收歸心口處，拳心朝上，左肩外翻，胯正身斜，腳踩五五步。

身右轉，裹左肩，左拳從右臂下右側向前鑽出，前臂微橫，待鑽出右拳梢時，迅速滾腕翻肘，微向左橫揣擊出；同時右拳與左拳同步外翻收歸心口處，拳心朝上，重心後移右提膝步。左右反覆操練（圖3-19）。

【活步操法】

上述動作加上寸加擠步即可。

【目的】

鍛鍊雙手滾橫，斜橫向前攢沖之力。

【要領】

兩臂、兩拳相擰滾同步；左右側身；沉肩墜肘；要有身

圖3-19

撞之力。

　　歌曰：獅子搖頭百獸驚，滾腕翻肘勁縱橫。

　　　　　　接手進步冷急脆，陰陽二掌上下行。

五、八手

（一）圈手

1. 大圈手

　　預備勢：同上。

　　蹲身坐步，成右提膝步；左手直臂從下向左、向上翻掌，手心向右，手繼續向右，經右手臂裏側，向下護襠，再向左下反撩（即左臂正圈）；與左手同步，右手直臂，掌背在前，從下向左，經右手臂外側向上護臉，再向右、向下、反圈落於右腿外側，手心朝上（圖3-20）。反過來，同時右手正圈反撩，左手反圈，落於左腿外側（圖3-21）。往返操練。換腿亦然。亦可馬步，左右移動重心大圈手（圖3-22）。

圖 3-20

2. 小圈手

　　蹲身坐步，右提膝步，右指引；左掌五指張開，手背斜

圖 3-21

圖 3-22

朝上，從右臂下外伸出，向左
前上方，再向下斜圈出，手落
左前下方，肘在胸口前方，手
心斜朝前；右掌撤歸肋前，虎
口朝上。右手五指張開，手背
斜朝上，從左臂肘下外，向右
前上方，再向下斜圈出，手落
右前下方，肘在胸口前方，手
心斜朝前；左手掌撤歸肋前，
虎口朝上。圈手似蝸牛，兩觸
角，呈外八字形。反覆操之。
換步亦然（圖 3-23）。

圖 3-23

【活步操法】

提膝步前後左右移動即可。

【目的】

鍛鍊雙臂大圈和斜圈之力及路線。

【要領】

圈手之時要翻膀根；操圈手由大逐漸到小；注意肩、臂手之配合；渾身要鬆。

注：直圈手在後面介紹。

歌曰：上圈下掛法要員，左顧右盼閉住門。

舉掌相連隨意用，進退自如護住身。

（二）斬手

預備勢：同上。

屈膝下蹲，成右提膝步；左掌五指張開，掌心朝上，直臂向前上方托起高過頭，右手掌護於襠部，掌心朝下，掌指向前，前臂撐圓；左手臂順左膝前面向下摔至斜下方時，掌迅速變平拳用拳背尖（骨棱）下斬，拳腕下吊，氣沉丹田，同時右掌由下向上，立掌護住胸前方，手腕放於左肘彎內側上方，手尖高與鼻齊，此為順步、斬手。反覆操之，換腿換手亦然。拗步、斬手亦然（圖3-24）。

連環斬手操法：接上動作，右手變掌，向上、向左、向裏、向下置於襠前，同時左手向下再向前上方用掌背上撩過頭；隨之左手翻掌，手心朝上向下斬手，

圖 3-24

祁家通背拳

右手由下向上立掌護胸前方。然後與左斬手相反對稱動作即變右斬手。反覆操之。換腿亦然。

【活步操法】

一勢　提膝步前後左右變換移動即可。

二勢　上述動作做到拗步左斬手時。落右步，重心前移，左膝前提，向下斬右拳；快速落左步，提右膝向前下斬左拳；落右步成五五步右斬拳。此勢可做蓋跳步，即左膝不是前提，而是向前蓋跳，空中連續兩個拗步斬手，落步一個順步斬手。此斬手一斬腕（敵方）、二斬胸（華蓋穴）、三斬面。

【目的】

鍛鍊用拳之尖端斬敵之力；身、手之配合；勁之運用協調。

【要領】

斬手時由鬆突然變緊，要用拳之尖端（骨棱），連環斬手，含封閉之法。

歌曰：斬關落鎖氣下沉，進攻退守步緊跟。

　　　　上下左右隨意用，先斬前手後刺心。

(三) 撣手

一勢　單撣手

預備勢：同上。

蹲身坐步，成右提膝步；右手立掌護住前胸，左手橫掌，用掌背向前扔撣，張腋窩，探背鬆肩，腕部放鬆，撣有彈勁，彈後即鬆，沉肩墜肘，屈臂撤回，裏左肩，左肘合，置於右護掌下，前臂放鬆，斜向前，手自然放鬆，似

刁捋狀。反覆練習，換步換手
亦然（圖3-25）。

圖 3-25

二勢　連環揮手

預備勢：蹲身坐步，成右
提膝步，右手立掌前指引，左
手立掌，附於右肘彎處；左手
經右臂上方向前橫掌揮出，右
手撤回心口處；右手經左手上
方向前橫揮，左手撤回心口
處；接著左手從右臂下向前揮
出，右手撤回心口處；右手從
左臂下向前揮出，左手撤回心口處（即兩上兩下）。連環
揮手如吊袋一樣連綿不斷。

【活步揮手】

一勢　上述動作配以提膝步，左右前後移動即可。

二勢　連環摟揮。接右手順步揮手時，右腳向後，向
右畫弧落地，左手從右臂下向上（護面）向外反圈；右手隨
右步撤回，從左肘彎處，向下（護襠），向右翻掌，手心朝
裏，從右側向前、向回平摟，手擊左肋，同時重心右移至右
腳上，左腳向右、向前成左提膝步；同時左手從左外側向下
收於心口處，在右手平摟時，同步經右臂上方向前平揮出。

左腳向後，向左畫弧落地，右手從左臂下向上，向外
反圈；左手隨左步撤回，從右肘彎處向下（護襠），向左
翻掌，手心朝裏，從左側向前，向回平摟，手擊右肋；同
時重心左移至左腳上，右腳向左、向前成右提膝步；同時
右手從右外側向下收於心口處，在左手平摟時，同步經左

臂上方向前平揮出。反覆操之。

注：此操手法亦名「插花手」。

【目的】

鍛鍊雙手臂、掌快速揮擊之力。

【要領】

揮手時胯正身斜，探背鬆肩，手背似鐵，腕如棉；動作時手、身、步要同步，手到腳到；用腰帶動身手，連綿不斷。意在抖臂、抖腕，要冷、要快。

歌曰：揮手鬆肩腕似棉，一顧一盼走連環。

　　　　陰陽二掌分上下，閃展進退是仙傳。

（四）雲手

預備勢：同上。

蹲身成右提膝步，兩掌向兩側平舉，手心朝下。左右手同時動作。左臂水平，向前、向右經右肩外，屈臂勾掛而回，手收置左肩前；右手臂屈前臂，經右肩前翻手心朝上，合肩扣胸手從左腋下向左向前向右翻掌沉肩砍出；左手繼續向左水平伸出；右手屈臂平置右肩前。左手繼續向前勾掛而回，右手則從左肩上面水平雲砍。一上一下反覆操之。換手、換步亦然（圖 2-26）。

圖 2-26

【活步雲手】

一勢　雲手用提膝步，前後左右斜行及圓形蓋步移動即可。

二勢　上手不變，右腳向前上繞步，腳尖外撇，身右轉，上手配合雲出；左腳經右腳向右扣步，身繼續右轉，上手配合雲出。步法為圓形路線，一步一手。連續操之，換步換手亦然。

【目的】

鍛鍊砍掌踏掌之橫力。

【要領】

身正、腰直、吸胸、手平長，沉肩墜肘，意在二尖，即肘尖和指尖有張力，不可挺胸。

歌曰：一手雲出一手歸，浮雲起落快如飛。

沉肩踏掌心含力，上下相合步緊隨。

(五)引手

一勢　吊帶引手

預備勢：同上。

蹲身坐步，成左提膝步，雙手掌收於腰間，鬆肩合肘，右手反掌向前、向遠扔出，屈手腕帶動手背摔擊，左手仰掌收於腰間；左手反掌順右臂內側向前、向遠扔出，屈手腕帶動手背摔擊，右手仰掌收於腰間。兩手出入為吊袋路線，連綿不斷。此為過渡性操法。

二勢　抹門引手

提膝步與上勢相同，第一引手打出後變掌、順第二打出之手前臂抹回至肘彎處。兩手輪換打出抹回（圖3-

27）。

三勢　裂門引手

與上勢基本相同，只是抹門之手變成裂門，即打出之手回撤時，手掌立掌裂門撤歸另一打出之手肘彎內側，兩手輪換打出撤回。

四勢　連環引手

兩手連環不斷向前摔擊，掛封閉之法。

圖 3-27

【活步引手】

上述各勢操法上手不變，提膝步法前後左右斜行移動即可。

【目的】

鍛鍊反掌向前抖摔之力；手法步法協調配合，掌握抹、裂、轉環用法，深諳通背先鋒手的細膩及變化。

【要領】

打引手要裹肩墜肘，肘打去意上胸膛；意在腕部，手打抖、摔、炸勁，冷急脆快。

歌曰：連環引手妙無窮，輕靈活快冷如風。

　　　　一百零八隨意變，通背門中一先鋒。

（六）捋手

一勢　單捋手

預備勢：同上。

屈膝下蹲，右腳向前邁出，重心前移，成五五步；左

手立掌，沉肩墜肘，懸腕屈臂護在胸前方；右手心朝上由下向前上呈刁手狀；重心後移，同時沉右肩，右手與身同時迅速左轉腰，向左下方斜捋，腳成三七步；重心前移成五五步，右手由左下方回到前方，手心向下呈刁手狀；重心後移成三七步，同時沉右肩，右手與身同時迅速右轉腰，向斜下方斜捋，反覆操作，換步、換手亦然（圖3-28）。

圖3-28

二勢　雙捋手

預備勢：同上。

站成五五步；左右手同時向前方做刁住敵手臂狀，即左手朝下，成刁敵腕狀，右手心斜朝上，成刁敵肘狀；重心後移，沉雙肩，身和手同時左轉，向左下方斜捋，腳成三七步；重心前移成五五步，雙手由左下方回到前方，右手心斜朝下，成刁敵腕狀，左手心斜朝上，成刁敵肘狀；重心後移，沉雙肩，身與手同腰一起右轉，向右下方斜捋，腳成三七步。反覆練習。換步亦然。

【活步捋手】

可用撤步或碾閃步配合手法操練。

【目的】

鍛鍊單、雙手刁捋之能力。

【要領】

捋手要有力，要斜捋，有斜橫勁。手之刁捋主要用四指即拇指、中指、無名指、小指。

歌曰：先師傳下鷹爪力，
　　　刁捋擒拿不放鬆。
　　　出手好似龍探爪，
　　　攔馬望月緊相迎。

圖 3-29

（七）掩手

預備勢：同前。

屈膝下蹲，右提膝步，右手指引，左手附於右肘下；左手順右手左側向前上伸出，隨之手腕向回平勾，並隨身之左轉而轉動向下掩手，後肘靠肋，掩手尖朝下，置於心口前方；同時右手邊撤邊轉動向下環至右側，向前伸，再向回掩手。左右掩手循環操作（圖3-29）。

【活步操法】

掩手用提膝步前進後退、左右橫移、左右斜行進退、碾閃、前竄後跳等步法即可。

【目的】

鍛鍊雙手掩手扒門之能力。

【要領】

掩手要向裏合肩合肘，手法、步法配合要協調，快速靈活。

歌曰：退步把門合掩手，進步扒門將敵攻。

七星連環隨意用，
緊跟向心炮一聲。

（八）爽手（爽袖）

圖 3-30

預備勢：同上。

屈膝下蹲成右提膝步，身體左轉，胯正身斜；左手從下向後、向上、向前、向下畫立圓掄劈；同時裹右肩，屈臂，肘朝前，右手心朝下，經左肋向上，從左腋窩處屈腕爽出，用反手背直臂向前摔打，手心朝上。循環操之。換腿、換手亦然（圖 3-30）。

連環爽袖：即左右手連續爽袖即可。

【活步操法】

爽袖走活步，提膝步前進後退、左右移動即可。

【目的】

鍛鍊雙手臂爽手之能力。以便同其他單操手組合。

【要領】

胯正，身斜，裹肩，爽要有力，左劈、右爽同步進行。

歌曰：清風爽袖奔面前，左右連環步緊跟。

搜捋上翻迷魂掌，支挑圈騰刺敵心。

六、十二掌

（一）摔掌

一勢 預備勢：同上。

屈膝下蹲，成右提膝步；
沉左肩，左手屈臂立掌護在胸
前，右手直臂，手背朝上，由
前向上反撩，高與頭齊，隨即
翻掌，手背向下直腕、直掌向

圖 3-31

下醒氣摔擊，手停於手臂與身 45°角處。反覆練習。換
手、換腿亦然（圖 3-31）。

二勢 左右連環摔掌

接上動。右手屈臂立掌護於胸前，左臂向下伸直，由
前向上反撩，高與頭齊，隨即翻掌，手背朝下，直腕、直
掌向下醒氣摔擊，手停於原右手掌摔擊處。左右手連環交
替反覆操練。

【活步操法】

二勢操法加上提膝步，前後左右移動即可。敵面部是
力點。

【目的】

鍛鍊雙臂、手背下摔之力。

【要領】

直臂、直腕、直手、下摔，氣沉丹田，意在膀根，好
似劈力。

歌曰：勸君對敵氣沉沉，斜身摘胯翻掌雲。

　　　　抖攢掏摔迎面炸，能使敵人迷斷魂。

（二）拍掌

一勢　小拍掌

預備勢：同上。

屈膝下蹲成右提膝步，沉左肩屈臂，左手立掌護於胸前；右手順右腿外側鬆握平拳，右腕屈臂屈腕向上崩掛，拳心朝下置於右耳外側，同時左手屈臂向下撐壓，護住襠部；右拳向前扔出，接近力點時，五指迅速張開變豎掌，沉肩墜肘，掌心吐力，向前抖炸拍出；同時左掌上移，護在右臂肘彎內上側；右腳落地成五五步，兩腿、膝有撐力，渾身一整，氣沉丹田。反覆操之，換手、換腿亦然（圖3-32）。

二勢　大拍掌

屈膝下蹲，右提膝步，右手立掌，微屈臂、裏肘前指，左臂撐圓，立掌，指尖向前，置於右肘下面；左手經右臂下外側向上、向左直臂大圈手，手落左前方，同時右掌撤歸肋下，虎口朝上；右腿伸直向前上撩，腿與胯平，腳面繃直；重心前移，右手從下向上經右耳側向前、向下直臂平掌拍出，五指張開，指尖微扣，掌

圖3-32

祁家通背拳

心空起朝下，手打扣勁，止於
前下方，同時右腳踏地成弓
步，左掌迎擊右掌後，順勢撤
歸肋下，虎口朝上；重心後
移，左臂同樣經右臂外側向
上、向左大圈手，右腳撤回成
右提膝步，右手撤歸肋下；右
手經左臂外側向上、向右圈
出，止於右前方，左手向右正
圈，經右肘彎處撤至肋下；同
時右腳落地，左腿直腿向前上

圖 3-33

撩，腿與胯平，腳面繃直，重心前移；左掌向上經右耳側
向前、向下直臂平掌拍出，五指張開，指尖微扣，掌心空
起，朝下，手打扣勁，止於前下方，同時左腳踏地，成左
弓步，右掌迎擊左掌後，順勢撤歸肋下，虎口朝上。左右
輪換反覆操之（圖 3-33）。

【目的】

鍛鍊雙手前拍、下拍之力。

【要領】

小拍掌要有抖炸之力，吐掌心。大拍掌要直臂，手打
扣勁，有劈力，沉肩墜肘，意在膀根。頭、面、胸是力
點。

歌曰：迎面拍掌氣下沉，提膝進步妙如神。

撑按拍撲冷急脆，鬆肩奪背取敵人。

（三）戳掌

預備勢：同上。

蹲身坐步，成右提膝步，左轉身，右手合肘屈臂前伸，掌心朝上微外翻，右手尖、右腳尖、鼻尖三尖一條線；左掌掌心朝上，微外翻，置於肋下，左掌經心口處、右肩內側，順時針向外翻滾，順右臂向前扔戳，直掌掌心朝外。左掌向內翻滾，順原路撤回左肋下。左手繼續經心口處，右肘底下，向內順時針翻滾，順右手背下崩戳扔出，然後順原路線撤歸肋下。反覆操之，換手亦然（圖3-34）。

圖 3-34

【活步操法】

基本同上勢。當左手戳出，左足蹬地催胯，催右腳前行，後腳跟擠右腳（寸加擠步），同時捋左手打右手順步中拳，腳踩五五步，左手撤歸肋下。右拳變掌，屈前臂向下、向裏、向上、再向下直圈；同時左腳向前墊半步，右腳面繃直彈出，左手戳出，右腳落地，寸加擠步，捋左手，右手順步中拳。反覆操練，換腿、換手亦然。

【目的】

鍛鍊雙手滾戳、崩戳之力；協調手法、身法、步法，明瞭出手之路線。

【要領】

胯正身斜，裏肩合肘，手打扔戳，滾崩在其中，心含

祁家通背拳

七星之法，圈手中拳乃附加手法，操功力時，可不加，打變化手時可操之。面、喉、肋、胸皆為拳眼。

　　歌曰：戳掌入界手宜速，探背鬆肩向裏舒。

　　　　　前手好似龍探爪，後跟猛虎將敵誅。

（四）砍掌

　　預備勢：同上。

　　屈膝下蹲，重心右移，右腳前提，成右提膝步，左轉身，合右肩，右臂裏肘微屈臂，立掌（虎口朝上，指尖朝前）前伸，左手立掌附於前臂中間內側，成右提膝順步指引。

　　右手前戳，右轉腰身，左手掌心朝上，用掌輪從左側畫弧向前右平砍出，同時右手掌心朝下，扶掩撤至左肘內側；左轉腰身，右手橫掌，掌心朝下，從左臂上側向前右砍出，左手回捋撤帶歸肋下；右手掌迅速右圈，左掌從右臂上面從下向右、向前、向左畫弧俯掌砍出，右掌圈捋仰掌撤帶歸肋下；右掌從右向前，向左砍出，左手俯掌捋帶撤至右臂肘彎處；左掌俯掌向前、向左砍出，右掌仰掌回捋撤歸肋下；左掌左圈，右掌從左臂上向左、向前、向右畫弧砍出，左手捋帶撤歸肋下。反覆操練，換步亦然（圖3-35）。

　　【活步操法】

　　上述操法與提膝活步，協調配

圖 3-35

合即可。如走拗步則含腿。

【目的】

鍛鍊雙手左、右、反、正砍掌之力；協調身、手之配合。

【要領】

注意前手掌與後肘尖之張力。手含七星之法。砍掌用掌輪，手型要使掌輪變緊、變硬即可。穿腮、兩肋是拳眼。

歌曰：砍掌神傳世間無，伸肩奪背單掌出。

　　　　欺身進步斜叉胯，急冷脆快似連珠。

(五) 撩掌

預備勢：同上。

屈膝下蹲，右腳向前邁一小步，重心前移，成五五步；右手直臂正掌（手心朝前）前撩，左手直臂向後反撩（手心朝後）；左掌外翻直臂前撩，右掌內翻後撩。反覆操之。前撩掌亦可以用反掌（手背朝前）（圖3-36）。

【活步操法】

（1）用提膝步配合前、後、左、右移動操之。

（2）右提膝步右指引，右轉身左手迎面指掌，右手撤回肋下，左足蹬催右腳前行，左腳寸加擠，右手正掌前撩，左手摟帶而回，止於腹前。換手換步亦然。

圖 3-36

祁家通背拳

（3）上勢前撩掌亦可用反掌前撩，撤回之手亦可用掩手。換手、換步亦然。

【目的】

鍛鍊正反手撩陰之力及身手協調配合。

【要領】

操手要鬆，發力時沉肩，有挑山勁。用撩時要暗，上撩臉，下撩襠。

歌曰：陰陽二掌上下分，縮小靈活進敵身。

挽挑搯摔奸毒狠，抽撤代還去撩陰。

（六）挑掌

預備勢：同上。

屈膝下蹲，右提膝步；左手直臂、直掌，掌背朝上，掌心斜向前，由下向前、向上挑撞，右手掌收於肋間，虎口朝上；右手直臂、直掌，掌背朝上，經左手下向前、向上挑撞；同時右腳向前踩落，重心前移，成五五步。反覆練習，換腿亦然（圖3-37）。

【活步操法】

（1）上述操法，配合提膝步法前後左右移動或用寸加擠步法均可。

（2）上述操手配合前竄後跳之步。按上述動作，即當右挑掌時，左腿同時向前蓋跳；右腿繼續向前蓋跳，左腳落地時，左

圖 3-37

挑掌；右腳落地時，成五五步，右掌挑出。重心後移，右腿後撤成提膝步，左掌挑出，右掌撤回；右腳落實，向後起跳，左腳先起，向後縱步，右腳隨左腳落地而前落，同時右掌挑出。連續操作。換腿、換手亦然。

【目的】

鍛鍊臂、掌向上、向前挑撞之力及身法、步法、手法之配合。

【要領】

挑掌要出入中路；有穿、搓、擠、按、挑、撞之勁。形似挑山，意在膀根。

歌曰： 先師秘授挑山掌，攉挑擠按撲的強。

穿搓挺裂人難曉，兩手相連把敵傷。

(七)撞掌

預備勢：同上。

屈膝下蹲，右提膝步，右手屈臂裏肘，直掌，手心朝上，向前指引，左手屈臂俯掌附於右前臂中部內側；右臂向內、向前豎掌滾撞，掌根吐力，掌心朝前，同時左臂邊外滾邊撤至肋下，掌心朝上；右腳踩落成五五步，左手經右手臂下面向前滾撞，掌根吐力，掌心朝前，右手同時邊滾邊撤至肋下。左右交替連續操之（圖3-38）。

圖3-38

【活步操法】

上述操法用提膝活步，或寸加擠步，協調配合操之即可。

【目的】

鍛鍊手掌掌根滾撞之力。

【要領】

撞掌用掌根，發力要突然、嚴整，沉肩墜肘，氣沉丹田。要有身撞之意。

歌曰：滾腕翻掌氣下沉，張手鬆肩掌問心。

轉環挑躐蛇形勢，輕舒猿臂步緊跟。

(八)穿掌

預備勢：同上。

屈膝下蹲成左提膝步，右手屈臂、裏肘、直掌，手心朝上、向前指引，左手屈臂俯掌附於右前臂中部內側；身左轉，右臂直掌向前斜上方，向外滾翻，穿崩擺擠而出，手心朝外，虎口朝下，高與眉齊，左手掌隨前臂裏滾撤至肋下，掌心朝上，微外翻，胯正身斜；身右轉，左手掌掌心朝上，從右腋窩下方，順右臂下外側，向前上方滾崩穿出，右手掌心朝外，虎口朝下，高與眉齊；右掌順左臂肘彎處滾撤至肋下，手心朝上微外翻。左右手連環操之（圖3-39）。

圖3-39

【活步操法】

穿掌提膝步，前後左右移動、前竄後跳、寸加擠步、閃展步等與穿掌協調配合均可。

【目的】

鍛鍊手臂前穿、前崩、前滾、前擺等功力及路線，身法、手法、步法之協調配合。

【要領】

胯正身斜，探背鬆肩，穿掌要從另一隻手腋窩處順臂滾崩穿擺而出，勁含穿、擺、擠、按、崩、搓、滾等。三尖一條線，心含七星之法，亦可上下穿掌，交替操之。

歌曰： 先師傳我連環掌，穿擺擠按補的強。

崩滑搓裂神述妙，剛柔相濟把敵傷。

(九) 二掌

預備勢：同上。

一勢 屈膝下蹲，重心前移，右腳前落成五五步，或三七步，十趾抓地；兩臂從兩側經身前，相互交叉，空胸緊背，兩手掌心抽拍對方肩膀；然後突然開胸，兩臂由身前向兩側平掙，用掌背橫揮抽擊。反覆操練（圖3-40）。

與上勢相同，只是雙臂平抽改為左右平抖掙，即雙掌手心朝上，微屈臂向左右抖掙、

圖3-40

橫沖，力點在前臂，反覆操練。

　　二勢　活步二掌操法。併步站立，右轉身，左腳向前右方繞步，左手由下經身右側向上、向前下劈出（反劈），急上右步倒左腳，右臂由下向上、向前下斜劈出，同時左手由下向上護於右肩前，含胸身收縮；上右步，二掌分左右抖擊而出（可用橫撣也可用橫沖）。左右反覆操之。

　　三勢　上勢動作做到左倒行步，右臂斜下劈後，迅速左後轉180°二掌分左右抖擊而出。左右反覆練習。

　　【目的】

　　鍛鍊兩掌抖、掙、橫、沖之力；身、手、倒行步法協調配合。

　　【要領】

　　二掌橫彈或橫沖要氣沉丹田有身力、身抖、膀抖、臂抖，如金雞抖翎有爆發力。

　　歌曰：空胸緊背左右掙，兩手平翻似抖翎。

　　　　　　進退猿猴倒行步，上下穿梭快如風。

（十）塌掌

　　預備勢：同上。

　　屈膝下蹲，兩掌掌心朝上，收於腰間，右腳向前邁一小步，成五五步；同時右轉身，左掌向前、向裏滾腕橫（掌撞）塌，掌心朝前；身左轉，右掌順左手前臂上面向前滾腕橫掌撞塌，同時左掌外滾撤歸肋下，掌心朝上；左掌從右前臂上，向前滾腕橫掌撞塌，右掌撤歸肋下；右掌從左前臂下向前塌掌，左掌撤歸肋下；左掌從右前臂下向

前塌掌，右掌撤歸肋下。兩上兩下，反覆操之。換步亦然（圖3-41）。

【活步操法】

上述動作用拗弓步、前進後退塌掌即可。其他如馬步連環挑塌掌、弓步摟膝塌掌、閃步裹邊塌掌、推山雙塌掌、合口塌掌、摔拍塌掌，可參照其他操手自行操練。

圖 3-41

【目的】

鍛鍊身臂掌橫塌之力。

【要領】

胯正身斜，三尖對，動作過程中要鬆，發力身要整。滾腕翻掌，身、手要協調。

歌曰：連環塌掌妙無窮，摔拍推撞臂要鬆。

　　　　按掩進步三尖對，摟捋掖塌快如風。

（十一）迎面掌

預備勢：同上。

蹲身坐步，成右提膝步，右手立掌，屈臂裹肘前指，左手立掌屈臂，護於右前臂內側中間；右手向前穿指，左掌鬆屈，順右前臂上面，探背鬆肩向前上方抖炸拍出（正掌，手心朝前，五指張開），高與眉齊，右掌回摟至腹部，掌心向裏；右掌順左臂上面向前上方抖炸拍出，左掌回摟至腹前，腳踩五五步；左掌順右臂下面，向前上方抖

炸拍出，右手将手至腹前，變右
提膝步；右掌順左手臂下面，向
前上方抖炸拍出，左手将手至腹
前，腳踩五五步。左右連環反覆
操之（圖3-42）。

【活步操手】

上述操手與提膝步、寸加擠
步、閃展步等協調配合即可。

【目的】

鍛鍊臂、掌抖炸前拍之力，
上下出入之路線，身法、手法、
步法協調配合。

圖 3-42

【要領】

探背鬆肩，迎面拍掌要有抖
炸之力，含合口之法。

歌曰：勸君對敵莫慌忙，
　　　　遞手平穩身暗藏。
　　　　反正左右迎面搠，
　　　　摔拍探按奔中央。

（十二）轉環掌

圖 3-43

預備勢：同上。

屈膝下蹲，成右提膝步，右手屈臂裹肘前指，手心朝
上，左手屈臂俯掌附於右前臂中間內側。兩手同時向前上
指，右手屈腕鬆指向下（圖3-43），向右轉環豎掌，向前
抖炸拍出，五指張開，掌心吐力，沉肩墜肘，氣沉丹田，

三尖對正；左手迅速超前向前上戳掌，右腳向前踩落，成五五順步掌；左手翻掌，合肘，手心朝上，向前指，右腳撤回成提膝步，右手撤至左前臂中間內側；右手前戳，左手屈腕鬆指，向下、向左轉環豎掌，向前抖炸拍出，五指張開，掌心吐力，沉肩墜肘，氣沉丹田，三尖對正；同時右手向左、向裏畫弧回掩撤至左肘下，屈臂沉肩，手心朝下，右腳向前踩落，成五五拗步掌。反覆操之，換步亦然。

【活步操法】

上手不變，步法用提膝步、寸加擠步。即當右轉環手欲發掌時，左足蹬地催胯催右腳前沖落步，左腳向前跟擠成五五步，右掌同時發出。左腳上半步，右腳迅速提步，左手前指，成拗步指引，左手轉環時，重心右移，左腳前提，寸加擠步，左掌發出。左右連環操之。亦可用倒行步、碾閃步操之。

轉環掌有下轉環、上轉環、左轉環、右轉環、轉環撩陰、撩臉，轉環拍、搓、挑、攢等，可自行變化。

【目的】

轉環要快巧靈敏，發力抖、炸、整，沉肩墜肘，氣沉丹田，步法靈活多變。

歌曰： 轉環撩陰勢法奇，一升一降前腿提。

迎面使上風擺葉，換上野馬奔前溪。

第二節　七十二散傳

（一）摟帶

預備勢：同上。

屈膝下蹲，成右提膝步，右臂裏肩、合肘、屈臂、仰掌、順步、前指，左手俯掌，護於右前臂中間內側；右掌繼續前指，裏旋翻右掌屈腕，成把子狀向腹部回摟，同時左手順右前臂上面向前上方炸掌拍出，左腳催右腳前行，左腳跟擠，即寸加擠步（圖3-44）；左腳催右腳，寸加擠步，同時左拳變掌屈腕，向腹部摟掛，右手中拳（尖拳）順左臂裏側沖出，拳眼朝上；左手變拳，向前上方攢出，右手變掌回摟；左拳變掌回摟，右掌變平拳，從左前臂上方攢出，左腳前提，成左提膝步（可彈腿）；右腳催左腳寸加擠步，同時，右拳變掌向回摟掛，左手變中拳，從右手裏側沖出。

【要領】

屈腕回摟在中路，攢拳擊敵之下頜，中拳擊敵之心口，沉肩墜肘，氣沉丹田。提膝步可為彈腿。

歌曰：見手摟掛補中拳，

　　　　左右穿梭兩手連。

　　　　搖身膀趄迎面腿，

圖3-44

提膝進步把心穿。

(二) 捋帶

預備勢：同上。

屈膝下蹲，右提膝步，右手指引（動作同上）；右手
翻掌，屈指成虎爪，手心朝下向回捋帶，至肋部，虎口朝
上，同時左掌變中拳（拳眼朝上），經右爪下向前沖出，
成拗步捋帶中拳；左拳變爪，向回捋帶至肋部，右掌逐漸
變中拳，經左爪下向前鑽撞沖出，同時左腳催右腳前行，
左腳跟擠成五五步，鬆襠下胯，氣沉丹田，沉肩墜肘；右
腳撤回前提，左手裹肩、合肘、屈臂、仰掌、前上指，右
手屈臂俯掌，護於左前臂中間內側，成左手拗步，提膝指
引；左手內翻屈指成虎爪，向回捋帶至肋部，虎口朝上，
右掌變中拳，向前鑽撞沖出，同時左腳前提，成提膝拗步
右中拳；右拳變爪，向回捋帶至肋部，虎口朝上，左掌變
中拳，從右爪下鑽撞沖出，同
時右腳催左腳前行，寸加擠
步，落地成五五步，鬆襠下
胯，氣沉丹田，十趾抓地，沉
肩墜肘，三尖對正（圖3-
45）。反覆操之。

【目的】

鍛鍊虎爪撕刨捋帶扛爪之
力；身法、手法、步法之協調
配合。

圖 3-45

【要領】

虎爪屈指分開，順中路向回捋帶，勢要猛，勁要鬆沉，爪到腳到掌到，身正腰挺。動作連貫快速。

歌曰： 對敵引誘步法靈，一手捋帶一手沖。

　　　　斬掛連環橫塌掌，肋下追魂把敵迎。

(三)插掌

預備勢：同上。

屈膝下蹲，重心右移，成左提膝步，右手仰掌，向前上直臂插掌，左掌收於腰間，掌心朝上；重心前移，左掌向前上仰掌替換右掌前插，右掌撤至肘下，同時右腳前提；上動不停。

左腳催右腳，寸加擠步，鬆襠下胯，氣沉丹田，同時右仰掌向前斜下方吐肩插出，左仰掌撤歸肋下；右腳回收成右提膝步，同時左仰掌向前上插出，高與眼齊，右仰掌撤至肋下；重心前移，左腳前提，成左提膝步，同時右仰掌向前上替換左掌插出，左仰掌撤至右肘下；右腳催左腳，寸加擠步，鬆襠下胯，氣沉丹田，同時左仰掌向前斜下方吐肩插出，右仰掌撤歸肋下（圖3-46）。

接上動。左腳回提，右掌變立掌，從左手前臂上面向前插出，左仰掌收歸肋下；左腳

圖 3-46

向左前方快速閃開，右腳緊跟前提，左掉舵，同時左掌立掌，經右前臂上側向右方前下插出（已改變為右斜前方向），右掌擠肘裹肋撤至肋下；左腳催胯催右腳前行，寸加擠步，同時右掌變中拳向前沖出，左掌撤至肋下；右腳回提，成右提膝步，同時左手立掌，經右前臂上面前插，右掌撤收腰間；右腳向右橫閃，左腳隨右閃並前提，右掉舵成左提膝步，同時右立直掌，經左臂下交叉向前插出（又一次改變方向，為左斜前方向），左掌撤歸腰間；右腳催胯催左腳前行，寸加擠步，鬆襠下胯，氣沉丹田，左掌變中拳向前沖出。反覆操之。

歌曰：手似流星步要提，進退閃展縱身軀。

　　　　猿猴探爪單掌出，難逃追魂肋上錐。

（四）開心掌

預備勢：同上。

左轉身，右腳向左前方繞步，腳尖朝前，同時右臂經左側，向上、向前斜形圈劈；左腳向前上步，左臂經後，向上、向前立掌下劈，同時右仰掌回收，再向前下方捺插，左橫掌護於右肘下，掌心朝下，兩腿成左弓步；左掌向前上方挑崩，右手撤歸腰間，手心朝上，右腳前提（含腿）；左足催胯催右腳前行，左足跟擠，寸加擠步，落五五步，右掌向前變中拳鑽撞沖出，左掌捋帶撤歸肋下，虎口朝上。

重心前移，右轉身，上左繞步，腳尖朝前，左手經右臂外側向上、向前斜形圈劈，右腳向前上步，同時右臂經後，向上、向前立掌下劈；左仰掌回收，再向前下方捺插，右橫掌護於左肘下，掌心朝下，兩腿成右弓步；右掌

祁家通背拳

176

向前上方挑崩，左手撤歸腰間，手心朝上，左腳前提（含腿）；左足催前足，寸加擠步，落五五步，左手向前變中拳鑽撞沖出，右掌捋帶撤歸肋下，虎口朝上。反覆操之（圖3–47）。

圖 3–47

【目的】

鍛鍊手掌向前下插掭之力。

【要領】

形似開心，掭插之力要有身勁，沉肩合肘，五指張開，掌心吐力。

歌曰：搖身進步掌向心，輕舒猿臂步緊跟。
圈剪粘轉心坐力，氣膽相合勝敵人。

（五）裂門掌

預備勢：同上。

屈膝下蹲，右提膝步，右手屈臂合肘立掌前指引，左手屈臂立掌護於右前臂中間內側；右掌突然向上指，左手從右前臂下向前、向上、向回裂崩掛，右手順左腕回繞向前拍出，左手豎掌護於右肘內側，同時左足催右足前行，寸加擠步，成五五步；右腳撤步成右提膝步，同時左手向前拗步指引，右手護於左前臂內側；右手從左前臂下向前、向上、向回裂掛，同時左腳前提，右腳催左腳寸加擠步，同時左掌順右手腕回繞向前拍出，右掌豎掌護於左肘內側。反

圖 3-48　　　　　　　　　　圖 3-49

覆操練（圖 3-48）。亦要操單手裂拍（圖 3-49）。

【目的】

鍛鍊雙掌裂掛、裂崩之力及路線；身法、手法、步法協調配合。

【要領】

裂掌如用掌背則掌豎起，如用拇指根，則根節要立起。裂拍及步法要同步進行。注意要裂由頭發、身發，即頭、身要協調配合。

歌曰： 入界柔緩心存剛，穿崩擊裂法術強。

　　　　鬆肩探臂單塞掌，欺身進步把敵傷。

（六）劈山炮

預備勢：同上。

眼看左方，左腳向左邁出一步，腳尖朝邁出方向，同時，左手握平拳，直臂從身體前下向右、向上、向前

（左）、向下用拳輪劈出，落左腿後向上反彈，立掌護於右胸前；右拳直臂由下向上、向前、向下用拳輪劈下，右腳向左腳前邁出一步，腳尖內扣；左轉身，裹右肩，腳外碾，右拳繼續從身前下掛，向左、向上、向右掄動，同時，右轉身，右腳碾正，右拳繼續向前，用拳背下劈落右腿；左腳跟落半步，右腳掌著地，腳跟虛提，十趾抓地。此為準提步，身正腰挺，頭頂項拔。

　　左轉身，上右步，右拳從身前下掛向左、向上、向前、向下用拳輪劈下，至右腿反彈向上，拍擊華蓋穴後停止；左臂由胸前下落，握平拳從後向上、向前、向下用拳輪劈下，同時左腳向右腳前邁出一步，腳尖內扣，右轉身，裹左肩，左腳外碾，左拳繼續從身前下掛，向右、向上、向左掄動，左轉身，左腳碾正，左拳繼續向前用拳背下劈落左腿，同時右腳跟落半步；成左準提步，身正腰挺，頭頂項拔。左右反覆操之。操手時亦可加迎面掌捋手中拳（圖3-50）。

【目的】

　　鍛鍊正劈、反劈、下掛、反攪、反擠之力。

【要領】

　　身正腰挺，頭頂項拔，意在膀根；注意兩挾、兩擰、兩裹，即膀臂與身、兩腿襠之間要有挾力；身要擰，腳要擰；裹肩、裹胯。

歌曰：劈山勢法人難抗，

　　　　前後左右上下揚。

圖3-50

閃展交接身如旋，
補掌穿心把敵傷。

(七) 沖天炮

預備勢：同上。

屈膝下蹲成右提膝步，右手握平拳，向右腳尖前下，立拳擊出，拳眼朝上，左手立掌，指尖朝上，由下向上護於右肘彎內上面；重心稍前移，右腳蹬地，左腳向左前方跳起，左手向下，自左、向上、向下橫蓋掌，同時右拳由下向左、向上、向右、向下圈攔（又稱罔手），經左腕上面，向前上方攢拳擊出，拳心朝上，同時左腿落地蹲步，右腿提膝，腳弓貼於左膝彎處；左掌從右臂下，向前順臂橫掌塌出，同時右腳向前，腳尖外展橫蹬，右拳變掌撤至腰間，掌心朝上；右腳前落，成五五步，鬆襠下胯，右掌變中拳，氣沉丹田向前沖出，左掌捋手收歸腰間，虎口朝上。

重心稍後移，左足蹬地，右腳向右前方跳起，左手變平拳，從右前臂底下向右、向上、向左、向下圈攔，右拳變掌，經右肘彎處向下、向右、向前上、向下橫蓋掌，亦左罔手；同時右腳落地，左腳落於右足後，左拳從右掌上面，向前上攢拳擊出，拳心朝上（圖3-51）；右掌從左臂下，向前順臂橫掌塌出，左腳向前，腳尖外展橫蹬，左拳變掌

圖3-51

祁家通背拳

撤至腰間，掌心朝上；左腳前落，成五五步，同時鬆襠下胯，左掌變中拳，氣沉丹田向前沖出，右掌捋手收歸腰間，虎口朝上。左右反覆操之。此勢亦稱「燕子鑽雲」。

【目的】

鍛鍊向前上沖之力，以及身法、步法、手法之協調配合。

【要領】

沖天炮有斜錯、上勾拳之意，要裹肘沉肩，提膝擿胯，搖胯、搖身、底盤要穩。身、手、足協調配合。

歌曰： 搖身進步勢沖天，形如燕子把雲鑽。
劈按斬掛橫塌掌，膀趄腿掛中平拳。

(八)捋手炮

預備勢：同上。

左腳向左前方上步，右腳前提，擿身，擿右胯（右側身，提右胯），右手由下向左、向上、向前下圈，手指下栽，左手變扣拳，從右手腕外側向斜下方栽拳，拳眼朝下；重心前移，轉腰左側身，右掌變扣拳，向前上方崩挑扣腕擊出，左拳變虎爪，順右前臂捋帶至腰間落右腳，左腿向前提膝步（亦可捺陰腿）；落左腳，寸加擠步，左手變尖拳向前沖出。左右反覆操之（圖 3–52）。

圖 3–52

【目的】

鍛鍊扣爪捋帶之力；各種拳法與捋手之配合。

【要領】

捋手與發拳（炮）之手要有撕掙之力，扣爪猶如猛虎
撕物。身、手、步要協調嚴整。

歌曰：動如猛虎勢吞敵，兩手相連步緊欺。

　　　　閃捋點搠冷急脆，直進撩陰腿上提。

（九）穿心炮

預備勢：同上。

屈膝下蹲，右提膝步，右手屈臂合肘立掌前指，左手
屈臂立掌，指尖朝前，附於右前臂中間內側；上左步，左
掌從右臂下向前上穿挑，兩前臂在前交叉後，兩臂同時向
上、向左右分開，各向左右畫半圓，左手為掌，用掌心，
右手為平拳，用拳輪，在胸前方合擊，同時右腳向左腳後
倒插步（圖3-53）；左手掩手並向左側掖掌，右拳向裏、
向右從右腋窩前掖拳，左腳向左上步，成左弓步，同時左
掌、右拳在胸左前方合擊。換
手、換步相反對稱亦然。

【目的】

鍛鍊兩拳橫擊、合擊之
力。

【要領】

裹肩合肘，欺身進步。

歌曰：葉底藏花人不見，

　　　　臨近自當有奇變。

圖3-53

祁家通背拳

圖 3-54

圖 3-54 附圖

抽換牌影刺前心，兩手穿梭如星串。

(十) 裹邊炮

預備勢：同上。

右腳向右前方上步，蹲身，含胸，雙臂裹肘，同時由下向左、向上、向右、向下圈捋，形同雙活臂（圖 3-54），同時外碾左腳掌，右腳隨之向左腳前閃落，左掉舵，成右提膝步，雙手向下踩按（圖 3-54 附圖）；左足催胯，催右腳前行，左腳跟擠即寸加擠步法，成右五五步。同時右手變尖拳，左手立掌，掌輪向前，同時平行向前擊出。

右腳向身右前方上一步，雙手均變掌，同時向右、向上、向左、向下圈捋，右腳掌外碾，左腳隨之向右腳前閃落，右掉舵，成左提膝步，雙手向下踩按，右足催左足寸加擠步，成左五五步；左手變尖拳，右手立掌，掌輪向

前，同時平行向前擊出（圖
3-55）。反覆操之。

【目的】

鍛鍊雙手裹圈之力；雙手
形成面防守；身法、步法、手
法協調配合。

【要領】

雙裹邊雙手同時進行。含
胸裹肘，步要輕靈嚴謹。掌、
拳發出要有身撞之力。

圖 3-55

歌曰：裹肘合胸巧躍急，斜身繞步步緊跟。
　　　　風擺荷葉迎面搠，上下相合法貫一。

（十一）中心炮

預備勢：同上。

屈膝下蹲成右提膝步，右手屈臂合肘，立掌前指，左
立掌附於右前臂內側；右臂外翻變尖拳，拳心朝上，向下
斬劈，拳尖朝前，後肘靠心，左掌變尖拳，拳背朝上，由
右拳上方向前沖出；重心前移，左拳外翻向下斬劈，拳尖
朝前，後肘靠心，右拳向內翻，微外繞，向前沖出，拳背
朝上，同時左腳前提。操此手提膝步，亦可左右斜行閃
展，反覆操之（圖3-56）。

【目的】

鍛鍊下斬上打、裹合外滾之力；上下翻轉與身法、步
法協調配合。

圖 3-56　　　　　　　　圖 3-57

【要領】

拳打合口之法，占住中路，勁發冷急。

歌曰：出手必須中平正，粘衣發勁冷急硬。

　　　　顧盼連環步緊欺，進攻退守心要正。

(十二) 三環炮

預備勢：同上。

　右腳微向左前方繞步，左轉身，右手由下向左、向
上、向前、向下掄圓，立掌劈出（反劈），左手由下向
後、向上、向前、向下掄圓，立掌劈出；落左腿外，右掌
繼續向後、向上、向前、向下掄圓，立掌劈出，同時左腿
向前彈出，落步成五五步，左手變尖拳向前沖出。

　換手、換腿相反對稱亦然（圖3-57）。

【目的】

鍛鍊雙臂輪換下劈之力。

【要領】

身要鬆，立掄成圓，身、手轉動要協調。

歌曰：三環手法左順擒，
兩手相連步緊跟。
圈挒進步迎面掌，
緊跟肋下使追魂。

(十三) 四平炮

圖 3-58

預備勢：同上。

左腳向前左方上步，右腳前提，屈膝下蹲，成右提膝步，右指引（同前面）；左足蹬，寸加擠步，左掌從右掌底下挑出，微回裂，豎掌，指尖朝上，同時右手從左腕上回繞變拳，與左掌同時向前沖出。換手、換步相反亦然（圖 3-58）。

【目的】

鍛鍊雙手挑裂鑽撞之力。

【要領】

挑裂掌稍緩，中拳要快。掌、拳同時到。

歌曰：斜身繞步逞英雄，詭詐虛實引誘靈。
右手插入敵人膀，轉環撲塌炮四平。

(十四) 五花炮

預備勢：同上。

屈膝下蹲，右提膝步，右指引，左足蹬，寸加擠步，右掌向前、向右、向下圈挒，後肘抵心口處，左掌經右臂

祁家通背拳

上面交叉，向右斜上方穿抹（敵眼眉）；隨即左掌翻腕向左、向下圈捋，後肘抵心口處，右掌緊隨，經左臂上面交叉，向左斜上方穿抹，同時左腳前提；右掌翻腕向下圈捋撤歸肋下，左手迎面掌擊出，同時右腿彈出；右腳落地，寸加擠步，左手回捋，右手握尖拳中拳沖出。換手換步相反對稱亦然（圖3-59）。

圖 3-59

【目的】

鍛鍊兩手連環圈捋之力及抹眉之橫力。

【要領】

二下抹眉，一掌、一腿、一中拳、搖身、搖胯、步法緊提（含踢），圈抹同時，護住中路，身法、手法、步法要協調。打的是七星法。

歌曰： 捋掛撤抹手輕靈，畫眉掃目令人驚。

迎面拍掌迷魂掌，肋下追魂快如風。

（十五）七星炮

預備勢：同上。

屈膝下蹲，右提膝步，右指引；上左步，碾左腳，右腳稍左閃；右掌向前上滾腕塌出，同時左手變尖拳，與右掌同步沖出，右掌斜放於左拳上方；上右步，碾右腳，左腳右閃，左拳變掌，從右腕處仰掌上穿，滾腕塌出，同時

右掌從左腕上向下環繞變尖
拳，與左掌同步沖出（圖3-
60）。

【目的】

鍛鍊上下同擊之力。

【要領】

掌、拳七星交叉變化在前
面，可操順步炮，亦可操拗步
炮。七星掌有滾架、滾塌之
意。

圖 3-60

歌曰：出手快似連珠箭，
　　　　下使穿心上打面。
　　　　左右穿梭勢沖天，
　　　　兩手相連如星串。

（十六）臥牛炮

預備勢：同上。

屈膝下蹲，右提膝步，右
指引；左腳向右腳後倒行，同
時，左手立掌前沖後再左掩
手，右手從下轉環，向上、向
左握平拳貫耳，右腳向右落至
左腳前，左掌按住右腕處，鬆
腰下胯，突然身、臂一整，右

圖 3-61

前臂外翻，用拳背及前臂向斜下沉擊。換手換步相反亦然
（圖3-61）。

【目的】

鍛鍊拳、臂打下臥沉壓之力。

【要領】

鬆腰下胯，由鬆突然變緊，身、步要欺嚴。身法、手法、步法要協調嚴整。

歌曰：拳打臥牛勁要鬆，一手沖打一手騰。

倒行偷進猿猴步，搖身外撞步縱橫。

(十七)雷擊炮

預備勢：同上。

屈膝下蹲，左腳向左前方上步，右腳隨之前提，成右提膝步，右指引；左足蹬催右足，寸加擠步，左仰掌從右臂下向前上穿，滾臂翻掌擊出，右手從左前臂上繞回，變平拳，用立拳拳面與左掌同步，向前下栽撞劈砸擊出。換步、換手相反亦然（圖3-62）。

【目的】

鍛鍊雙手上支下栽之力。

【要領】

合肩、裹肘、坐腕、身撞。注意兩滾即掌滾、拳滾。上打臉，下擊胸（左手亦可握拳攉挑，然後滾翻上架前打）。

歌曰：裹肘合胸巧躍急，

搖身進步步緊欺。

手似螺旋朝裏紉，

圖3-62

擺挑劈砸法貫一。

(十八)迎門炮

圖3-63

預備勢：同上。

屈膝下蹲，右提膝步，右
指引；左足蹬催，右足前行，
左腳寸加擠步；同時左手前劈
（或前穿回扒），右手稍回
撤，由左腕處上轉，用手背向
前上摔，至力點時突然變平拳
用拳背尖端擊出；左腳寸加擠
步後，右腳迅速虛提，左手從右臂下向前上方穿掌，右腳
同時向前彈出，右手變掌撤歸肋下，掌心朝上；右腳前
落，左腳寸加擠步，右手中拳向前沖出，左掌捋手回至腰
間。此是順步迎門炮，拗步亦可。換手換步，對稱相反亦
然（圖3-63為左迎門炮）。

注：用拳擊敵面即為迎門炮，不要拘於形式。

【目的】

鍛鍊用拳背擊敵面部之力；手法、身法、步法協調配
合。

【要領】

合肩裹肘，胯正身斜，迎門炮要由鬆突然變緊，冷急
脆快，力點用骨棱。

歌曰：對敵手要虛上伸，滾手纏拿使靠身。

欺身進步迎門炮，進步沖拳刺前身。

（十九）裹平炮

圖 3-64

預備勢：同上。

屈膝下蹲，右提膝步，右指引；重心前移上左步，成左提膝步，同時左手微向左、向前、向右畫弧平裹裏擠，右手撤向左肘間不停手，左手握平拳，拳心朝上，裹肘向前平沖，同時左腳前踩五五步（圖3-64）；右腳催左腳前行，並跟擠，左拳變虎爪向下、向回捋帶；同時，右手變平拳，拳心朝上，從左手上方向前沖出，左手在右肘下。左手從右臂下向前穿，橫塌掌擊出；右腿屈膝，腳尖外展，向前下方蹬出（截腿），右手掌撤歸肋下，掌心朝上；右腳前落，左腳跟擠，右手中拳沖出，左手掌將手撤回腰間，虎口朝上。換步換手對稱亦然。

【目的】

鍛鍊反平拳朝前裏擠、沖擊之力。

【要領】

沉肩裹肘，屈臂前沖，氣沉丹田，發力猛整。

歌曰： 搖身上步手上沖，提膝步法要輕靈。

圈纏捋掛迎面腿，隨機應變把敵迎。

（二十）裹橫炮

預備勢：同上。

屈膝下蹲，右提膝步，右合口指引即右仰掌，屈臂裏肘，左掌在右臂彎上面俯掌，掌指斜朝前指引；重心前移，成五五步，左手畫弧向前、向左雲捋，同時右手向下、向右轉環、向上橫貫（貫耳）；右腳外碾，左腳隨右腳向後外閃，成右五五步，隨即左足蹬，寸加擠步，同時右前臂屈臂握平拳，拳心朝下，橫在胸

圖 3-65

前，左掌按在右手腕處，鬆襠下胯，氣沉丹田，渾身一整，向前撞擊（圖 3-65）；重心後移，右手外翻，向回捋手，握平掌收腰間，拳心朝上，同時左掌經右手上面，向前上方抖炸擊出迎面掌；左足蹬催右足前行，寸加擠步，左掌扣爪回至腰間，右中拳從左爪下向前沖出。換步換手對稱亦然。

【目的】

鍛鍊前臂前沖橫擊之力。

【要領】

欺身進步，發力時鬆襠下胯，渾身要整，要有身撞之力。

歌曰：

金龍合口手橫雲，纏手捋轉急進身。

前手刁捋後手刺，上打迎面下打心。

（二十一）横沖

圖 3-66

預備勢：同上。

屈膝下蹲，右提膝步，右
順步指引；重心前移，左腳從
右腳後向右倒行，同時左手從
右前臂上向前上抹眉，右手繼
續向左、向回畫橢圓，回捋至
腰間；左手回撤腰間，右手由
右向前、向左斜劈至左腰下，
裹右肩，同時左手從右手臂上
面交叉前戳掌，虎口朝上，掌指朝前；右腳向右前方開
步，腳尖裏扣，成高馬步；身微右轉，用身抖帶動兩手向
兩側握平拳平抖，兩臂微屈，拳心朝上（圖3-66）；身右
轉，上左步，右拳內翻，拳心朝下，左拳屈臂從右腋下穿
出，用身抖帶動兩臂向兩側平抖，拳心朝上；左腳外碾
（以腳掌為軸，腳跟外展），右腳隨之成馬步。換手換步
相反對稱操之。

【目的】

鍛鍊雙手平抖橫沖之力。

【要領】

身抖帶動臂抖。

歌曰：一手引誘一手穿，進退顧盼走三盤。

　　　　抹眉二掌翻上下，左右穿梭兩相連。

(二十二) 纏劈

預備勢：同上。

屈膝下蹲，右提膝步，右
手仰掌，微屈臂向前上指，左
手俯掌護於右肘下；身右轉，
裏左肩，左手從右臂下向右、
向前、向上、向右斜圈，手心
斜朝前，右手撤歸肋下（圖
3-67）；左手繼續下圈，向回
捋，手心朝下，右手從右耳側

圖 3-67

上舉向前變尖拳，用拳背尖端向下劈勒，撤回腰間，同時
左手迎面掌向前擊出；左足催右足前行，寸加擠步，右手
中拳向前沖出，左手摟捋撤回腰間，虎口朝上。換手換步
相反對稱亦然。

【目的】

鍛鍊一手圈、一手劈之協調配合。

【要領】

圈手要大，劈手要有劈勒之力，亦可打劈捉之力。力
點在胸以上，包括鎖骨。

歌曰：迎面指引令人驚，提膝進步步輕靈。

摟捋圈蓋冷急脆，劈勒捉搠奔前胸。

(二十三) 大搧

預備勢：同上。

屈膝下蹲，右提膝步，右上指引；右腳向前右閃，左

腳隨之右閃，成右提膝步；左手從右臂外側向上、向前、向左斜圈劈，立掌，同時右手撤回上舉，向上、向前、向下立掌劈出，左掌由下向上護於右肩前方（圖3-68）；左腳蹬催，右腳前行，左足跟落準提步；同時右手立掌，用上掌沿由下向前直臂前撩，高不過腰，左手同時向身後反撩；重心稍後移，右腳向左前方上

圖3-68

步，右手向回，由下向後、向上、向右前、向下反圈劈，上左步，左劈掌由後向上、向前劈下；左腳外碾，右腳隨之向左閃出，落左腳後成提膝步；右掌由下向上護於左肩前；右腳催左腳前行，右腳後落準提步，左掌立掌，由下向前直臂前撩，右手同時向後反撩。

【目的】

鍛鍊手臂向前撩陰之力。

【要領】

前撩後撩要有掙力，同時進身，增加前撩之力。氣沉丹田，沉肩直臂。

歌曰：搖身劈煽步緊欺，左右閃展令人迷。

劈捋圈蓋冷急硬，直進撩陰步準提。

（二十四）抹眉橫

預備勢：同上。

屈膝下蹲，右提膝步，右
手前指引；左手從右臂上向
右、向前、向左用掌指橫抹，
掌心向左，同時右手圈捋回至
肋下，掌心朝下（圖 3-
69）；左足蹬，催胯催右腳前
行，寸加擠步，同時左手回
捋，右手中拳沖出。亦可用兩
個左右抹眉，一個中拳，換手
換步操之。

圖 3-69

【目的】

鍛鍊兩臂反手橫抹之力。

【要領】

注意兩尖即抹手指尖與圈捋之手後肘尖要有張力，力
點是敵之眉眼、太陽穴。

歌曰：抹眉橫掌朝上挑，敵人一見迷卻魂。

　　　　鎖手欺身速進步，搓抹揉按敗敵人。

(二十五) 纏腰橫

預備勢：同上。

屈膝下蹲，右提膝步，右上指引；重心前移，上左
步，右轉身，左手仰掌，從右手臂腋下向右斜上方穿出，
右臂內翻，從左手上撤左肘彎處，左手繼續向上，前臂外
滾上架過頭，左手變拳，拳眼朝下，同時倒右步，右手掌
外翻，左轉腰，裹肩合肘與左手向上滾架同步，向左前
方，變拳用拳輪橫擊，右拳心與左拳眼上下相對。左右操

之（圖3-70）。

【目的】

鍛鍊雙拳橫擊之力。

【要領】

要轉腰沉肩帶動橫拳，渾身要整，由鬆變緊。

歌曰：纏腰出手勢法能，
　　　斜身跟步與人爭。
　　　一升一降浮雲落，
　　　兩肋相合將敵攻。

圖3-70

（二十六）撩衣勢

預備勢：同上。

雙掌由身前分左右做撩起長衣勢，同時右腳微後撤，與左腳成不丁不八之勢，身微右轉，頭頂項領，目不怒而威，平視前方；重心下降，左腳向前踩落，同時右手變拳，左手抱住右拳沉肩墜肘，屈臂合肘向前拱揖撞擊，高與胸齊，腳成五五步；兩手變拳，分向左右圈崩，右腳向前撩踢；落步前弓，雙手直臂合掌相擊（雙風貫耳）（圖3-71）。

圖3-71

【目的】

鍛鍊靜中求動之迅速反應能力。

【要領】

鬆靜，形鬆意緊，靜如山泉，動如雷霆。十趾抓地，有一觸即發之勢，威風瀟灑。

歌曰：手撩征衣立陣前，眼觀敵人意自然。

　　前後左右隨意變，撩衣拱揖緊相連。

(二十七)打虎勢

預備勢：同上。

屈膝下蹲，右提膝步，右手仰掌，屈臂裏肘前伸，左手俯掌置於右前臂中間上面（抱門）；右腳向右斜後方撤一步，右手向上、向右變拳，滾撐，架於頭部上方，左手變拳，向下屈臂撐護，左腳虛提，成左虛步打虎勢（圖3-72）；左腳向前落步，重心前移，成左弓步，同時右拳向前下方劈砸（拗步擒捉），左拳變立掌，由下向上護於右肘彎上方；左掌迎面掌向前擊出，同時左腿蹲，右腳向前彈出，右拳外滾撤回肋下；落右腳，左手回捋，右中拳向前沖出，左手撤回肋下，虎口朝上，腳落成五五步。換手換步相反對稱亦然。

【目的】

鍛鍊雙臂上撐、下撐之力；防守反擊能力。

【要領】

上下同時滾撐，上護頭，下護襠，兩臂要撐圓。

圖3-72

祁家通背拳

歌曰：羅漢登山勢法急，氣吞山河猛無敵。

　　　　伏虎神拳施展起，虎豹豺狼俱披靡。

(二十八)攔馬勢

預備勢：同上。

屈膝下蹲成右提膝步、順步，右手前指引；落前步，右轉身，左手立掌從右前臂下向前擺挑，右手回抹至左肘內側，上左步，身微左轉，左前臂向前翻滾握平拳沉肩撞靠，拳與肩同高，拳背斜朝上，臂呈弧形前撐，右手亦同時變拳（亦可為掌）向前，翻滾沉肩撞靠，在左拳後下方，約一拳距離，呈弧形撐住，腳落三七步（順步）。

重心前移，左轉身，右拳變掌，從左前臂下向前擺挑，左手回抹至右肘內側，上右步、身微右轉，右前臂翻滾、握拳、沉肩向前撞靠，拳與肩同高，拳背斜朝上，呈弧形前撐，左手亦變拳（亦可為掌），向前翻滾沉肩，擠靠在右拳後下方，呈弧形撐住，腳落順步三七勢（圖3-73）。

【目的】

鍛鍊前臂前撐、擠靠之力。

【要領】

胯正、身正，發力時兩拳同步由鬆變緊，沉肩墜肘，氣沉丹田、十趾抓地，兩臂撐實。後胯環跳穴處前塞。

圖3-73

歌曰：攔馬一勢最威嚴，
　　　擺挑穿靠走連環。
　　　敵人渴驥奔泉勢，
　　　自有絕招把他攔。

（二十九）拴馬勢

預備勢：同上。

屈膝下蹲，左手摟左膝，
左腳向左前方上步，右立掌，
向前弓步插出，左掌收至腰
間，虎口朝上；右掌不動，右

圖 3-74

腳向右前方上步，左掌經右前臂上面腕處交叉向右前方插
出；交叉掌同時貼腕向裏合抱，左手向右前臂裏轉環，兩
掌同時外翻，右手向上、向右滾動撐崩，左手則向下、向
前滾動崩塌。換步換手對稱亦然（圖 3-74）。

【目的】
鍛鍊雙手上撐崩、下滾塌之力。

【要領】
上撐崩、下滾塌、擰腰要同時進行。撐崩、滾塌時雙
手亦可變拳。

歌曰：拴馬勢法去迎敵，兩手相合步緊欺。
　　　撐崩滾塌雙分手，能使敵人神氣迷。

（三十）直圈手

預備勢：同上。

屈膝下蹲，右提膝步，右前指引；右前臂向下、向

祁家通背拳

200

裏、向上、向前、向下畫立圓
圈出，左手直立掌，從右前臂
肘彎上方，順右前臂向前上扔
插，裏肘，合肩，右側身；右
掌撤回腰間，虎口朝上。重心
前移，左前臂向下、向裏、向
上、向前、向下畫立圓圈出；
左腳前提，右手直立掌，從左
前臂肘彎上方順右前臂向前扔
插，裏肘，合肩；左側身，左

圖 3-75

掌撤回腰間，虎口朝上。上述
動作不變，提膝步法左右閃展操之。亦可掛中拳操之（圖
3-75）。

【目的】

鍛鍊兩手向前直圈的能力及路線。

【要領】

圈手要有上支下栽之意，肘打去意，中路無空隙，操
手不可用僵力，渾身鬆而不懈。手含合口之法，亦含封閉
之法。

歌曰： 金絲纏腕步連環，進攻退守上下翻。

肋下追魂閃展步，鴻門直闖中平拳。

（三十一）撩陰腿

預備勢：同上。

屈膝下蹲，右提膝步，右手仰掌、屈臂、裏肩、合肘
向前上方指引，左手俯掌，護於右前臂中間下面；重心前

移，上左步，左手向右扶手，右掌迅速內翻向右砍掌，身微左閃；左掌從右臂下向前穿掌，身右搖，左腳直腿向前撩踢，右手撤歸肋下，掌心朝上，落右步，右手變中拳沖出，左手捋帶歸肋下。換手換步相反對稱亦然（圖3-76）。

圖3-76

【目的】

鍛鍊撩陰腿與手法、身法協調配合。

【要領】

撩腿要與上掌同步，隱蔽、快速。

歌曰：葉底藏花勢法新，揮臂縮腰手上雲。

搖身膀趄輕速妙，提膝摘胯去撩陰。

(三十二) 登峰請示

預備勢：同上。

兩手變俯掌，直臂前撩，掌指朝前，掌心朝下；屈膝下蹲，兩掌屈臂下按，左腳前落，成三七步，兩掌隨之下採，指尖與右膝齊，沉肩懸腕，兩臂撐圓；雙手採住不動，身體重心整體前移，用頭前撞（俗稱羊頭）；左腳後撤一步，直腰，兩手腕部向上崩起，直臂過頭頂；隨即蹲身坐腰，雙手同時握平拳外翻，用拳尖向下斬出，成右提膝步；隨即上左步，雙拳收回腰間，不停，變雙掌向前推

出，成推山勢，腳落五五步
（圖3-77）。

【目的】

鍛鍊雙手採撐、頭撞之
力；雙手上崩、下斬、前推之
力，靜中求動。

【要領】

手撐頭頂；崩、斬、推一
氣呵成。

圖3-77

歌曰：登峰請示法極嚴，
　　　探臂縮腰兩手連。
　　　上崩下斬提膝步，
　　　揮掛推摔掌向前。

（三十三）老鷹護嗉

預備勢：同上。

左腳向左斜前方躍步，右
腳隨之跳起，雙臂經前面交叉
向上、向兩邊分開，雙腳落
地，雙手相合，屈腕上崩過
頭；鬆腰縮身下蹲成右提膝
步，雙手下落，右手在前，左

圖3-78

手在後，屈臂吊腕，十指朝下，護在咽喉前；右腳前踩，
右手外翻，向前反掌摔出，左手緊跟正掌向前拍出；左腳
催右腳前行，寸加擠步，右手中拳沖出，左手捋帶回腰
間，腳落五五步。換步換手相反亦然（圖3-78）。

【目的】

鍛鍊雙手腕崩摔變化之能力。

【要領】

沉肩墜肘，崩腕護嗉，身形要縮小，摔拍中拳要快速
勇猛。

歌曰：老鷹護嗉手上提，輕靈活潑猛無敵。

鴻門直闖神速妙，能使敵人神氣迷。

(三十四)跨虎蹬山

預備勢：同上。

屈膝下蹲，左提膝步，右手立掌，裏肩，合肘、屈
臂、向前上方指引，左手立掌護於右前臂中間內側，成拗
步指；左掌從右前臂下向前穿出，滾臂腕橫塌掌擊出，胯
正身右斜，同時右手滾撤至腰間，右腳前提，屈膝，腳尖
外展向前蹬出，左腿屈蹲；落步，右弓步中拳，左手捋帶
回腰間，虎口朝上。此乃「十條」操法（圖3-79）；「南
套」操法為側蹬，即左順步指引，拗步右挑山，左手扶住
右拳在左前方；身左側歪，右腿向前右側蹬踹，雙手分開
向左右平砍（圖3-80）。換手換步相反亦然。

【目的】

鍛鍊雙腿腳正蹬、側蹬之力；身法、手法、腿法協調
配合。

【要領】

蹬腿要有爆發力，立腳要穩，快速勇猛。

歌曰：跨虎蹬山勢法凶，出手上步身要平。

雲鎖抖斬隨腿去，斜身摘胯將敵蹬。

祁家通背拳

圖 3-79　　　　　　　　圖 3-80

（三十五）推窗望月

預備勢：同上。

　　屈膝下蹲，右提膝步，右
指引；上左步，左手從右臂下
向前穿出，右手從左手腕處繞
回，左掌向上、向前滾撐，右
手向前猛力推按，兩掌心均朝
前，腳落左弓步。換步換手相
反亦然（圖 3-81）。

圖 3-81

　　【目的】
　　鍛鍊雙手臂上撐下按之力。
　　【要領】
　　上撐下按進身要同步，發力要有身撞，渾身要整，手
有炸力。

歌曰：推窗望月性莫狂，
　　　探背鬆肩形如浪。
　　　上撐下按雙進掌，
　　　欺身進步把敵傷。

圖 3-82

（三十六）當堂遞手

預備勢：同上。

屈膝下蹲，左提膝步，右手仰掌、裹肩、合肘、屈臂前指引，左手俯掌，護於右前臂中間下面；左腳向左前方上步，右腳跟進，左掌向左、向前、向右畫弧回壓，右手撤回肘靠肋，隨即從左手上方握平拳，拳眼朝下，向前上擊出，腳落五五步；左腳微左閃，右腳前提，同時右手平拳用拳尖，拳心朝上，向下斬鎖（向回），右轉身，左手迎面掌同時擊出；左腳催右腳前行，左腳跟擠，寸加擠步，右手中拳沖出。換手換步相反亦然（圖 3-82）。

【目的】

鍛鍊扣拳跺手之力。

【要領】

步法要協調，掩、跺同步進行。

歌曰：當堂遞手讓三分，接掩控捋護住身。
　　　斬鎖掏摔冷急脆，難脫中拳刺前心。

（三十七）猛虎扛爪

預備勢：同上。

祁家通背拳

屈膝下蹲，左提膝步，右手下指引；左腳向左前方閃步，右腳隨之前提，右手上圈，五指彎曲，變虎爪向回将帶，左掌從右肘彎處向前上方，微偏右斜插；左手指彎曲變爪，向回将帶（圖3-83），右腳右閃落地，左腳前提，右手經左臂上方交叉，向前上方微偏左斜插；右手變爪向回将帶，左手迎面掌向前拍

圖 3-83

出，左腳前落，右腿向前彈出；右腳落步，左手變爪向回将帶，右手變中拳向前沖出，左手撤歸肋下，虎口朝上，腳落五五步，換手換步亦然。

【目的】

鍛鍊手指正、斜撕、刨、将、帶之力。

【要領】

手臂有七星交叉。沉肩、墜肘、手指扣。扛爪不可抓拿，拍掌彎曲即出扛爪，要鬆沉，有爆發力。扛爪亦可向上，思之即得。

歌曰：對敵手要先上伸，猛虎扛爪易傷人。

後手插入敵人膀，緊跟中拳刺前心。

（三十八）摟刨虎蹄

預備勢：同上。

雙掌同時由下向右、向前上方掄起，屈膝下蹲，重心

左移，身左轉，雙手掌指彎曲變虎爪，不停，向左斜下方撕刨捋帶，手心朝外，同時用右腳外側向前迅速蹬出，高不過腰；一般為攻擊敵膝蓋；右腳外翻落地，身右轉，雙手掌指彎曲（虎爪）由下向左、向前上、向右斜下方撕刨捋帶，手心朝外，同時用左腳外側向前迅速蹬出（圖3-84）。

圖 3-84

【目的】

鍛鍊雙手撕刨捋帶，雙腳外截、側蹬之能力。

【要領】

撕捋與截腿要同步。腰身轉動靈活。沉肩墜肘。

歌曰：摟刨虎蹄猛又凶，撕刨捋帶奔前胸。

搬罾拿魚裏外貫，迎面連環腿似風。

(三十九) 斜攔出鞘

預備勢：同上。

屈膝下蹲，右提膝步，右前指引；左手沉肩垂肘，屈臂立掌（肩、肘、指成斜三角形），用前臂經右前臂上方向前方斜攔，右手撤回至左肘彎處，後肘靠肋；重心前移，左腳前提，同時右手沉肩垂肘，屈臂立掌，用前臂經左前臂上方向左前方斜攔，左手撤至右肘彎處。此動作亦稱十字攔（圖3-85）；右腳向右前方上步，向上翻右肘，前臂及手向下、向右上方畫弧滾採斜提，變拳，高與頭

圖 3-85　　　　　　　　　　圖 3-86

齊，左掌變平拳，拳心朝上，向斜右前方擊出，高與胸齊，右腳落弓步。換手換步相反亦然（圖 3-86）。

【目的】

鍛鍊兩臂十字攔截能力；體會斜提之深義。

【要領】

十字攔肘要先行，肘有撐力，斜提要畫弧。

歌曰：雙手交叉十字攔，你退我進走連環。
　　　　斜攔出鞘斜提勢，劈斬扶穿勢法全。

（四十）胸前掛印

預備勢：同上。

雙手手心朝上，微屈臂平行向上托撩，屈膝下蹲，重心左移，右腿繼續上提，右膝貼胸（圖 3-87）向前迅速送胯，右腳腳掌用力，向前上方蹬踏，同時雙手向前托插，迅速收胯、收腿落回成提膝步。換腿亦然。

圖 3-87　　　　　　　　　圖 3-88

【目的】

鍛鍊前高蹬腿之力。

【要領】

提膝送胯前蹬；腰、腹控制得當；落點敵胸。

歌曰：胸前掛印腿上揚，雙手托撩在胸膛。

　　　　當中一顆金字印，敵人不亡必帶傷。

（四十一）白猿獻果

預備勢：同上。

雙手手心朝上，屈臂向上托起至胸前，兩掌併攏，五指張開；屈膝下蹲，左腳上前一步；探背縮腰，雙手向前遞出，右腳直腿向前撩出；右腳落虎步，雙掌內滾向前推山。換步亦然（圖 3-88）。

【目的】

鍛鍊上托手、下撩腿之能力。

【要領】

上虛下實，手、腳同步相合。

歌曰：白猿舉手笑吟吟，
　　　　探背縮腰手腳跟。
　　　　雙掌齊出獻果勢，
　　　　上下相合取敵人。

(四十二) 狸貓撲鼠

圖 3-89

預備勢：同上。

屈膝下蹲，右提步，右下指引；身右轉，左手反掌向前摔出，右手追著左手反掌向前摔出（連環引手）；左腳前提，左右手均向下、向回摟帶至腹部，上右步，雙手探背鬆肩，向前方擁撲探按，抖臂，扣腕，跺指，十指用力（圖 3-89）。

【目的】

鍛鍊雙臂背擁撲探按之力；手法、身法、步法協調。

【要領】

空胸緊背，身擁臂抖、手撲、腕扣、指跺、步輕靈。

歌曰：狸貓撲鼠巧躍急，探背鬆肩步緊提。
　　　　縮小靈活雙探手，擁撲探按將身欺。

(四十三) 狸貓上樹

預備勢：同上。

屈膝下蹲，左提膝步，右手仰掌，屈臂合肘，向前上指引，左手護於右臂中間上面；右掌內翻向回捋帶，左掌

順右前臂上面向前上撕拍，同時重心前移至左腿，右腿提膝，腳尖外展，用力向前截腿蹬出，右手俯掌捋撤至腹部；右腳落地，右掌順左臂上面向前撞擊，左手捋帶回腹前，掌心朝下，腳落五五步。換手換步相反亦然（圖3-90）。

圖3-90

【目的】

鍛鍊雙手錯肩撕捋之張力。

【要領】

雙肩有錯力，雙手有張力；撕捋搓拍一條線。

歌曰：狸貓上樹手法靈，前足虛點後足蹬。

撕捋撲按冷急硬，兩手連環快如風。

（四十四）金雞抖翎

預備勢：同上。

上左步，縮腰合雙肩，雙手同時向前、向上交叉捧起，右腳跳起，左足蹬起，雙掌向兩側抖動分開，右腳前落，雙手回歸腰間，左腳前落，成五五步，雙掌立掌，向前同時插出（圖3-91）。

【目的】

鍛鍊雙臂、膀雙抖之力。

圖3-91

【要領】

兩膀、臂同時抖動，轟敵之手。

歌曰：金雞抖翎雙掌分，
　　　　合肩捧手近敵人。
　　　　縮腰探背急速快，
　　　　難逃肋下取敵魂。

圖3-92

（四十五）金雞食豆

預備勢：同上。

屈膝下蹲，右提膝步，右手前指引；左手向前、向回畫弧掩手，擠肘裹肋，右手撤至左肘彎處後肘擠肋，隨即與左掩手同步從右臂上面向前上方扣腕，下勾手（五指聚攏）跺出，左手撤腰間，左腳前提。右腳催前腳，寸加擠步，右勾變爪回摟，左中拳沖出，腳落五五步，右手撤回肋下。連環操之（圖3-92）。

【目的】

鍛鍊勾手跺擊之力。

【要領】

抖臂、扣腕、跺指，擊敵之鼻、眼部。

歌曰：金雞食豆手勢急，左右連環步提膝。
　　　　躍身進步輕靈妙，神出鬼沒令人迷。

（四十六）孤雁出群

預備勢：同上。

屈膝下蹲，右提膝步，右上指引；上左步，右轉側

身，左手從右臂下外側，向
上、向前與右臂交叉上穿後，
立掌劈出，掌落左腿，同時，
右手臂向上、向後劈出，掌落
右胯，右腳跟擠，胯斜，身
斜；右腳向右前方閃步，碾腳
掌，左腳亦隨之右閃，成右虎
步，同時右挑掌單掌向前擊
出，左掌向後反撩。換步換手
相反亦然（圖3-93）。

圖3-93

【目的】

鍛鍊單掌突擊之力。

【要領】

閃展步避敵鋒，單手出擊，探背鬆肩、擰項、擰腰、
擰胯。身法、手法、步法要協調。

歌曰：孤雁出群勢法孤，欺身進步單掌出。

引誘靈活詭敵計，探背鬆肩法術急。

（四十七）飛虎攔路

預備勢：同上。

左腳向左跨一步，左手手心朝裏，從左向上、向右、
向下滾撐於襠前，同時右手從下向左、向上（手心向裏，
在胸前與左臂交叉，右臂在外）、向右滾撐變拳，架於頭
部前上方，成右橫弓步；重心左移，右腳向左前方繞步
（腳尖外展），同時右拳向右、向下、向左、向前上滾、
撐攔，左拳從下向左、向上、向右、向下經右臂裏側交叉

繼續向下、向左滾撐；左腳向
右腳尖前扣步，兩拳動作同上
勢。上述動作，腳步走圓形路
線，連續操之。換手換步相反
亦然。亦可定步馬勢單操（圖
3-94）。可掛擒捉操之。

【目的】

鍛鍊雙臂上下滾撐，外攔
之能力。

【要領】

圖 3-94

手臂滾撐有外化之意，
腕、肘、肩三點要撐圓。沉肩翻腕，手撐於頭部前上方。

歌曰：飛虎攔路性太狂，翻身提搠補的強。

劈勒擠錯人難進，兩手相連把敵傷。

（四十八）白蛇吐信

預備勢：同上。

屈膝下蹲，右提膝步，右手仰掌，裹肩、合肘、屈臂
向前上方指引，左手護於右前臂下中部；右腳向右、向右
前方上步，左手從右臂下向右、向前、向左雲捋，右手撤
回腰部，向右翻掌，掌心朝下，向前、向左雲掩，左手翻
掌回腰間，合肘裹肩，從右前臂上面仰掌向前插出，左腳
前提；左腳向左，向左前方上步，右手從左臂下向左、向
前、向右雲捋，左手撤回腰部向左翻掌，掌心朝下，向
前、向右雲掩，右手翻掌回腰間，合肘裹肩，從左前臂上
面仰掌向前插出，右腳前提（圖3-95）。

圖 3-95　　　　　　　　　圖 3-96

【目的】

鍛鍊仰掌前插之力；手法、步法協調配合。

【要領】

手到腳到，輕靈活快，攻敵之喉部、眼部。

歌曰：白蛇吐信勢法毒，圈支裹探手法連。

　　　　　撐騰捕按輕靈妙，提膝步法將敵誅。

（四十九）仙人指路

預備勢：同上。

屈膝下蹲，右提膝步，右臂裹肩、合肘、屈臂、劍指向前指出，左手屈臂、立掌護於右肘間內側；左手向前、向回掩手，右手向下、向右轉環，向前拍掌擊出，腳踩五五步；左手中拳沖出，右手回捋至腰間，右腳提膝；左腳催右腳前行，寸加擠步，左手回捋，右手中拳沖出，腳踩五五步（圖 3-96）。

仙人指路單勢為法而非招勢，但可連帶很多招勢。通背拳中指引手法細分很多種，如上指引、下指引、中指引、左指引、右指引、裏指引、外指引、腿引、神引；順步引、拗步引；奇引、正引；合口勢引、七星勢引等等指引，掌可仰、可俯、可立亦可用劍指；護掌可在上、可在下、可在側、可在前等等。皆為虛誘誆詐，逗引埋伏，習拳者可細細揣摩體會。

【目的】

鍛鍊虛誘實擊之應變能力；配合各勢招法求變化。

【要領】

意態中和，靜不露機，動不見跡，靜中求動，緩中求急。虛誘實擊，求近，求變，不可明其意圖也。

歌曰：仙人指路迷人掌，無影無形無柔剛。

混元一體太極象，令人無處測陰陽。

(五十)退步扒門

預備勢：同上。

屈膝下蹲，左提膝步，左手裏肩，合肘屈臂立掌前指，右立掌護於左前臂中間內側，成左勢抱門勢。左腳後撤，右腳提膝，左手掩回；右腳後撤，左腳提膝，右手掩回；左腳向左後側斜閃，右腳前提，左手掩回；右腳向右後側斜閃，左腳前提，右手掩回。前行、斜行、左右移動亦如此操法。操手時提膝可彈腿（圖3-97）。

【目的】

鍛鍊退步扒門防守之能力。

圖 3-97　　　　　　　　　　圖 3-98

【要領】

提膝步法要輕靈活快，動作連續快速。掩手要鬆肩垂肘，手腕靈活。掩手手型似鉤非鉤，十指自然鬆垂。

歌曰：扒門迎面手法玄，閃展交接兩手連。

抽撤代還猿猴步，隨轉挪移保護嚴。

（五十一）二龍取水

預備勢：同上。

屈膝下蹲，右提膝步，右手俯掌，裹肩合肘屈臂向下指引，左手屈臂俯掌，附於右前臂肘彎上面；右手向上、微向右、向下、向回圈帶，後肘靠心口處，前臂手在前，右轉身，左掌順右肘彎處向右斜上方穿掌，右腳前落成五五步，左轉身，右手變吐信指（形同劍指，兩指分開，手心朝下）從左臂下隱蔽向前上方挺腕崩插，左腳前提，左手將帶撤歸腰間，虎口朝上，胯正身斜；右腳催左腳前

行，寸加擠步，左手變中拳沖出，右手回捋歸回腰間，身正腰挺。腳踩五五步（圖3-98）。

【目的】

鍛鍊二指奪目之力及方法。

【要領】

胯正身斜，腕崩、指插，虛誘實擊。

歌曰：敗中取勝詎敵將，先將後手緊伏藏。

靜候敵人身臨近，二指取目把敵傷。

(五十二) 三捧七進

預備勢：同上。

雙手直臂同時向前捧起，下蹲，左腿向前彈踢；兩臂內翻，分別向上、向左右、向下、再向上畫圓圈捧，重心前移，左腳落地，右腿彈出；雙手交叉繼續向上捧起，向兩側分開，右腳前落，迅速蹬地起跳向上、向前騰空，左腳在空中彈踢，屈小腿，右腿迅速向前上方蹬踹（腳尖勾起），左右腳先後落地成弓步，雙手前推山（圖3-99）。

【目的】

鍛鍊上護下擊之能力；連環腿法之運用。

【要領】

捧踢同步。練習連環腿法要快速有力，騰空要高，腰、腹要增大滯空時間。

圖 3-99

歌曰：三捧七進猛無敵，
　　　捧手撩陰步緊欺。
　　　雙手交叉沖天勢，
　　　左右連環要提膝。

圖 3-100

(五十三) 五鬼探頭

預備勢：同上。

右轉身，左腳向右前方繞步，左手握拳，由右下向後、向上、向前反劈下，落左腿上；上右步，左轉身，右拳隨後向前劈下，左手向上護於右肩內側；身繼續左轉，左腳向右腿後倒行，右拳經下向左、向上、向前、向下反劈；右腳向前彈撩，左手橫掌向前塌出，右掌收於腰間；右腳向前踏出，左橫掌外翻豎裂，與右拳同時向前沖四平炮。換手換步相反亦然（圖 3-100）。

【目的】

鍛鍊正反劈、橫塌掌、中拳、步法等綜合能力。

【要領】

身法、手法、步法要協調。

歌曰：五鬼探頭躲避難，劈山塌掌走連環。
　　　你退我進撩陰腿，搖身進步四平炮。

(五十四) 十字飛虹

預備勢：同上。

上左步，腳尖微外展，身右轉，左手由右下微向左、

祁家通背拳

向前、向左下方斜劈，身左轉，右手緊隨左手路線劈出（雙劈），左腿蹲，右腳向前撩踢；右腳落步，重心前移，腳尖外展，右轉身，右手在前，左手在後，向前、向右下方雙劈掌，右腿蹲，左腳向前撩踢，左腳落提膝步，重心前移，左轉身，雙手向前、向左下方雙将，上右步右手裹橫炮。換手亦然（圖 3-101）。

圖 3-101

【目的】

鍛鍊雙劈之力；兩腿撩踢外撞之力。

【要領】

雙劈要快速鬆沉。手劈、腿撩要同步。轉腰要靈活。

歌曰：十字撩陰勢法仙，提膝摘胯腿連環。

擺挑劈掛連環炮，飛腿齊出敵膽寒。

（五十五）十里反撞

預備勢：同上。

屈膝下蹲，左提膝步，右手仰掌裹肩、合肘、屈臂前指，左手俯掌，護於右前臂中間上面（駝行步指引）；雙手同時向左翻轉，右手回抹至腰間，左手同時變拳，拳心朝上，向前鑽出，踩左腳，成五五步。重心前移至左腳，向後轉180°，左手從上向下蓋壓，右手握拳，從左臂上面向前上沖出，同時右腿邊盤起邊向前，用腳尖點踢（盤

踢）；右腳前落，腳尖微內扣成弓步，左手橫掌向前塌出，右拳撤回腰間；左掌外翻向前摔擊，右拳變掌向前拍出，左腳前提，左手仰掌撤歸肋下；右腳催左腳前沖，寸加擠步，左手中拳沖出，右手捋手撤歸肋下，虎口朝上（圖3-102）。

圖3-102

【目的】

鍛鍊轉身盤踢腿的能力；身法、手法、步法協調配合。

【要領】

盤踢起腿時腳要找自己襠部，小腿橫著向前點踢，胯要外展。

歌曰：十里反撞人難防，十人見了九掛傷。

葉裏藏花無人曉，青龍出水奔中央。

（五十六）金龍纏柱

預備勢：同上。

左轉身，上右步，右手直臂由下向左、向前上、向右下畫弧捋帶；上左步，右轉身，左手直臂從下向左、向前上、向右下掄抽至右肋部（纏身），同時右手先回右肋，再向前，從左臂上方立掌前戳，左腳虛提，左肩向右合；重心前移，左腳前落，右腿提膝，腳尖外展，向前下方截腿蹬出，同時左手用橫掌背向前用力抽撣，右手撤歸肋下；右腳前落，重心前移，左轉身，右手迎面掌向前拍

出，左手回撤腰間，左腿向前
彈出；落左步，左中拳沖出，
右手捋帶回腰間，腳落五五
步。換手換步相反亦然（圖
3-103）。

【目的】

鍛鍊腰擰、手臂橫向抽揮
之力；手法、身法、步法協
調。

【要領】

欺身進步；揮手要暗藏，
眼神上領，柔中求剛。

圖 3-103

歌曰：金龍纏柱暗裏藏，短法之中必有長。

孤雁出群連環腿，猿猴舒背神氣揚。

（五十七）大鵬展翅

預備勢：同上。

屈膝下蹲，左提膝步，右手立掌，拗步指引；左腳前
落，右轉身，左手從右臂外側直臂向前劈下，同時右手直
臂向上、向後反劈，碾左腳，頭頂項擰，目視左手方向，
斜胯直腰；左轉身，右手由後向前猛劈，左手上提，護於
右肩內側，左腳準提步，身正腰弓，頭頂項挺；上右步，
左轉身，右手從下向左、向上、向前劈下，同時左手經上
向後反劈，碾右腳，頭頂項擰，目視右手方向，斜胯直
腰；右轉身，左手臂由後向前猛劈，右手上提，護於左肩
內側，右腳準提步，身正腰弓，頭頂項挺；右手迎面掌，

左腿彈出，左手撤回腰間；左腳前落，右手回捋，左中拳向前沖出，腳踩五五步。換手相反亦然（圖3-104）。

【目的】

鍛鍊兩臂立交叉前後劈力。

【要領】

頭頂項挺，直腰、弓腰緊相連，身膀有挾力，步要緊跟，力要猛沉。

圖3-104

歌曰：大鵬展翅氣自揚，閃展交接勢法狂。

霹靂一震乾坤變，上下相合把敵傷。

（五十八）猿猴入洞

預備勢：同上。

迅速下蹲，重心移至右腳，起跳，向左斜後方縱落，左腿下蹲，右腳在前虛提，坐腰弓身，身形縮小；左手屈腕護於嗓處，右手屈腕、屈臂、裹肩、合肘護於右膝前；右腳前落三七步，右手俯掌前指，左腳向前墊半步，右腿向前下迅速彈出（腿引）；落右提膝步，右手反掌，迅速向前抖摔，撤回腰間，左掌緊追右掌，向前迎面掌拍出；左腳催右腳前行，寸加擠步，右手中拳向前沖出，腳踩五五步。換手換步相反亦然（圖3-105）。

【目的】

鍛鍊身形縮小、閃展、靈巧、嚴謹。

圖 3-105

圖 3-106

【要領】

蹲身、縮腰，兩手護住嗉前。手引、腿引、摔拍中拳
急速猛烈。

歌曰：猿猴入洞身體靈，探背縮腰攏住胸。

手腳連環急又烈，摔拍穿挑奔前胸。

（五十九）猿猴扒枝

預備勢：同上。

1.屈膝下蹲，左提膝步，右手上指引；重心前移，左
手由右臂下向前、向上滾臂滾腕騰封，手臂撐圓，掌心朝
前，右手同時向左、向下撐按，手臂撐圓，掌心朝下，右
腿盤腿，用腳尖向前、向外彈踢（圖 3-106）。右腳前
落，重心前移，右轉身，兩手向右下雙捋手，左膝向前、
向上高抬膝打，隨即向前彈踢；落左弓步，雙手向前推窗
勢。換手換步相反亦然。

2.屈膝下蹲，上左步，雙
手由下稍向左、向上、向右下
雙捋，身體向左傾斜。右腳從
右側向右前方點踢（踢敵膝或
襠部），換手換腿相反亦然
（圖3-107）。

圖 3-107

【目的】

鍛鍊雙手騰封、腿外彈、
膝打之力。

【要領】

手要撐圓，外彈腿要冷
急。力點是敵肋、胯（環跳穴）、膝部或襠部。膝打要近
身，彈踢要急冷。此招又稱「絕戶腿」。

歌曰：猿猴扒枝腿外彈，手腳齊發步連環。

　　　　暗腿踢出冷急脆，截撩點挑走三盤。

（六十）紅臉照鏡

預備勢：同上。

屈膝下蹲，右提膝步，右前指引；左手向前、向下扶
手，右手經左手上面向前上方拍出，腳落五五步；左腳向
左前方閃步，右腳摘胯前提，右掌捋帶歸腰間，左迎面掌
經右掌上面向前拍出。左腳催右腳向前右閃展，左腳隨右
腳後閃，右手握拳，直臂向前挑撞，左手捋帶回腰間，腳
成右弓步。換手換步相反亦然（圖3-108）。

【目的】

鍛鍊雙手連環拍擊敵面之能力。

圖 3-108

圖 3-109

【要領】

扶拍、抒拍有撕扯之意。

歌曰：紅臉照鏡令人迷，閃身摘胯步提膝。

暗掌發出敵莫測，摔拍挑撞世無敵。

(六十一) 白虎洗臉

預備勢：同上。

屈膝下蹲，右提膝步，右手由下向前立掌向前挑引；左手從下上提，向前上方支穿，右手撤回左肘下，左手變虎爪向下、向回撕抒；同時右手迅速向下、向右轉環向前穿挑，右腳向右前閃展，左腳前提，右手變虎爪向下、向回撕抒；左右手同時到達腹前，雙手同時向前推撲，腳落成右弓步推山勢。換步換手亦然（圖 3-109）。

【目的】

鍛鍊雙爪拍撕敵面、敵身之力。

【要領】

拍掌彎曲出扐爪，拍撕之力意在膀根，力達指梢。

歌曰：白虎洗臉世無雙，支穿挑撞法術強。

閃展提膝急進步，推撲抹送把敵傷。

(六十二)白鶴亮翅

預備勢：同上。

屈膝下蹲，右提膝步，微左轉身；右手仰掌，裹肩，
合肘屈臂向前，前臂向前上方傾斜，掌心水平，五指張開
向前，似同託盤，左手勢與右手相同，向身後指出，與右
手對稱成亮翅指引勢；重心前移，上左步，左手裹肩、合
肘、微屈臂仰掌，從右臂下向前戳，右掌裹翻，順左前臂
抹回左肘內側，腳落五五步；左腳向回內扣，向右後轉身
180°，右腳亦右後轉前提，同時右手裹肘合肩，從口下向
右腳前方仰掌戳出，左掌對稱在後，勢同初始亮翅勢；重
心前移，左腳向左前方閃展，右腳隨之左閃，右轉身，左
手變拳，向左腳前上方挑出（挑山），右手裹翻，向下、
向後反撩，腳落五五步；重心後移，左腳稍撤前提，右手
反掌向前拗步摔出，左手掌撤回左肘內側；重心前移，右
腳前提，左手迎面掌向前拍出，右手撤回腰間；左腳催右
腳前行，寸加擠步，右中拳向前沖出，左手回持腰間，腳
踩五五步。換步換手亦然（圖3-110）。

【目的】

鍛鍊亮翅指引法，配合其他手法變化之能力及托崩裂
化之能力。

圖 3-110　　　　　　圖 3-111

【要領】

做指引時，屬大開指引法，必有合意，身要鬆，靈活多變。做託盤勢時亦要沉肩墜肘，托崩裂化在其中。

歌曰：白鶴亮翅身法靈，左右穿梭步法輕。

　　　　前後變轉人難測，戳挑摔拍把敵迎。

（六十三）美女抱瓶

預備勢：同上。

屈膝下蹲，右提膝步，右手俯掌前指引；右手向上、向右、向下圈，掌心朝前，後肘抵腹部，左手屈臂立掌，掌心朝前，護於右肩內側，左腳催右腳前沖，寸加擠步，用右肩前撞；左手由上向左、向下圈（下轉環），同時右手由下向右正圈（上轉環），左腳前提；右腳催左腳前沖，寸加擠步，用左肩前撞（圖3-111）。

【目的】

鍛鍊肩打之力。

【要領】

欺身進步，身整，肩撞，手撑。

歌曰：美女抱瓶把家看，陰陽二掌上下翻。

粘連黏隨急進步，轉環撲塌是仙傳。

（六十四）獅子抖翎

預備勢：同上。

屈膝下蹲，右提膝步，右手立掌，裏肩合肘屈臂上指引，左手立掌護於右肘下；右轉身，左掌順右前臂下外側，探背鬆肩向前上穿掌（穿掌同前述穿掌），高與眉齊，右掌擠肘裏肋撤回腰間，掌心微外翻，胯正身斜，頭頂項領、腰挺（圖3-112）。

鬆襠下胯，右腳掌向前踩落，十趾抓地，撑膝成弓步；左轉身，右手中拳向前沖出，左手捋帶撤回腰間，虎口朝上，渾身一整，由鬆變緊，氣沉丹田（圖3-113）。

右轉身，左手順右臂下向前上穿掌，重心後移，右腳前提，右手撤回腰間（圖3-114）；重心前移，右腳落實，左腳前提，左轉身，右掌順左臂下外側，向前上穿掌，左手撤回腰間（圖3-115）；

圖3-112

左腳掌向前踩落，十指抓地，撐膝成五五步，同時右轉
身，左中拳向前沖出，右手捋帶撤回腰間（圖3-116）；
重心後移，左腿後撤，鑣蹬地面，成右弓步，左轉身，右
手經左臂下外側向前上穿掌，左手滾撤歸回肋下（圖3-

圖3-113

圖3-114

圖3-115

圖3-116

117）；重心後移，右腳前提，左手經右臂下外側向前上穿掌，右手撤回腰間（圖 3-118）；左腳催右腳前沖，寸加擠步，左轉身，右手中拳沖出，左手捋帶回腰間（圖 3-119）；重心後移，右腳後撤，鏟蹬地面，成左弓步，右轉

圖 3-117

圖 3-118

圖 3-119

圖 3-120

身，左手經右臂下外側向前上穿掌，右手撤回腰間（圖 3-120）；重心後移，左腳後移前提，左轉身，右手經左手臂下外側向前穿掌，左手撤回腰間（圖 3-121）；右腳催左腳前沖，寸加擠步，右轉身，左手中拳沖出，右手捋帶回腰間（圖 3-122）。

【目的】

鍛鍊一掌一拳、兩膀抖動擊出之力。

【要領】

頭頂項領，身正腰挺，合膝裹胯，十趾抓地。指借腕力，腕借肘力，肘借肩力，肩借身力，身借腰力，腰借胯力，胯借膝力，膝借足力。出手穿擺擠按滾崩，回手撕刨捋帶，換手掏鑽錐刺，鬆襠落胯，氣沉丹田，渾身一整，勁發抖撞。注意，後手先操奪臂，後操奪背，後手由收於腰逐漸向前。

歌曰：獅子抖翎百獸驚，搖頭擺尾步輕靈。

圖 3-121

圖 3-122

暗勁發出冷急硬，
內外相合勁縱橫。

(六十五)順水推舟

圖 3-123

預備勢：同上。

屈膝下蹲，右提膝步，右
手仰掌上指引；重心前移，上
左步，右手向內滾腕，與左手
同時向前推出，腳落五五步；
重心後移，坐步，成三七步，
身微右轉，左手在上，掌心朝
下，右手在下，掌心朝上，成将手形，向右斜下方将帶；
重心前移，下降，掖右胯，左手在前上，掌心朝下，右手
在後下，掌心朝下，同時向前推揉催送，成左弓步。換手
換步相反亦然（圖 3-123）。

【目的】

鍛鍊雙手推催揉送之力。

【要領】

沉肩墜肘，推揉要有身力。

歌曰： 順水推舟行如浪，兩手持穩把身藏。

推催揉送雙進掌，照準敵人肋下傷。

(六十六)葉底藏花

預備勢：同上。

屈膝下蹲，左提膝步，左手合肩、裏肘、屈臂、仰
掌、前指，右手屈臂立掌前指，護於左前臂下面；左腳前

祁家通背拳

落，左手不動，右掌內滾，俯掌向前戳出；右掌向回摟捋，左手迎面掌由右臂上面向前拍出，右手撤回左肋下，右腳前提；右手從左臂腋下向左前上方穿掌，左掌外滾撤歸腰間，掌心朝上，左腳前提；左腳前踩，落五五步，左中拳順右臂下鑽撞沖出，右手捋帶撤回腰間；右腳向左腿後倒行，右手由右、向前、向左、向回掩

圖 3-124

手，後肘靠肋，左手握平拳，由下向左、向上右外轉環貫耳，左腳向左前方落成五五步；右腳向右前方閃步，左腳隨後右閃成右弓步，同時右手握拳向前挑撞，左手後撩。換手換步相反亦然（圖 3-124）。

【目的】

鍛鍊一手明，一手暗，變化、連擊之能力。

【要領】

前手似荷葉，後手猶如葉下花，葉動花露，前手動，後手才出，上下出手均如此，要體會其意境。

歌曰：葉底藏花人不見，對敵之時有奇變。

抽撤代環步緊跟，轉環擢挑如星串。

（六十七）摟打騰封

預備勢：同上。

屈膝下蹲，左腿虛提，左手摟左膝，左腳向左跨一

步，左轉身，成左弓步，右手仰掌向前平插，左手收歸腰間，掌心朝上；從右向後回轉身，重心落左腳，右腳回撤虛提，右手摟右膝，重心前移，成右弓步，左手立掌向前平插，右手下按於右膝外側，掌心朝下（圖 3-125）；上左步，左手向上、外滾騰封，右掌同時向前推出，左腳落左弓步，推窗勢（圖 3-126）。

右手立掌，由下向前擺挑，左手立掌，向回勾掛，撤至右肘彎處，重心後移，左手從右前臂下向前擺挑，右手立掌，向回勾持，撤至左肘彎處，重心落右腳，左腳前提，抱似封似閉勢。換步換手相反亦然。

【目的】

鍛鍊防守反擊轉換之能力。

【要領】

下護上打要同時進行，左右轉動靈活。

歌曰：摟打騰封妙無敵，搖身進步步緊欺。

圖 3-125　　　　　　圖 3-126

祁家通背拳

似封似閉看家法，兩手相連令人迷。

（六十八）劈砸擢挑

預備勢：同上。

屈膝下蹲，右提膝步，右前指引；右腳向右前方落五五步，左手立掌，經右臂下向右前方插出，右手撤至左肘下；重心微後移，右手立掌，經左臂下向左前方插出，左手撤至腰間；左手立掌，掌輪朝上向前、向上擢挑，同時重心前移右足，左腿向前撩腿，右手肘靠肋，護於前下方（圖3-127）；左腳前落，成左弓步，左拳向下劈砸，右手碰左前臂後護於左肩內側（圖3-128）。

重心後移落後腳，左腳前提，右手向左前方插出，左手上護右肘下；左手迅速從右臂下向右前方插出，右手撤歸腰間；重心前移左足，右手握拳向前擢挑，右腿向前撩腿，左肘靠肋護於前下方；右拳向下劈砸，右腳前落，成

圖 3-127

圖 3-128

右弓步，左手碰右前臂後護於右肩內側（圖3-129）。

【目的】

鍛鍊雙手擢挑劈砸之能力，手法、步法協調配合。

【要領】

擢挑與撩腿同步，劈砸要兇猛，擠胯挾肩。

歌曰：劈砸擢挑上下連，
　　　　左右連珠勢法玄。
　　　　欺身進步提膝妙，
　　　　兩手相連護中間。

圖3-129

(六十九) 滾手靠身

預備勢：同上。

右腳向左前方上繞步，左轉身，右手由左下向前、向上、向右圈手，回纏於腰前，上左扣步（扣腳），迅速倒右腳，左手變拳向前栽拳，並向回勾纏壓肘，左拳掐於右肘彎內側（即雙手臂交叉，左臂在

圖3-130

內疊於心口處），右轉身180°，成馬步，右轉頭，雙肘平掙，肩背向後靠撞（面向預備勢右方）（圖3-130）；左腳倒行（後撤），左轉身，馬步，左肘向左橫打，右肘向右橫打；左轉身，右腳跟外碾，左腳收回前提，成左提膝

祁家通背拳

步；左手握拳迎門炮向前擊出；右手從左臂下向前穿掌，左手掌收回腰間；右腳催左腳，寸加擠步，左手中拳沖出，右手捋帶回腰間。換手換步相反亦然。

【目的】

鍛鍊纏手、滾身、背靠之能力。

【要領】

欺身進步，滾身背靠要先鎖敵手，轉身速度要快。

歌曰：一出二入三滾手，鎖住敵人無處走。

滾手靠身左右連，你退我進迎面手。

(七十) 穿手

預備勢：同上。

屈膝下蹲，右提膝步，右上指引；左腳催胯、催右腳向前右斜行，後腳跟擠，寸加擠步，左手握平拳，拳心朝上，裹肩合肘從右前臂下外向前穿鑽，略帶斜橫勁，臂微屈，腳落五五步，右手俯掌回抹至腹前，後肘擠肋（拗步穿手）：重心前移，左腳提至右踝內側，右腳催左腳向左前方斜行，右腳跟擠，右手變平拳，從左手臂下外向前穿鑽，臂微屈，略帶斜橫勁，拳心朝上，臂微屈，腳落五五步，左手變俯掌抹回至腹前，後肘靠肋（圖3-131）；右腳前提，左拳穿鑽，右手撤回；右腳落

圖 3-131

五五步，右拳穿鑽，左手抹回（順步穿手）。

【目的】

鍛鍊拳、臂穿鑽斜橫之力。

【要領】

雙臂有撕力，身整，提膝步走三角斜形，即沱行步，兩腮、兩肋、下額、前胸皆可為力點。

歌曰：身體好比一張弓，兩手穿梭快如風。

緊防敵人飛起腿，提膝步法妙輕靈。

（七十一）閉門鐵扇

預備勢：同上。

屈膝下蹲，右提膝步，右手裹肩、合肘、屈臂、立掌向前下指引，左手立掌護於右肩內側，右掌直臂從前下向上擺挑，左掌下行護於襠前，同時右腳外碾，左腳向右腳後閃展落地，腳為五五步；右手直臂向右腿內側旋劈，後肘抵心口處，左手由下向右肩撩掌，重心落左腳成右提膝步。反覆操之，換手亦然（圖3-132）。

【目的】

鍛鍊上下左中右五護及單劈挑之能力。

【要領】

上封下護手要嚴。意在膀根。

圖 3-132

圖 3-133

圖 3-133 側面

歌曰：閉門鐵扇把家看，進攻退守上下連。
　　　劈砸掩護人難進，劫撞撩挑在裏邊。

(七十二)搖身膀趄

預備勢：同上。

蹲身坐步，重心左移，右腳前移，成右提膝步，同時右手立掌，屈臂前伸，左手立掌，屈臂附於右肘下；右手向斜上穿指，右轉身，裹左肩，左手手心上翻，從腋下順右臂下外側向前上穿，接近右手腕處手臂順時針翻滾穿出（即穿掌），上身邊側邊向右搖動，歪身，同時右手邊撤邊順時針內滾收歸肋下，手心朝上微外翻，胯正身斜，三尖一條線（圖 3-133）；右腳向前落踩五五步，身左轉，右手從心口處經左臂下向前平穿，接近力點時，手突然內滾，握尖拳向前鑽撞（中拳）擊出，左手變虎爪，順右拳眼處扣爪捋帶回歸肋下，虎口朝上，胯正（微斜），身

圖 3-134

圖 3-134 側面

斜，腰挺，拳臂直，鬆襠下胯，腳踩五五步，足膝有撐力，身有撞力。換步亦然（圖 3-133 側面）。

上述動作不變，惟有落步時，重心快速前移，成弓步（圖 3-134、圖 3-134 側面）。此操法為活步操法做過渡性準備。

【活步操法】

一勢 前後鑽身操法（一、二勢）。上述操手不變，穿掌時要裹肩，合肘，弓腰，鑽身，探背鬆肩；步法用寸加擠步，即後足蹬，催胯，催前步，前步落時，後腳跟擠，距前腳一足遠，後手中拳同時鑽撞擊出，身正腰挺。雙腳踩實，擠實，成五五步。換腿亦然。

二勢 抽撤進步連環操法。上述操法上身手不變，步法用抽撤進步連環即是，勢法同獅子抖翎之操法。

三勢 左右搖身操法。上述操法步法、手法、不變；身法變，即在打穿掌時，胯正，上身要左右搖動，配合步

法、手法連續操之。

四勢 左右搖膀操法。上述操法相似但不同，主要區別在步法及膀上。步要左右斜行，前後閃展，膀要左右搖動。打左穿掌時，先向左或左前閃左步，同時向左搖膀，摘右膀，右提膝步，提至左膝前（含腿）；然後寸加擠步成五五步，右拳鑽撞擊出，左手扣爪捋帶回心口處。重心後撤左移，提右膝，穿左掌，撤右手；蹬後腳催膀，催右腳向右斜上方上步。向右搖膀，重心前移，摘左膀，成左提膝步（含腿），同時右掌穿出；蹬右腳，催膀、催前腳落步，捋右手左順步中拳。

此勢閃步搖膀，目的多從外門入手，因此，打穿掌亦可從手上方穿掌。操手時要兼而有之。

有人稱活步操法一、二勢為腰身膀趄，三、四勢為搖身膀趄，實則統一稱搖身膀趄為好，只是前後搖、左右搖而已，要細細體會其中含義。

【目的】

在獅子抖翎的基礎上進一步鍛鍊技擊方法的綜合能力。明瞭此法中含有的吊袋、合口、七星、封閉諸法及其變化；協調手法、身法、步法之配合；掌握趄身之要義；懂得滾、鑽、撞之勁法；打手之斤勁；掌握上支、下扒、裏擠、外滾、中來懈之五護方法，矛盾變化之道理。

【要領】

膀正膀趄；鑽身、搖身、搖膀要分明；步法要輕靈活快；發勁時沉肩墜肘，鬆襠下膀，氣沉丹田，勁發冷急脆快硬。打膀趄的態度是入手連踢帶打，接連不斷，如風似狂，如醉似癲，如虎撲食，如渴馬奔泉，解決問題才住

手。此乃通背拳打手主要手法之一。

歌曰：搖身膀起要分明，閃展騰挪步輕靈。

　　　　挹摟裂按隨心變，迎風點打在其中。

以上是一百零八手操法，下面簡單介紹一下前輩們在一百零八手中慣用的一些手法。

三帶（袋）：

吊帶、摟帶、挹帶

三環：

轉環、帶環、連環

十二連環掌

摔、拍、穿、劈、搓、戳、撩、砍、撞、挑、捕、塌

十二連環最為強，變化無窮妙理藏。

迎敵戰鬥隨機用，防守斷護不尋常。

十二連炮

劈山炮、沖天炮、挹手炮、穿心炮、

三環炮、四平炮、五花炮、七星炮、

裏邊炮、中心炮、巨人牛炮、雷擊炮。

三絕掌

頭一掌名曰迷魂掌。何為迷魂掌，即因發出此掌使敵人驚魂失魄。遇敵之時向上攻取，連擊敵人五官。

第二掌名曰追魂掌。何為追魂掌，即因發出此掌（拳）使敵人氣閉神迷，必不由自主，手腳慌亂。遇敵之時，取其三尖、鳩尾、華蓋、中脘等穴。

第三掌名曰轉環陰陽掌，遇敵之時陰掌轉去撩陰搜腎，陽掌還手，護住自身、自首，兩手上下分取，使敵人

首尾不能相顧。陽手奸滑損，陰手陰毒狠。

此三掌謂之心聚奪臂掌，掌通於心，心動掌必搖，心掌相合，心巧掌必妙，可以攻敵戰鬥。意發此掌，目注敵之神情，動靜，不可大意失神，此三掌之意不可輕傳，也不可輕用，要注重武德。

五行掌

拳法上稱五護八斷。五行者，摔拍穿劈鑽也；在內為五行，在外為五護。八斷者，乃剛、柔、急、緩、虛、實、動、靜八法也。

五行掌勁之變化法

摔擊抖炸，拍撲塌按，穿擢擠錯，劈勒捉搠，鑽崩點刺。

五行分六脈（即各掌拳之招術之演變）

迎面摔掌，鎖手摔掌，轉環摔掌，進步接手，退步掩手，閃展摔掌。

迎面拍掌，圈手拍掌，轉環拍掌，掩手拍掌，捋手拍掌，閃步拍掌。

迎面穿掌，進步穿掌，退步穿掌，裏門穿掌，外門穿掌，連環穿掌。

迎面劈山，擒捉劈山，擢挑劈山，反臂劈山，轉環劈山，連環劈山。

補手中拳，劫手中拳，領手中拳，帶還中拳，捋帶中拳，閃步中拳。

五行掌歌訣

摔掌如閃電，拍掌雲霧現，劈掌霹靂震，
穿掌流星串，鑽掌疾似箭，五行隨意變。

摔拍穿劈鑽，電霧星雷箭，悟得其中理，
衝鋒敵難辨，金木水火土，肺肝腎心脾。
動靜與虛實，剛柔合急緩，上下左中右，
五護生八斷，東西南北中，神情不可亂。
萬象內中藏，出手敵不見，上陣不怯敵，
衝鋒不膽戰，一陣風雷響，敵人難逃竄。

五行掌乃祁家通背拳中之一部，後人中有的專愛操五掌，又曰「五行通背」，其實仍是祁家通背拳矣，並非後人所創。

十二招法：

摔、拍、扛、戳、砍、撩、挑、撞（八掌）、搖身膀靠、大劈挑、似封似閉，外加腿法。此乃通背拳大師胡悅曇先生總結的核心。

此十二招法勢簡意繁，包羅萬象，乃通背拳之精華。習者須苦其心智，用功研究其勢法、理法、手法、身法、步法、勁法等，並親自拳中將其打化，推出法外之法，方可化愚頑為神奇，登峰造極矣。

一百零八手乃術也，數也，術者方法也。數者量也。術中有術，術中有數，數中有數；術無窮，數亦無窮矣。一百零八手乃先輩創拳取三十六天罡、七十二地煞之意。人體四肢百骸，排列組合成各種姿勢乃萬法也。

通背拳一百零八手以外之術、數多矣。故習技擊者，求術（藝）者為真，求數者失偏矣。如中拳可推衍出多種名稱之中拳，劈山可推衍出多種名稱之劈山，但萬變不離其中，皆為中拳，劈山矣。其他附加動作可隨心所欲，只

祁家通背拳

要掌握「主脈」，其他皆為變化。前輩云：武術好比一棵樹，有人專撿「樹葉」練，練也練不完；有人則撿「樹幹」練，舉一反三，融會貫通，綱舉目張矣。

那為什麼還要介紹一百零八手呢？

一是老一輩心血結晶，是寶貴的文化遺產，要讓後人明瞭。

二是使傳人一專多能，傳人時量材施教。

三是給後學根據自身特點，選擇打手方法之餘地，誰能肯定後學中無人將其中一招一勢打出心得來。

故要全盤將前輩所傳保留下來。

一百零八單操手鍛鍊時要最大幅度，方方正正，出功勁；用時則要近巧細膩，不為人所乘。如操手時為了使前手尖和後肘尖獲得最大掙力，使後手置於腰間，但用時，後手亦在前，護於前肘處為妙。此是由奪臂到奪背的一個過程。從操手到技擊，絕非外形之簡單，非經拆手、散手不可，手法精熟才是藝的基礎，空中樓閣不存矣。欲達心、意、氣、力、神高度統一，非細細揣摩、領會、朝夕研練，別無它途。練時有定規，用時無定法。按三步藝境逐漸深入，造就自身，方可臻奧境。

事物總是由表及裏，由此及彼，量變到質變。要把眾多招式變化爛熟於心，一通百通，舉一反三，這樣才能簡單化、厚積薄發、萬法歸一矣。

武林同源，萬法歸宗，殊路同歸，藝到化境，門派已不重要矣。

第四章
祁家通背拳技術套路
動作名稱及動作圖解

通背拳套路是散手單操的輔助練習方法,它可以練習身法、各種手法及耐力,提高練功興趣,亦可進行表演,在此介紹老一輩留下來的部分套路。由於篇幅所限,只詳寫通背四路拆拳,其餘只寫名稱。有願習者可自行根據單操手技擊含義串聯起來即可。

第一節　明堂拳等技術套路動作名稱

一、明堂拳動作名稱

第一段

（一）登峰請示（起勢）

（二）雙撩掌（馬步）

（三）雙伸肩（馬步）

（四）左右平分砍掌（馬步）

（五）雙勾手（馬步）

（六）右順手牽羊（馬步、前砍）

（七）左順手牽羊（馬步、前砍）

（八）懷中抱月（虛步）

（九）右、左摟膝拗步

（十）右撞腿

（十一）拗步迎面掌（馬步）

第二段

（十二）回身迎面掌（弓步）

（十三）蒼龍臥道（撲步）

（十四）白蛇吐信（弓步）

（十五）回身掃堂（半圈）

（十六）迎面掌（弓步）

（十七）栽花手（弓步）

（十八）金雞食豆（丁步）

（十九）懷中抱月（虛步）

第三段

（二十）回身右砍掌（弓步）

（二十一）倒行左砍掌（弓步）

（二十二）雙捋手懷中抱月（馬步）

（二十三）雙掩手迎面掌（弓步）

（二十四）削掌彈腿

（二十五）跳步陰陽腿

（二十六）七星掌（虛步）

（二十七）推窗望月（弓步）

第四段

（二十八）削掌撩腿（左腿回落右弓步）

（二十九）蓋步劈掌（弓步）

（　三十　）挽袖斬手（弓步）

第五段

（三十一）轉身右左摟膝拗步迎面掌（弓步）

（三十二）刁手撲步迎面掌（弓步）

（三十三）刁手轉身迎面掌（馬步）

（三十四）臥步探馬（臥步）

第六段

（三十五）倒行砍掌（弓步）

（三十六）倒行迎面掌（右轉身馬步）

（三十七）懷中抱月（虛步）

（三十八）右砍掌（弓步）

（三十九）倒行迎面掌（右轉身馬步）

（　四十　）雙揮手，收勢

二、老架拳動作名稱

（一）併步站立（清心靜氣）。雙活背，馬步，二郎擔山，右弓步，迎門腿單展翅，左弓步，迎門腿單展翅，上步攔腰掌，上步、跳踏，挑手撩陰。

（二）回身開弓式（連三式），摟膝迎面掌。

（三）回身臥步，切掌，上步，獅子張口。

（四）回身攔腰掌，撤步金剛倒醉，右金剛倒醉，捋手沖拳（連三式），併步攔腰掌。

（五）回身金雞拾豆，併步攔腰掌，弓步騰蛇落架，大膀趔腿，抱門式兜腿左右兩式，上步連環挑山，攏錘斬手。

（六）回身挑山，馬步攏錘，撤步斬手，攔腰掌，鷂子抓肩，推窗望月，回身穿掌，併步，收勢歸本還原。

老祁師祁信原先習練明堂拳膀趔門拳法，明堂拳、老架拳為祁信所傳，其弟子楊紀賢傳其子而留傳下來。此拳練時緩慢鬆柔，一勢要求六次呼吸，主要以站樁、練勢、培氣為主。如今已很少有人練習矣。

三、六路塌掌動作名稱

（一）馬式連環塌　　　（二）拗步摟膝塌
（三）閃步裹邊塌　　　（四）掩手推山塌
（五）提膝合口塌　　　（六）摔拍塌
以上每種塌掌均為左右各三勢，共六勢。

四、十二連炮連操動作名稱

（一）劈山炮　　　　（二）沖天炮
（三）捋手炮　　　　（四）穿心炮
（五）三環炮　　　　（六）四平炮
（七）五花炮　　　　（八）七星炮

（九）裹邊炮　　　　（十）中心炮

（十一）臥牛炮　　　（十二）雷出炮

以上各勢，按單操手所說動作，每勢左右各三勢，連操串起即可。

五、通背拆拳動作名稱

一路

撩衣式，上步雙推山，蹲身雙斬手，左右搖身膀切，撩陰腿，跨虎登山，上步推窗望月，回身擒捉。

二路

提膝打引手，閃步劈山，擋堂抵手，落步滕手，上步白猿獻果，落步靈貓捕鼠，上步金雞抖翎，穿手回身。

三路

三環炮（連做三勢），上步飛球腿，回身直立抹眉。

四路

跳步白蛇吐芯，箭步，白蛇吐芯落步四平炮。

五路

回身迎面掌，上步列門掌，上步直立橋眉，轉身摟打滕封，栓馬式，打虎式，猿猴出洞，金龍合口，左右插花，上步劈山，回身挑山，回身劈推。

六路

回身猿猴出洞，連發六手，雙袖中拳，撤步抖翎，上步二龍戲珠，回身擒捉，劈山炮中拳，腋裏藏花，外進槍，閃步貫耳，裏平炮，纏腰橫，似封似閉，收勢。

此套路為劉月亭所傳。

六、大架六路聯手動作名稱

一路

登峰請示，左右挑山，穿掌中拳，跨虎登山，上步二掌，繞步拍掌，迎門炮，轉身挑山。

二路

右劈山炮，穿掌中拳，左劈山炮，穿掌中拳，鬧拳，上步橫沖，上步迎門炮，轉身挑山。

三路

左右劈山炮，挑山，上步右挑山，倒步迎門炮，轉身挑山。

四路

上步虛步挑山，順步穿掌，跳步撇掌中拳，轉身挑山。

五路

上步引手，馬步踏掌，上步擒捉，繞步擒捉，回身擒捉，繞步擒捉。

六路

上步爽袖，穿掌中拳，回身上步挑山，退步挑山，收式。

此套路為胡悅曇所傳。

七、通背南套（京南）前後拆拳動作名稱

一路

登峰請示，雙手撩衣，七星叉掌，推託探按，搖身膀切，跨虎登山，擒捉，雷擊炮，回身擒捉。

二路

迎門掌，迎門炮，滾身靠山，當堂遞手，白猿獻果，靈貓捕鼠，似封似閉。

三路

斜攔出鞘，孤雁出群，十字飛球，雙劈山，回身飛虎攔路。

四路

金雞食豆三式，摟刨虎踢三式，推窗望月。

五路

回身迎門掌，列門掌，連擊兩掌，檺眉橫。

六路

轉身摟打滕封，栓馬式，打虎式，閃步貫耳，裹平炮，纏腰橫，回身似封似閉。

七路

上步連環劈山、挑山，左右摟帶，箭步中拳，回身似封似閉。

八路

上步紅臉照鏡，上步中拳，回身挑掌。

九路

墊步金雞獨立，落步靈貓捕鼠，左右閉門鐵扇，上步

大鵬展翅，上步孤雁出群，轉身大鵬展翅。

十路

飛虎攔路，上步美女抱瓶，摔拍中拳，開步二掌，繞步掩手，歇步穿心炮，開步五花炮。

十一路

撤步交叉劈，猿猴倒行，回身飛虎攔路。

十二路

飛球腿，向心掌，挑手中拳，似封似閉，收勢。

此套路為「大槍」許讓所傳。

第二節　通背四路拆拳動作名稱及技術圖解

一、動作名稱

一路

預備勢，托天式，入海式，拱揖式，雙引手，劈山，似封似閉，右撇掌中拳，左撇掌中拳，掩手推山，猿猴入洞，指引，墊步腿，獅子抖翎，爽袖迎門炮，貫耳，裏橫炮，扶手中拳，抹眉，拗步挑山，跨虎登山，擒捉（二十一式）。

二路

回身擒捉，城門吊斗，大膀趄（老門），劈山炮，劈山，挑山，大劈挑，風輪式，雙吊帶，飛龍出水，狸貓捕鼠，連環爽袖，劈山，攉挑劈砸，橫踏掌，三環炮（十六式）。

三路

回身撩掌彈腿插掌，捋手中拳，右十字中拳，左摔拍中拳，右摔拍中拳，左十字中拳，十字攔，倒步攬山，勒炮，推窗望月，沖天炮，栽花手，纏劈，橫沖二掌，大拍掌中拳，左等打，右等打，雲手中拳二勢（十九式）。

四路

回身劈山，插花手，穿掌中拳，連環引手，劈山，飛虎攔路，撩陰掌，迅雷炮，側身不換勢，搖身膀趄，狸貓倒上樹，碾步中拳，劈山，拗步指引，托天式，入海式，收勢（十六式）。

共七十二式。

二、技術圖解

一 路

預備勢

兩腳併步站立，兩手自然下垂於兩腿側，五指併攏，掌心靠腿外側；頭頂項領，體態中和；目平視前方（東方）（圖4-1）。

（一）托天式

兩手直臂仰掌（手心朝上），在身前成90°角，向上慢慢托起至頭頂兩側；頭微右轉，眼隨右手；

圖4-1

圖 4-2   圖 4-3

從動作始到止，緩慢，深吸氣
配合（圖4-2）。

（二）入海式

頭轉正，目視前方；兩掌
微向裏合，掌心同朝下，罩向
頭頂（有貫頂意）（圖4-
3）；雙掌繼續下行，經身
前，緩慢按於下丹田處，用鼻
呼氣；身體鬆沉（圖4-4）。

圖 4-4

（三）拱揖式

右腳向右前方上步，左轉體，面向北方，左腿直立併
於右腳前，成丁形步，腳尖朝前（北）；兩手從下，由兩

圖 4-5　　　　　　　　　　圖 4-6

側向前抱拳拱揖；目視前方
（北），成英雄勢（圖 4-
5）。

（四）雙引手

　　兩腿微屈，左腳向前移
步，重心下降，右腳墊半步；
右手在前，向前引手，左手護
在右肘下（圖 4-6）；緊接著
左手向前引手，右手回撤左臂
下，即雙手向前連環抖摔（圖 4-7）。

圖 4-7

（五）劈山

　　接上動。右手由下向後、向上、向前直臂立掌劈山，
落於右大腿內側；左掌向上、向後碰右前臂後，立掌護在

圖 4-8

圖 4-9

右肩內側；腳落三七步，身正腰挺（圖4-8）。

（六）似封似閉

左手向前半圓圈，立掌朝前，微屈臂；右手立掌，由下向上護於左肘下；重心後移右腳下蹲，左提膝步（圖4-9）。

圖 4-10

（七）右撇掌中拳

上左步，重心前移；右掌由右耳側向前，同時左扭身向左斜下劈出；左手由下向裏經右臂上方向前拍出；右腳提於左腳前側（圖4-10）；左腳催右腳、寸加擠步；右手中拳向前沖出；左手變爪，捋帶右手上部，撤回腰間；腳

圖 4-11

圖 4-12

落五五步（圖 4-11）。

(八)左撇掌中拳

接上動。左掌由左耳側向前，同時右扭身向右斜下劈出；右手由前向裏、向前經左臂上方向前拍出，左腳提於右腳前側（圖 4-12）。右腳催左腳，寸加擠步；左手中拳向前沖出，右手變爪，挦帶左手上部，撤回腰間；腳落五五步（圖 4-13）。

圖 4-13

(九)掩手推山

上右步，前提膝；右手直臂仰掌，由右向前、向左平

圖 4-14

圖 4-15

合，與左掌（左拳變仰掌）前交叉後向腰間平勒掩（圖4-14）。左腳催右腳，寸加擠步；雙手向前推山，落步五五步（圖4-15）。

（十）猿猴入洞

左腳先動，右腳後動，起跳，向左方跳閃，雙掌交叉向裏合掩後，在空中向左右分開，向兩側上方展臂；左腳先

圖 4-16

落，屈膝下蹲，右腳隨後落地，前提膝步，縮身坐步；左手裏肩屈臂吊腕（似勾非勾）護於喉前，右手裏肩屈臂微吊腕護於右膝前，面向東北（圖4-16）。

圖 4-17

圖 4-18

（十一）指引

右腳微向前，重心稍前移，右手變俯掌，微屈臂，向前下方指引；左手變俯掌，護於右前臂肘彎左方；眼看前方（圖 4-17）。

（十二）墊步腿

左腳向右腳後墊半步，右腿前彈；左手立掌向前戳出，右手裹肘抵腹部，手指朝前，手心朝上（圖 4-18）。

（十三）獅子抖翎

右腳前落，重心前移至右腳，屈膝下蹲，左側身；右手向前上方滾穿，掌輪朝上，掌心朝外；左掌滾翻撤歸肋下，手心朝上；左腳提膝於右腳前（圖 4-19）。右腳催左腳，寸加擠步，右轉身；左手變中拳向前沖出，右手變爪

圖 4-19

圖 4-20

将帶回腰間，虎口朝上（圖
4-20）。左腳向後大撤步，成
右弓步；同時左轉身，右仰掌
從左臂下外向前上方滾臂前
穿，掌心朝外；左手變掌，滾
翻裏擠撤回腰間，掌心朝上，
微向外（圖 4-21）。迅速接
上動。重心後移至左腳，右腳
前提膝步；右轉身，左手俯
掌，從右臂下外向前上方滾臂

圖 4-21

前穿，掌心朝外，右手變掌，
滾翻裏擠，撤回腰間（圖 4-22）。左腳催右腳前行，寸加
擠步；左轉身，右手中拳前沖，左手将帶回腰間，虎口朝
上，腳落五五步（圖 4-23）。

　　注：前穿掌虎口均高不過頭；穿掌中拳乃兩膀抖動之

圖 4-22

圖 4-23

整力，換背要快。

（十四）爽袖迎門炮

左腳向右腳右後方倒行
步；左手向上、向前、向下扶
按，右手變掌，向回、再向上
爽袖變反背平拳，向前抖動擊
出，拳心朝上，微屈臂；眼視
前拳（圖4-24）。

圖 4-24

（十五）貫耳

左手從右臂下向右、向前上、向左下捋手，右手回撤
（圖4-25）；右腳向右前方移步；右手從左臂上向下、向
右外轉環；右腳外碾，左腳向右後外閃，成三七步；右手
變拳，裹肘向左貫耳（圖4-26）。拳停左胸前，左手抵住

圖 4-25

圖 4-26

右腕。

(十六)裹橫炮

緊接上動。左腳催右腳，
鬆襠下胯，兩腳膝撐住成五五
步；同時，左手推右手腕，右
臂在胸前平屈前臂向前橫擊，
面向東北方向（圖 4-27）。

(十七)扶手中拳

右轉身；右手變捋手，向

圖 4-27

右、向回捋至腰間，左手微向下、向後、向前、向右立掌
扶手；同時左腳向前落五五步（正北）；右手拗步中拳沖
出，左手立掌扶護於右臂肘彎上方（圖 4-28）。

圖 4-28　　　　　　　　　圖 4-29

（十八）抹眉

右腳向左腳後墊半步，左腳迅速虛提，右側身；左掌
微向右、向前上方、向左順步抹眉，右手變俯掌撤至左肘
下（圖4-29）。

（十九）拗步挑山

左轉身；右手變拳，微向
下、向左斜上方挑山，然後屈
臂肘向前，右拳止於左肩前，
左手立掌，屈臂護於右肘彎處
（圖4-30）。

（二十）跨虎登山

右腿屈膝提起，迅速向右

圖 4-30

圖 4-31

圖 4-32

斜前方蹬出；同時左右手變平掌，向兩側同時砍出；眼視右腿方向（圖4-31）。

（二十一）擒捉

右腿落步，腳尖外展，重心前移；右掌向下、向左、向前、向下圈手；同時，左手向前，經右肘彎處向上提於左耳側，五指張開，掌心朝裏（圖4-32）；左腳向右前上步；左

圖 4-33

手變尖拳，用拳及前臂向前下方搓砸，右手碰左前臂後撤到肋下，虎口朝上；鬆襠下胯，兩腿撐住，後膝內合，腳落五五步，面向東北方向（圖4-33）。

圖 4-34

圖 4-35

左擰身，迅速補右中拳，左手撤回；迅速再補左中拳，右手撤回肋下（圖 4-34、圖 4-35）。

二　路

（二十二）回身擒捉

右回轉身大於 180°，右腳向回稍撤，立即向右前方（西南方向）邁出，腳尖外展，重

圖 4-36

心前移；右掌五指張開，從左耳上方向右前下方圈手；同時，左手經上前方、經右肘彎處，向回收於腰間，五指張開，掌心朝肋（圖 4-36）；左腳向右前上步，左手經左耳側用尖拳及前臂向前下方搓砸，右手撤回肋下，腳落五五

圖 4-37

圖 4-38

步，面向西南方向（圖 4-37）。

（二十三）城門吊斗

右腳向左腳右側上步，腳尖內扣，左轉身成左提膝步；右手從左腋下穿出變扣拳，向前上方吊腕扣打，拳心朝下；左手掌裏肘撤回肋下，掌心朝裏（圖 4-38）。

圖 4-39

（二十四）大膀趄（老門）

重心前移，左腳前落，蹬地前躍，右腳尖外展向前截蹬腿；同時，右側身，左掌從右臂下穿出變橫掌向前塌出，右手掌撤歸肋下（圖 4-39）。右腳前落成右弓步，右

手中拳向前沖出，左手捋帶回
肋下，虎口朝上（圖4-40）。

（二十五）劈山炮

左轉身，右手向下、向左
後、向上、向前反劈山，落右
腿內側（圖4-41）。上左
步；左手順步向前下直臂劈
山，右手上撩護於左肩內（圖
4-42）；右轉身，左手握平拳
經前下向右後、向上；左轉

圖4-40

身，身正腰挺，頭頂項挺，向前；用拳背直臂劈下，拳落
左腿；右腳跟步，落於左腳後，成準提步（圖4-43）。

圖4-41

圖4-42

圖 4-43

圖 4-44

（二十六）劈山

向前微弓身，左腿下蹲，右腿虛提於左腿前；右手立掌，由後向上、向前下直劈，落於右腿內側（圖4-44）。

（二十七）挑山

右腳前落，重心前移成右弓步；右手握平拳，直臂向前上挑撞；左手握拳，直臂向後撩（圖4-45）。

圖 4-45

（二十八）大劈挑

重心稍後移，右腳稍撤後，再向左前方繞行，前腳尖

圖 4-46

圖 4-47

外展；同時，左轉身，右手下
掛，向左後、向上、向前掄劈
（圖 4-46）。上左步，右腳
向左腳後外閃；左手立拳，向
前下劈出，右手直臂在後協調
上揚（圖 4-47）。左腳向前
稍進步，重心前移，成左弓
步；左拳向前上方挑撞（方向
朝西南），右拳在後，向下與
前臂成槓杆協調配合（圖 4-
48）。

圖 4-48

（二十九）風輪式

重心後移，右腿屈膝蹲步，左腳後移虛提；同時，右
手變掌，由後向前掄，左手隨右臂由前向下、向後、向

圖 4-49

圖 4-50

上、向前掄劈，與右手先後同
落雙腿上（圖4-49）。

（三十）雙吊帶

左腳前落，成五五步；雙
手俯掌，同時向前探伸，腳落
成五五步（圖4-50）。

（三十一）飛龍出水

左腳向左閃，右腳虛提左

圖 4-51

腳前，下蹲身；雙手立掌，向
下、向左、向上、向右雙圈（雙活臂），雙手下撐按；同
時長身，頭向前上挺項（圖4-51）。

（三十二）狸貓捕鼠

左腳催右腳前沖，寸加擠步；雙手迅速向前探按，直臂吊腕、扣指；腳成五五步（圖4-52）。

（三十三）連環爽袖

重心前移，左腳前落；左手下拍，右手屈肘、屈腕，向下、向裏經左腋下向上、向前左拗步爽袖摔出（圖4-53）。重心前移，右腳前落；右手下扶，左手屈肘、屈腕，向裏經右腋下向上、向前右拗步爽袖摔出（圖4-54）。

圖 4-52

圖 4-53

圖 4-54

(三十四)劈山

重心繼續前移，上左步；
右手直臂立掌，由下向後、向
上、向前下劈出，落右腿內
側；同時左手向上撩掌，碰右
前臂後落於右肩（圖4-
55）。

(三十五)擺挑劈砸

圖4-55

右掌上撩至左肩，左手立
掌，向下、向前用拳輪朝上擺挑（圖4-56）。左拳繼續上
擺，右手向下、向前變拳向上挑起；同時，右腿向前撩
踢；左手碰右前臂護於襠前（圖4-57）。右腳前落；右拳
同時向下劈砸，左手仰掌，由下向上接住右腕；腳落右弓

圖4-56

圖4-57

祁家通背拳

圖 4-58

圖 4-59

步（圖 4-58）。

（三十六）橫踏掌

雙腳同時外碾，左轉身
變馬步；右手變橫掌向右塌
出，左手撤至左肋，掌心朝
下，左肘向左頂撞，與右踏
掌形成張力；眼看右掌（圖
4-59）。

（三十七）三環炮

圖 4-60

起重心，右腳向右前繞行；右手立掌，向下、向左、
向上、向右下劈出（圖 4-60）。右轉身；左手立掌，由左
後向上、向前下劈出，落左腿外側（圖 4-61）。右掌經右
腿下外側向後、向上、向前下劈出；同時左腿向前撩踢

圖 4-61

圖 4-62

圖 4-62 附圖

圖 4-63

（圖 4-62、圖 4-62 附圖）。右手立掌，向上、向回挑
裂，左手變中拳向前沖出，右手立掌停於左肘彎處；腳落
五五步；面向西南方向（圖 4-63）。

三 路

（三十八）回身撩掌彈腿插掌

向右後轉身；右掌撤至腰間，虎口朝上，左掌向右上斜撩（圖4-64）。右手立掌，向前直臂插出；同時右腿下蹲，左腿向前彈出，左手撤至腰間（圖4-65）。

（三十九）捋手中拳

落左腳，成左五五步；左手中拳向前沖出，右手捋帶回腰間（圖4-66）。

圖4-64

圖4-65

圖4-66

(四十)右十字中拳

右腳向左腳彎處上扣步，迅速左轉體 90°，帶動左腳向右腳後閃展，成右五五步；右手中拳從左腋下沖出，左掌撤回腰間，虎口朝上；目視東北方向（圖 4-67）。

(四十一)左捋拍中拳

左手向前捋出（引手），右拳成掌撤回腰間，虎口朝上（圖 4-68）；左掌撤回腰，虎口朝上，右手迎面掌向前拍出；重心前移，左腳前提（圖 4-69）。左腳前落五五步；左手中拳向前沖出，右手捋帶回

圖 4-67

圖 4-68

圖 4-69

祁家通背拳

腰間（圖4-70）。

(四十二)右摔拍中拳

右手反掌向前摔出，左手撤回腰間（圖4-71）。左手迎面掌向前拍出，右手撤回腰間，右腳前提；落右步，右手中拳衝出，左手捋帶回腰間（圖4-72）。

(四十三)左十字中拳

左腳向右腳彎處上扣步，迅速右轉身45°帶動右腳向左腳後閃展，成左弓步；左手中拳從右腋下衝出，右手掌撤回腰間（圖4-73）。

(四十四)十字攔

左轉身；右手微屈臂肘，立掌，前臂向前上斜，向左前方攔截，左掌撤回腰間（圖4-74）。左手屈臂，向右前

圖 4-70

圖 4-71

方攔截；右腳前提；右手撤回腰間（圖4-75）。右腳落五五步；右手屈臂，向左前方發力攔截，左手撤回腰間（圖4-76）。

圖4-72

圖4-73

圖4-74

圖4-75

圖 4-76

圖 4-77

（四十五）倒步攬山

左轉身，左腳向右腳右後方倒行步；右掌向左、向下，左掌向左、向上、向右，在胸前非同步攬動（圖 4-77）。右腳向右開步；右手繼續向右、向上，左手向右、向下（圖 4-78）。左腳向右腳後倒行，右手繼續向左、向下，左手繼續向左、向上非同步攬動（圖 4-79）。

圖 4-78

（四十六）勒炮

接上動。右腳向左腳旁併步下蹲，左手向右、向下，

右手向右、向上（圖4-80）。再向下勒擊，左手仰掌，在腹前接住右拳面（圖4-81、圖4-81附圖）。

圖4-79

圖4-80

圖4-81

圖4-81附圖

（四十七）推窗望月

右轉身，向右上步，成右弓步；右手橫掌向前、向上滾塌於前上方，同時，左手立掌，與右手同時向前推出，雙掌在一立面內，掌心朝前（圖4-82）。

圖4-82

（四十八）沖天炮

重心後撤，鬆腰坐胯，右腳前提；右掌變拳，裹肩合肘，用前臂向左、向回裏擠，右肘抵腹，右拳在前，拳心朝上；左手俯掌，護於右前臂內側（圖4-83）。左腳催右腳前行，左腳跟擠，寸加擠步，腳踩五五步；右拳及左手同時向前上沖出，拳心仍朝

圖4-83

圖4-84

上（圖4-84）。

（四十九）栽花手

上左步，成左五五步；右手稍向回、向右、向外滾，向上斜提，再向前下方栽拳擊出，拳眼斜朝下；左手立掌，向左斜下方、再向上畫圓護於右肩處；身微左側前躬（圖4-85）。

圖 4-85

（五十）纏劈

左手向前、向左斜下方捋手（圖4-86）；右手變掌，由下向裏上提經右耳側向前、向左下方斜劈，左手由左下向右碰右前臂後護於右肩前（圖4-87）。身左轉，同時右

圖 4-86

圖 4-87

圖 4-88

圖 4-89

腳前提內扣（圖4-88）。

（五十一）橫沖二掌

周身放鬆，用內力，周身突然向右抖動；兩手分向左右橫沖擊出，即右仰掌向右、左仰掌向左平抖，兩臂微屈；兩腳成高馬步；眼視右手（圖4-89）。

（五十二）大拍掌中拳

圖 4-90

身右轉，重心移左腳，右腳前提；左掌經左耳側上方向前劈拍，五指張開，掌心空起，掌打扣勁，右掌撤回腹部，虎口朝上（圖4-90）。右腳向前落步；右手中拳向前沖出，左手將帶回腰間，虎口朝上；腳踩五五步（圖4-

圖 4-91

圖 4-92

91）。

（五十三）左等打

右腳向右前方上步；左手握扣拳，從右臂下微向右、向前擊打（帶斜橫勁），右手變爪，捋帶撤回到左肘內側（圖4-92）。右手變扣拳，繼續向右、向前、向左雲抹勾貫，左手微向左、向回、經胸前向右、從右臂上方向前擊打（帶橫勁）；同時左腳虛步前提；右手扣拳止於左肘下（圖4-93）。

圖 4-93

圖 4-94

圖 4-95

（五十四）右等打

左腳向左前方上步；右手握扣拳，從左臂下向前擊打，左手變爪，捋帶撤至右肘處（圖4-94）。左手變扣拳，繼續向左、向前、向右雲抹勾貫，右手微向右、向回、經胸前向左、從左臂上方向前擊打（帶橫勁）；同時右腳虛步前提；左手扣拳止於右肘下（圖4-95）。

（五十五）（五十六）雲手中拳（二勢）

重心前移；左手俯掌，從左向前雲手勾貫，右手撤回腹前（圖4-96）。上左步；右手俯掌，從右向前雲手勾貫，左手捋撤至腹前（圖4-97）。左手變扣拳，向前上方擊出，右手變爪，捋帶左拳面回腹前（圖4-98）。右手變扣拳，向前上方擊出，左手變爪，捋帶右拳面回腹前；腳落五五步（圖4-99）。重心前移，上右步；左手俯掌，從

圖 4-96

圖 4-97

圖 4-98

圖 4-99

右向前雲手勾貫，右手撤回腹前（圖 4-100）。右手俯掌，從右向前雲手勾貫，左手捋撤至腹前（圖 4-101）；左手變扣拳，向前上方擊出，右手變爪，捋帶左拳面回腹

圖 4-100

圖 4-101

圖 4-102

圖 4-103

前（圖 4-102）；右手變扣拳，向前上方擊出，左手變
爪，挒帶右拳面回腹前；腳落五五步（圖 4-103）。

四 路

(五十七)回身劈山

左手向前拗步，引手摔出，右手回摟腹前（圖4-104）。左腳前提；右手向前拗步，引手摔出，左手回摟腹前（圖4-105）。左手迅速向後、向上、向前、向下順步劈山，右臂順勢後擺（圖4-106）。右手迅速隨左手向

圖4-104

上、向前、向下拗步劈山，左手向上撩掌碰右前臂後，護於右肩內側（圖4-107）。右回轉身180°面向南，右掌隨之由上向後反劈，左手向下、向後協調左臂反撩（圖4-

圖4-105

圖4-106

108）。撤右腳；左手從後向前下劈出，落左腿內側（圖4-109）。右手不停，從下向後、向上、向前、向下掄劈，立掌落於右腿內側，左手從下向上碰右前臂後護於右肩內側；腳落三七步，即拗步劈山（圖4-110）。

圖 4-107

圖 4-108

圖 4-109

圖 4-110

圖 4-111　　　　　　　　　　　圖 4-112

（五十八）插花手

左腳向左前上步；右手由下向左、向前上、向右大圈手，左手由右肩內側向下、向左下圈手（圖 4-111）。右腳向左腳前提膝步；左手由左向前上、向回平摟至右肋部，右手經心口處從左臂上方向前抖臂平撣（圖 4-112）。右腳向右前方上步；左手向前、向上、向左大圈手，右手向回、向下、向右下圈手（圖 4-113）。左腳向右腳前提膝步；右手由右向前上、向回平摟至左肋部，左手經心口處從右臂上方向前抖臂平撣（圖 4-114）。左腳向左前方上步；右手由下向前、向右大圈手，左手由右肩內側向下、向左下圈手（見圖 4-111）。右腳向左腳前提膝步；左手由下上提至左耳側上方向前、向右斜下方撇劈，右手經心口處從左臂上方向前平撣（見圖 4-112）。右腳向右前方上步，左手向前、向左大圈手，右手下圈

圖 4-113

圖 4-114

（見圖 4-113）。右手上提至右耳側上方，向前、向左下撇劈，同時左腳前提膝步，左手經心口處從右臂上方向前平撣（見圖 4-114），即左右摟撣、左右撇撣。

（五十九）穿掌中拳

右手由下向前上，外滾穿掌，左手撤回腰間，掌心朝上（圖 4-115）。右腳催左腳，

圖 4-115

寸加擠步；左手變中拳向前沖出，右手将帶回腰間，虎口朝上；腳踩五五步（圖 4-116）。

圖 4-116　　　　　　　　　圖 4-117

（六十）連環引手

左手變掌向回摟扶，右手反掌向前引手捽擊，左手俯掌護於心口前（圖4-117）。右腳前提；右手翻掌向回摟扶，左手反掌向前引手捽擊，右手撤至心口前（圖4-118）。

（六十一）劈山

重心前移，上左提膝步；右手從後向上、向前下立掌劈出，落右腿內側，左手碰右前臂後立掌護於右肩內側；腳落五五步（圖4-119）。

（六十二）飛虎攔路

右轉身90°，右腳後撤半步，重心右移成右弓步；右手握拳向外翻滾，向上攔截，架於頭右前方，左手握拳內滾，向下撐按於襠前；眼看左方，形似打虎勢（圖4-120）。

圖 4-118

圖 4-119

圖 4-120

圖 4-121

（六十三）撩陰掌

　　左轉身；左拳向左下攔，右手向右、向下、向前下撩掌，掌心朝上，左手變俯掌，護於右前臂上（圖4-121）。

（六十四）迅雷炮

重心右移，左腳虛提於右腳內側，成丁字步；左手變平拳，上掛至左耳外側，右手握平拳收於腰間（圖 4-122）。左腳前落五五步；左手平拳向前外滾抖動沖出（圖 4-123）。右手握平拳，迅速追左拳前擊，左手回胸前（圖

圖 4-122

圖 4-123

圖 4-124

圖 4-125

4-124）。左拳迅速再追右拳
前擊，右拳回胸前（圖4-
125）。右腳迅速向右前方閃
展，左腳隨右腳向右腳後外
閃，成大閃展步；右拳迅速向
前擊出（前述各拳似拋拳，圖
4-126）。腳落三七步；右拳
停於左胸前，拳心朝下，右肘
前頂，左拳收於左腰間。

圖4-126

（六十五）側身不換勢

左腳向右腳後墊半步，左側身，右腿向前彈踢；右手
向前下直圈手，左手立掌，經右肘彎處向前插出（圖4-
127）。右腳前落，成右虎步（小弓步），右手中拳向前沖
出，左手抒帶回腰間（圖4-128）。左腳向右後墊半步，

圖4-127

圖4-128

右腳彈踢；左手經右臂下向前上方穿掌（圖4-129）。右腳落步，左腳跟擠半步；右手出步中拳沖出，左手捋帶回腰間（圖4-130）。重心前移，右手屈肘，以肘為軸，前臂向上、向回、向下、向前擺挑，左手向前、向上列掛至右肩內側；左腿向前撩踢，身左側（圖4-131）。左腳向後落半步，右腿向前彈踢，右手掌向下、向裏、向上、向

圖4-129

圖4-130

圖4-131

圖4-132

前直圈手，右肘靠腹，左手掌向前、向下、向回、向前畫橢圓，經右肘彎上向前插出（圖4-132）。右腳落步，左腳跟擠半步；右手中拳沖出，左手捋帶回腰間；腳落五五步（圖4-133）。左腳向前墊半步，右腿向前彈踢；左手掌向前上滾穿（圖4-134）。

左腳催右腳前行，寸加擠步；右手中拳沖出，左手捋帶回腰間；腳落五五步（圖4-135）。

（六十六）搖身膀趄

左腳向左前方上步，右腳前提於左腳前，提膝摘胯，身右側，右歪身，頭正；左手向前穿掌，右手仰掌撤回

圖4-133

圖4-134

圖4-135

腰間（圖4-136）。右腳向左前
方閃展，左腳提膝在右腳前；右
掌經左臂下向前上穿掌，身左
側，左歪身，左手仰掌撤回腰間
（圖4-137）；右腳催左腳前
行，寸加擠步；左手中拳沖出，
右手捋帶回腰間，虎口朝上；腳
落五五步（圖4-138）。

（六十七）狸貓倒上樹

圖4-136

　　重心前移，左腳內扣，右後
轉身180°；右手仰掌收於腰間，左拳變掌從上、向前、向
下蓋掌（圖4-139）。右腿屈膝提起，腳尖外展向前下截
腿，右手變拳，拳心朝上，向前上攢拳（穿手，圖4-
140）。右腳前踏，成弓步；右手變掌回帶至腰間，掌心朝

圖4-137

圖4-138

祁家通背拳

上，左手迎面橫掌，掌順右前臂上面向前上拍出，兩手要有撕力（圖4-141）。

(六十八) 碾步中拳

右腳外碾；右手中拳向前沖出，左手捋帶回腰間，虎口朝上（圖4-142）。

圖 4-139

圖 4-140

圖 4-141

圖 4-142

圖 4-143

圖 4-144

圖 4-145

圖 4-146

(六十九)劈山

身左轉；右手向下、向左、向後、向上、向前、向下反劈（圖4-143、圖4-144）。上左步；左手由後向上、向前劈下，落左腿內側（圖4-145）。右手繼續向後、向上、向前立掌劈下，落右腿內側，左手由下向上迎擊右前

圖 4-147　　　　　　　　圖 4-148

臂後，護於右肩內側；腳落三七步（圖 4-146）。

（七十）拗步指引

右轉身；右手由下向前、向上、向後，左掌朝下，向左（圖 4-147）。左轉身，左腳虛提；右手屈臂，向前上仰掌，經左掌上方指出；左手由上向下、向前、向回扶手，左手護於右肘下方；目視右掌前方（圖 4-148）。

（七十一）托天式

右轉身，兩腿站立，兩腳同肩寬；兩手向兩側分開，直臂仰掌，向上托起過頭頂；目視右手（同開頭，圖 4-149）。

（七十二）入海式

目前視；雙手變俯掌相對（圖 4-150）。雙掌向下緩

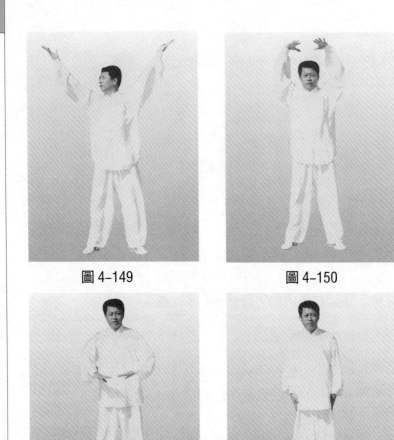

圖 4-149　　　　　　　　圖 4-150

圖 4-151　　　　　　　　圖 4-152

緩按至丹田處，兩掌尖相對，掌心朝下（圖 4-151）。

收勢

左腳併右腳，兩手自然下垂兩側，周身放鬆，目視前方（圖 4-152）。

第五章
八步十三刀

第一節　概述

　　一口單刀分五倫，「天地君親師」，尖、刃、背、把、盤，乃短兵中之利器也。通背刀法與通背大槍、通背拳共稱祁門三絕藝，素以兇猛快捷、精妙絕倫享譽武林。

　　語云：求師不易，得法更難。此刀法原為河北固安東徐村單刀趙華傳趙勝。趙勝亦為河北名拳師，因慕祁家大槍之名，與少師祖祁太昌在友人家相遇，暢談之下，互相仰慕，遂以刀法與祁家大槍互相傳授，是刀法傳入祁門之始。經祁太昌融入通背槍、拳之理，苦心研求，綜舊匯新，總結出通背拆刀八種步法、十三個刀點、三十六種招法，故亦稱八步十三刀。

　　祁太昌將此刀法傳於師弟陳慶（後號稱飛刀陳慶），再傳於王占春，三傳於北京通背拳大師劉月亭，四傳於通背拳大師胡悅疊、楊步蟾。因劉月亭擇徒甚嚴，故楊步蟾先生從游七載始得拜入門牆，尤得刀法秘傳。劉月亭故去後，胡、楊二位先生又拜於神槍崔敬（祁太昌嫡傳弟子）

之嫡傳弟子、通背門碩果僅存者幾人之一田瑞卿門下，刀法主於一。楊步蟾先生朝夕研練，又得通背拳大師胡悅疊從旁指導，使其刀法精純、嫻熟、勇猛、細膩。1944 年，楊步蟾先生在胡悅疊先生指導及幫助下，根據前輩口傳心授、代代相傳的總法、操法、步法及八個聯手刀之歌訣，整理成刀譜秘本，以志不忘傳留至今，功不可沒也。

此刀法以單操實戰為主，與槍、手一理，刀無纏頭裹腦，刀身合一，腕力十足，身法、步法、實戰，靈活多變，氣勢如虹，不求花架，但身、刀之協調，刀法之精妙，富有技擊美，非一般花刀可比。

由於觀念所限，故在技擊意義上講，全面系統得此刀法又練到自身者，可以說鳳毛麟角。但願後學者中有出類拔萃者得以繼承發揚光大。

第二節　八種步法

一、貓捕　此攻之步法也。撲者與敵動手之時如靈貓捕鼠，動作敏捷，令人無從閃避，必為我所擒，此為捕之妙用。步法為提膝步法。

二、猴閃　此看守之法也。敵之攻來既剛且急，我則用柔以破之。左右閃展輕靈活快，令人莫測，我則乘勢破之，此閃之妙用也。步法為閃展步。

三、虎跳　對敵之時，步要靈活，不可固執，離敵遠時，當如猛虎跳澗，既快又猛，使人措手不及；若敵進攻甚速，則跳步閃開，以避其鋒，順勢破之。前進後退，左攻右守非跳步不可，否則步法不快，必為敵所乘。步法為

將刀一橫驚人膽者，獅子搖頭，摘星勢是也。力點在刀刃中前部，其勢柔。

（七）錯者，用刀刃向前捉錯，與手法中擒捉相似，出刀堵劫，令人無法變招，即刀法中之轟雷暗發令人驚者是也。力點由刀刃前部向中後部滑行，其勢剛。

（八）拉者，用刀刃向後、向下一拉，為進門時遇敵變化，即撤步拉刀以閉之，為封閉之法，即刀法中似蛇塌地拾起來者是也。力點由刀刃中部向前滑行，其勢柔快。

（九）點者，如寫字之一點，出於寸勁，如墜石，如隕星，如蜻蜓點水，快似青煙，即刀法中之蜻蜓點水、雞啄碎米者是也。力點在刀刃前端，其勢柔快。

（十）砍者，大氣磅礴、粗拙大勢方法也。上下直行為劈，橫行（含斜橫）為砍，與點有分別。力點在刀刃中前部，其勢甚剛。

（十一）圈者，環也。取形以圓為法，循環不已，似風輪轉動，如雲之出岫，層出不窮，陰陽向背，變化無窮，乃本門刀法之總法。似有形而無形，須精心探索方臻善境。力點在刀身，其勢柔。

（十二）壓者，為本門刀法之根基。其勁甚剛，其法甚嚴，若不明此法，盲操瞎練，等於平地起樓，一遇狂風暴雨無有不坍塌者。明乎此法，則進可攻，退可守，立於不敗之地。刀法中之龍女捧珠、閉門鐵扇皆屬此法。力點在刀身，其勢剛。

（十三）紮者，乃最後一法，與前十二法相輔並行。如槍法中之四平勢、手法中之中拳，上中下三盤，裏外兩門可進可退，隨意直入，如闖鴻門，其形簡，其意繁，其

勢急。刀法中之黃龍偷心、白虎入洞諸法，皆屬此勢，若神而明之，則所向無敵。主要力點在刀尖，輔助力點在刀身四面，其勢柔中剛。

以上十三刀法亦要單操，下面只介紹崩劈刀（亦子午封刀）、圈刀、紮刀、壓刀四種主要基礎刀法的單操方法，其餘方法，習者可從刀套中摘出單操。

二、十三刀主要單操刀法

(一)崩劈刀單操法

龍女捧珠抱門刀，即左腿屈膝下蹲，右提膝步，左側身，右手握刀，刀柄靠左膝，在右膝內側，刀刃朝前，刀尖斜對眉頭前方，左手護於右腕上，目視刀尖方向（對著敵人）。

右手用刀背向右肩稍外側上方崩刀，左手護於襠前；右手崩刀後迅速向下劈，右手上臂微屈，與身成 45°角，刀身向前平直，刀刃朝下，刀尖向前，右手立掌，護於右肩內側，眼看刀尖前方，腳踩五五步（亦可用碾閃步操之）。反覆操之。

【要領】

崩劈刀要有腕力，崩刀稍在右肩外側，劈刀要鬆沉，有身力。

(二)圈刀單操法

圈刀單操法有三：一為上臂圈、二為前臂圈、三為腕

圈。

1.上臂圈刀：右提膝步，右手握刀，直臂前指，左手護於右肘下，右腳向左腳左前上方繞步，右手刀，刀刃朝下，以右肩為軸，直臂向左、向上（高不過頭）、向右、向下用刀身圈刀；右手刀在上時，左手在右臂左側，向下、向左、向上、向右畫圈，配合右手在前圈刀；向右腳前右方上左扣步，右手圈刀，左手配合，再向前右方上右步，右手圈刀，左手配合。以上步法綜合起來為圓形，右手圈刀中心對準圓心方向，反覆操之。

上述動作後，上臂向反方向圈刀，左手仍然按原反方向畫圈掩手配合，左腳向右腳後連續倒行，仍為圓形。亦可用碾閃步左右操之，或用提膝步前進、後退，左右橫移，斜行操之。

以上為上臂正圈刀、反圈刀操法。

【要領】

以胯根為軸，直臂圈刀，力由腰及胯根發，右手腕要挺直。

2.前臂圈刀：步法與上臂圈刀相同；圈刀用前臂進行，即屈臂以右肘為軸，進行正圈刀、反圈刀。反覆練習。

3.腕圈刀：各勢同上，只是微屈臂，以手腕為軸進行正圈刀、反圈刀，左手可在右肘內側，亦可向後屈伸，反覆練習。

（三）紮刀

即刺刀，龍女捧珠抱門刀，姿勢同前述。

1.直紮刀：左後足催蹬，右腳隨身胯向前突然跨出落

步，成右弓步；右手刀探肩，緊腕，向前立刀直刺，要快，左手直臂立掌，平伸後方；眼看刀尖，力點要準確；重心後移，右腳隨身迅速後移，仍成右提膝步；刀仍成龍女捧珠勢。反覆練習。

2.闖刀（即斜棠刀）：勢同上，但前棠刀時，要沉肩、墜肘、坐腕，刀身稍斜向上，立刀刺出，走錯捉勁，為上闖刀。下闖刀、左右闖刀則刀身暗含相同方向勁力，勤操即可。

此刀速度要冷急快硬，類似拳術中之中拳，槍中之闖槍。

（四）壓刀法

龍女捧珠抱刀，沉肩墜肘，翻臂翻腕，用刀中後部刀面向左下、向右下反覆沉壓，或立刀用刀中後部向前下反覆沉壓。要有身力、腕力，翻刀時要鬆，壓刀時要緊，此乃諸刀之根基。

注：壓刀時要冷、粹、沉，實腕，氣下沉，沉後即鬆。

三、八個連手刀單操歌訣及所含三十六拆刀招法

（一）八個連手刀單操歌訣

懷抱單刀立戰場，交鋒對敵不用忙。
武祖傳下防身法，鋼鋒出鞘把人傷。

1. 日繞山尖劈面錐，浮雲起落快如飛。
   形如猛虎爬山勢，難逃肋下點鋼錐。
2. 轟雷暗發令人驚，轆轤斜肩去摘星。
   將刀一橫驚人膽，難逃刀尖刺前胸。
3. 黃龍偷心立勢停，扭身轉背似蛟龍。
   倒插步內存玄妙，陡轉回身顧得清。
4. 雄雞上嶺平心端，斧劈山門兩分開。
   滾手撩陰朝裏進，直奔中央舞起來。
5. 刀要挽手步要提，閉門鐵扇縱身軀。
   就地拾起連珠箭，一片刀山跟上前。
6. 順風掃葉多厲害，亞似青龍出水來。
   獅子搖頭龍擺尾，似蛇塌地拾起來。
7. 龍女捧珠把家看，蜻蜓點水快似煙。
   黃龍偷心朝裏進，雄雞上嶺平心端。
8. 圈刀一法妙無窮，代環刀法朝上攻。
   飛身翻起來剪腕，順勢提撩把敵迎。

(二) 三十六拆刀法

1. 日繞山尖，2. 浮雲起落，3. 猛虎爬山，4. 肋下錐，5. 七星掌法，6. 轟雷暗發，7. 轆轤斜肩，8. 摘星勢，9. 風攪雪，10. 壓刀勢，11. 黃龍偷心，12. 翻劈倒碾，13. 雄雞上嶺，14. 斧劈山門，15. 滾手撩陰，16. 十字披紅，17. 雙插花挽手刀，18. 閉門鐵扇進步、閉門鐵扇退步，19. 連珠箭法，20. 打馬抽鞭，21. 閉門一炷香，22. 順風掃葉，23. 青龍出水，24. 獅子搖頭，25. 烏龍擺尾，26. 似蛇塌地，27. 攜琴訪友，28. 龍女捧珠，29. 蜻蜓點水，30. 斜提出鞘，31.

圈刀法，32. 帶還刀法，33. 提撩刀法，34. 夜叉探海，35. 鷹翻旋肚，36. 撕撩刀。

以上三十六拆刀法單操，亦可從套路中摘出單操，但須細細體會刀法之深刻含義，方能達形是、意也是。

第四節　八步十三刀動作名稱及技術圖解

一、動作名稱

通背八步十三刀，含八種步法、十三個刀點、三十六拆刀、五十四勢，共分八段。

第一段

起勢

（一）日繞山尖　　　（二）浮雲起落

（三）倒步劈刀　　　（四）猛虎爬山

（五）肋下錐　　　　（六）七星掌法（連二勢）

（七）白虎洗臉　　　（八）虛步藏刀

第二段

（九）轟雷暗發　　　（十）轆轤斜肩（連三勢）

（十一）摘星勢　　　（十二）橫刀勢

（十三）紮刀勢　　　（十四）風攪雪（分上下）

（十五）壓刀勢（龍行）

第三段

（十六）黃龍偷心　　　　（十七）蛟龍翻身

（十八）黃龍偷心　　　　（十九）白虎入洞

（二十）翻劈倒碾

第四段

（二十一）雄雞上嶺

（二十二）左右斧劈山門（兩分開）

（二十三）滾手撩陰

（二十四）十字披紅

（二十五）反撩刀

（二十六）舉火燒天

第五段

（二十七）雙插花挽手刀（二勢）

（二十八）閉門鐵扇進步（二勢）

（二十九）閉門鐵扇退步（二勢）

（　三十　）連珠箭（二勢）

（三十一）撈刀勢

（三十二）打馬抽鞭

（三十三）閉門一炷香

第六段

（三十四）順風掃葉　　　　（三十五）七星勢

（三十六）青龍出水　　　　（三十七）獅子搖頭

第七段

第八段

收勢

二、技術圖解

起 勢

1. 兩腳併步站立；左手抱刀，拇指和虎口壓住刀盤，食指和中指夾住刀柄，中指、無名指和小指托住刀盤，刀背貼靠上臂，刀刃朝前，刀尖朝上，刀身豎於身體左側；右手五指併攏，鬆垂於體右側；目向前平視（圖5-4-1）。

圖 5-4-1

祁家通背拳

圖 5-4-2

圖 5-4-3

2.左手抱刀與右手同時上
提，左屈臂抱刀於左腰間，刀
尖斜向左後方，刀刃朝前；右
臂屈肘上提，俯掌微平擺，撐
按於右腰側；迅速左轉頭，目
視左方（圖5-4-2）。左腳向
左開一步，左手抱刀，直臂經
身前向右、向上、向左畫圓掄
刀彩（圖5-4-3）。左手抱
刀，收於左腰間，刀尖斜朝
後，同時右手向前、裹肩、合

圖 5-4-4

肘、屈臂、仰掌前指；右腳虛提左腳前，成右虛步；眼先
隨左手，後隨右手目視前方（東方）（圖5-4-4）。

3.重心前移；左手握刀，經右臂上方向前穿出；右腳
落弓步；右手掌撤回腰間，掌心朝上（圖5-4-5）。重心

圖 5-4-5

圖 5-4-6

繼續前移落右腳；左手抱刀，回收於右胸前，刀身平行身前，刀刃朝上，刀尖朝左；右手經體右向上亮掌，架於頭頂右上方，前臂撐圓；右腿站直，左腿高提膝，左腳扣於襠前；目視左方（圖5-4-6）。

第 一 段

（一）日繞山尖

圖 5-4-7

右手下落接刀；左轉身，左腳向左後落步，屈膝，腳尖朝前，右腳向左腳前虛步提膝；右手屈臂平握刀，向前下平紮刀，刀刃朝左（指路刀）；胯正左側身；左手在左後方微屈臂、仰掌向斜上平伸（圖5-4-7）。重心前移，

左腳向右腳後並微向前方倒行，右腳隨即向右前方閃展，腳落三七步；同時，右手刀由下向右上方繞行轉環平斬刀，刀刃朝右，刀尖向前上方，刺敵左山（兩太陽穴及眉頭印堂穴為三山）；左手仍在後平伸；目視刀尖（圖5-4-8）。

圖5-4-8

(二)浮雲起落

左腳向左微後跳步閃開，右腳起跳，緊隨左腳落步，蹲身坐步，左大腿蹲平，右腳虛步前提；同時，右手刀用刀刃順勢向下、向左旋拉，面向東北方向，刀把靠左右膝裏側，左側身，刀身微上斜，刀刃朝下，目視刀尖，刀尖指向斜右方；左掌由後向前護於右手腕內側，三尖一條線（圖5-4-9）。重心前移，右腳蹬地向右前方起跳，左腳騰空向右腿前蓋跳步；右手刀由下向

圖5-4-9

圖 5-4-10

圖 5-4-11

右前方崩刀；左手掌向後平展
（圖 5-4-10）。落左步；右
手向下劈拉刀，左掌回護右腕
處（圖 5-4-11）。向前落右
弓步；右手立刀前刺（右前
方）；左手向後立掌平伸；目
隨刀尖（圖 5-4-12）。

圖 5-4-12

（三）倒步劈刀

左腳向右腿後倒行，右腳
外碾（以腳尖為軸，腳跟外
展）；同時，右手刀向下、向右、向上轉環，再由上向左
前方劈下；左手回收護於右肩內側前；腳成右提膝步，左
側身；刀把靠左膝，在右膝內側，刀尖斜指左前下方；目
視刀尖（圖 5-4-13）。

圖 5-4-13

圖 5-4-14

（四）猛虎爬山

右手刀由下向上，微向右肩側上崩掛；提右膝靠胸，左腿半蹲；左掌下撐護於襠前（圖5-4-14）。左足蹬地催胯，催右腳，向前方跨跳；同時，右手刀向前下劈出；右腳落地，左腳跟進落右腳後；左手上提護於右肩內側（圖5-4-15）。上述動作再連續向前做兩次（即上左步，提右膝，崩掛刀、劈刀）。

圖 5-4-15

（五）肋下錐

接上動。右手刀向下、微向裏劈拉；右腳向前猛然跨

圖 5-4-16

步，成右弓步；右手刀向前突刺，左手立掌，平伸於身後；目視刀前方（圖5-4-16）。

（六）七星掌法

重心前平移，左腳經右腳後向右前（北）倒行步；右手刀內旋，立刀，刀刃朝裏，向上、向後、向左肩外，用刀背外掛；同時空胸裏鑽左肩，左手俯掌，由右前臂下七星交叉向前探伸（圖5-4-17）。上右步落五五步；左掌掌心朝下，向左橫掌斬出；右手刀內翻向前、向右平抹，右臂微屈在右前方，刀身平與右臂成大約90°角，刀尖朝左前方（圖5-4-18）。重心前移，左腳經

圖 5-4-17

圖 5-4-18

圖 5-4-19

右腳前，向前蓋步；右手刀內旋立刀，刀刃朝裏向左後，用刀背外掛；同時空胸裹鑽左肩，左手俯掌，從右前臂下七星交叉向前探伸（圖5-4-19）。上右弓步；左手俯掌，向左橫掌斬出；右手刀內翻向前，向右平抹刀，右臂微屈在右前方，刀身平與右臂成大約90°角，刀尖朝左前方；目視前方（圖5-4-20）。

圖 5-4-20

（七）白虎洗臉

重心前移，右腳蹬地，左腳向前高縱；右手刀從右外向下、向裏內旋，刀刃向前上撩起，右前臂豎直，刀尖朝

圖 5-4-21　　　　　　　　　圖 5-4-22

上；左手護於右肘下（圖 5-4-21）。左腳前落，屈膝下蹲，右腳前提；右手刀由上向下直劈，刀尖斜向前，刀柄靠左膝在右膝外側；左掌上架於頭頂；目視刀前方（圖 5-4-22）。

（八）虛步藏刀

右腳向右前方上步，屈膝下蹲，左轉身，左腳向右腳左前方提膝；同時，右手刀向外屈腕，向右外下掛，再向上、向前、向下、向後勒拉刀，藏於右腿外後側；左手由上向前、向下、向裏畫圈，從右腋窩處向左前方立掌推出；目視左掌前方（圖 5-4-23）。

圖 5-4-23

第 二 段

(九)轟雷暗發

重心前移，左腳尖為軸，右腳向左腳前扣步，身體迅速左旋轉，左腳向後閃展落下（轉體 180°），成右弓步；右手刀隨身轉動，向右腿前方錯紮堵截，刀身斜向前，刀刃朝下；左手先收於腰間再隨身轉，向後立掌斜上伸；目視刀前方（圖 5-4-24）。

(十)轆轤斜肩

上左提膝步，同時左側身，胯正身斜；右手刀用刀背向左後下掛；左手由後向下，在裏側與右臂交叉（圖 5-4-25）。落左步，右手刀向上、向前側身劈刀；左手直臂向

圖 5-4-24

圖 5-4-25

前、向上、向後反劈（圖 5-4-26）。上右提膝步，上身姿勢不變；右手刀用刀背向左後下掛；左手由後向下，在裏側與右手臂交叉（見圖 5-4-25）。右腳前落五五步；右手刀向上、向前側身劈刀；左手直臂向前、向上、向後反劈（圖 5-4-27）。

圖 5-4-26

圖 5-4-27

圖 5-4-28

圖 5-4-29

(十一)摘星刀

上述動作不停。做到第三個轆轤斜肩、當刀經過左後方時，左手在前稍停，刀繼續向上，同時向裏翻刀，右轉身，用刀背向右斜下方裂掛；左手同時向左斜上方挑出；同時左腳向左前方外閃，右腳隨之外閃前提（圖 5-4-28）。右腳前落小弓步；右手刀向左斜上方撩掃，刀停於頭左上方，刀刃朝左，刀尖斜朝上；左手護於右手內側（圖 5-4-29）。

(十二)橫刀勢

上述動作不停。迅速右轉身，上右步成右弓步；右手握緊刀，左手抵右腕，迅速翻轉，刀刃朝前，沉肩、墜肘、挺腕，用力向前、向右下橫抹刀，刀尖朝前（圖 5-4-30）。

圖 5-4-30　　　　　　　　圖 5-4-31

(十三)紮刀勢

上述動作不停。向前上左弓步；右手刀與左手一同迅速向前方平直紮出（圖 5-4-31）。

(十四)風攬雪（上下勢）

重心後移，左腳虛提，右轉身，胸朝西；右手刀豎起向後直掛，抱於右肩前；左手與右手同握刀，兩肘平撐；左轉頭目視左側（圖 5-4-32）。左腳向左前方落步；左手向左平将，右腳向左腳前上扣步，左旋身；右手抱立刀隨身旋轉，左腳向右腳右後方落步，

圖 5-4-32

圖 5-4-33

圖 5-4-33 附圖

繼續左轉身360°（圖5-4-33正面、圖5-4-33附圖）。左腿屈膝，右腳虛提於左腳前；右手立刀抱於左肩前，左手與右手同握一刀；目視右方；右轉身，右腳提膝向左後方倒步，右手向下翻刀，刀尖朝下，稍離下身隨身右旋轉180°，左手屈臂隨在左後方（圖5-4-34）。身繼續右旋180°，左腳向右腳前扣步，右腳向左腳左後倒步。整體線路走左半弧形。

（十五）壓刀勢

上述動作不停。身刀旋至朝北時，右手刀由後向上、向前、向下、向後拉壓於右大腿外側；右側身，左腳向右腳後

圖 5-4-34

撤步，成龍行步（前腳尖外展
橫著地，前腿微屈，後腿彎
曲，重心下壓，兩腿撐住）；
左手在胸前由下向裏，從右腋
下向前立掌推出，成龍行壓刀
勢；目視前方（圖5-4-35）。

圖5-4-35

第 三 段

（十六）黃龍偷心

　　重心前移，上左步，腳尖
外展，左轉身；右手刀由下向後、向上、向前匯合左手，一
同向左、向回掛刀（圖5-4-36）。上右扣步，倒左步，下
蹲成半臥步；右手刀同左手一同向上、向右，用刀身翻壓刀
於右前側，刀尖朝前（圖5-4-37）。右腳向前落弓步；同

圖5-4-36

圖5-4-37

圖 5-4-38

時，右手立刀向前刺刀；左手立掌平伸在後（圖 5-4-38）。

（十七）蛟龍翻身

重心後移，右腳回提，再向左前方落步；右手刀隨之後撤，並向下、向左、向上、向前下圈刀外剪腕，腳落五五步（圖 5-4-39）。左腳上扣步；右手刀向下回拉刀；左手協調，由後向上舉起；右腳向左腳後倒行；

圖 5-4-39

圖 5-4-40　　　　　　　　圖 5-4-41

右手刀由後向上、向前劈下，左手落下護於右腕處（圖5-
4-40）。右翻身，刀隨身走，左手先不動，翻身後向前馬
步劈刀（圖5-4-41）。左手斜伸於頭左上方。眼看刀。

（十八）黃龍偷心

上動不停。右手刀向下掛刀，倒左步，右手刀由下向
左上、向前下壓刀；蹲身成半臥步；左手壓在右腕上，刀
尖朝前，握刀手心朝上（圖5-4-42）。右腳向前（北）踏
弓步；同時右手立刀向前刺刀；左掌平伸在後（圖5-4-
43）。

（十九）白虎入洞

重心前移；右手刀左右掛刀（即挽手刀）；左手附於
右腕間；右腿下蹲，左腳向右腳前虛提；右手拉刀藏於右
腿後側，左手立掌向前推出（圖5-4-44）。左腳向前落弓

圖 5-4-52　　　　　　　圖 5-4-43

圖 5-4-44　　　　　　　圖 5-4-45

步；左手不動，右手立刀向前刺出，左手護於右腕內側
（圖 5-4-45）。

圖 5-4-46　　　　　　　　圖 5-4-47

(二十)翻劈倒碾

　　身右轉，向後翻 180°；左手及右手刀下拉，隨身體左側下方向後翻轉反弓腰；右手刀向身後反劈（向北），左手自然前伸；右高三七步；眼看後方（圖 5-4-46）。重心後移；右手刀由後反身向前劈出；左腿屈膝下蹲，右腳前提（虛步）；右手刀柄靠於左膝前、右膝內側，刀尖斜指前方；左手護於右肩內側（圖 5-4-47）。

第 四 段

(二十一)雄雞上嶺

　　重心前移，右腳落五五步；右手刀向前虛刺，左手護於右腕上；上左步；右手刀回拉，刀柄在腹前；重心迅速移至左腳，右腳提至左膝內側，腳掌與地面平行；右手刀

圖 5-4-48

圖 5-4-49

向前上方點擊，左手護於右手腕處（圖5-4-48）。右腳向前落步；右手刀回拉（圖5-4-49）。左腳迅速向前落，右腳緊跟提至左膝內側，左腿微屈；同時，右手刀向前上方點擊，左手護於右腕處（圖5-4-50）。

圖 5-4-50

（二十二）斧劈山門（兩分開）

接上動作。右腳向左前方落步；右手刀與左手同時由上向下、向左圈刀（圖5-4-51）。同時，左腳左閃展，成

圖 5-4-51

圖 5-4-52

右提膝步；右手刀由下向左、
向上、向右前下圈劈（圖5-
4-52）。右腳前落弓步；右手
刀向前突刺，左手立掌，直臂
後伸，面向西南方向（圖5-
4-53）。右腳掌為軸外碾，身
體迅速左轉，左腳隨之向右腳
後外閃展90°，成右提膝步；
右手刀迅速由下向右、向上、
向左前下方圈刀劈出，右手刀
柄靠左膝，在右膝內側，刀尖

圖 5-4-53

前指；左手立掌護於右肩內側（圖5-4-54）。右腳前落成
右弓步；右手立刀迅速前刺；左手立掌，平伸身後（圖5-
4-55）。

圖 5-4-54　　　　　　　圖 5-4-55

（二十三）滾手撩陰

　　右轉身，左腳向左閃一步，右腳裏碾，仍為右弓步（面南）；左手、右手同握刀，從身左側由下向右，裏轉環拗步上撩刀（圖5-4-56）。刀繼續上撩至右後，向右前方上左步；刀繼續由身右側向前上撩（圖5-4-57）。右腳向左腳前跳落半步；刀繼續從身體左側向前上撩，至頭頂、刀尖朝上時，右手舉刀向右後背刀，刀刃朝後，刀尖朝下；右腿站立，左膝高提，扣於胸

圖 5-4-56

圖 5-4-57

圖 5-4-58

前，腳護襠；左手屈臂撐掌於左側；目視前方（圖 5-4-58）。

（二十四）十字披紅

右腿微屈，左腳前落，腳尖外展；左手回收護於右臂裏側，左轉身，右手刀從上向左下方斜掛（刀刃在前微裏扣，用刀背掛）（圖 5-4-59）。刀由左下向左後、向上；上右步，腳尖外展；刀繼續向右下方斜掛，左手仰掌向左前方斜伸（圖 5-4-60）。

（二十五）反撩刀

右轉身；左手收至右腋下，同時，右手刀接上述動作，繼續向後、向上，貼身向左下劈；左腳由右腳前繞向右腳後落步，蹲身腳尖外展；右手刀由前下向身後直臂反撩，左側身，右轉頭，刀向北，刀刃朝上，左手護於右臂

圖 5-4-59

圖 5-4-60

內側；腳成左蓋步（龍行步）（圖5-4-61）。

（二十六）舉火燒天

身體右轉後移，左右腳同時碾動；右手刀繼續上撩，向後反劈，眼隨刀轉；左手仍隨在左側；雙腿成過渡性弓

圖 5-4-61

步（圖 5-4-62）。左轉身，掉頭；左手不動；右手刀由右後側向下、向前用刀背刀尖向前擺挑；左手護於右肘彎處（圖 5-4-63）。右手繼續向上擺挑；重心後移，身體站立，左腳高提膝；右手刀直臂向上高舉於頭頂上方，右臂

圖 5-4-62

圖 5-4-63

近右耳；左手隨右手向上、向
下，護於右肩內側；目平視前
方（圖5-4-64）。

第五段

(二十七)雙插花挽
手刀

重心下降，左腳前落；右
手刀下落內轉，左手在右肘
下，右手在前面，用刀背向左
膝外後掛刀（圖5-4-65）。
重心前移左腳；刀從左向上、
再向右下掛刀，右腳前提（圖
5-4-66）。右手刀由右下向

圖 5-4-64

圖 5-4-65

圖 5-4-66

上、向前點刀（圖5-4-67）。上勢動作連做兩次。

（二十八）閉門鐵扇（上步）

接上述動作。向前點刀後，左腳向後退一步；蹲身右

圖5-4-67

圖5-4-68

圖5-4-69

圖5-4-70

圖 5-4-71

仆步向下拉刀，刀柄至右膝裏側，身稍左側，刀尖指向右前方（圖5-4-68）。重心隨之前移，右腳蹬地，向右前方起跳騰空，左腳向右腿前蓋跳，在空中，左腳在前，右腳在後身體左側身；右手刀由下向右斜上方崩刀；左手舒展左後方；眼看右前方（圖5-4-69）。左腳先落地，右腳隨之前落；刀向下劈拉，蹲身成右提膝步；刀柄在右膝裏側，刀尖朝前（圖5-4-70）。連續再做一次後，向前弓步直刺刀，左手平伸左後方；面向東北（圖5-4-71）。

(二十九)閉門鐵扇（退步）

重心後移下降；右手向下、向回拉刀，左手扶住右手腕，腳步成半仆步（圖5-4-72）。右腳向回、向左後方蓋跳步，左腳向左斜後方起跳；右手刀向上崩刀，左手舒展右肩前方；眼看右前方（圖5-4-73）。右腳落地，左腳隨之向左後方落下；右手向下拉刀成右半仆步，左手護於右

圖 5-4-72

圖 5-4-73

腕處，刀柄靠左膝；刀尖及眼睛朝右前方（圖 5-4-74）。
緊接著按圖 5-4-73 動作連續再做一次後，成蹲身右提膝
步，拉刀勢（圖 5-4-75）。向右前方右弓步刺刀，左手掌
平伸左後方（面朝東北方向）（圖 5-4-76）。

圖 5-4-74

圖 5-4-75

圖 5-4-76　　　　　　　　圖 5-4-77

　　注：此勢進退步法為螃蟹
步，亦稱蓋跳步。單操時可不
騰空，可做左右蓋步斜行。此
刀為子午封刀亦閉門鐵扇，單
操時不騰空上崩，下劈和刺刀
要快。

（三十）連珠箭法

　　重心後移至左腳，下蹲，
右腳提膝，右膝靠左膝，腳尖
點地成右丁步；右手向回拉

圖 5-4-78

刀，刀柄靠左肋，刀身平直，刀刃朝前，刀尖指右前方；
左手屈肘護於右刀柄處；目視刀尖方向（圖5-4-77）。右
腳向左前方上弓步，身體前俯；右手刀隨之向右平紮刀；
左手與刀反方向平伸，掌心朝前（圖5-4-78）。重心移至

圖 5-4-79　　　　　　　　　圖 5-4-80

右腳，上左步提膝於右膝內側，成左丁步；右手刀收回，刀柄仍靠左肋，刀身平，刀尖向右；左手護於右刀柄處（圖 5-4-79）。左腳向右前方上扣步，身體前俯；右手刀向右平紮刀，左手向相反方向平伸（圖 5-4-80）。右腳提於左腳內側成右丁步，右手刀收回左肋，平指右側（南方），左手護於右腕處，參照圖 5-4-77，只是方向不同（兩次上步為弧形）。

(三十一)撈刀勢

接上述動作。右腳向右前方上步，右手刀向右平紮，左手向左平伸（圖 5-4-81）。左腳向左前方擺動，右腳蹬地向左後方（北）起跳，右手刀和刀尖向左前上方斜撩撈刀，左腳先落地，右腳隨之落於左腳內側，成丁步；右手刀豎刀停於左肩外側，刀尖朝上，刀刃朝左；左手與右手同握刀柄，兩前臂端平，轉頭目視右方（圖 5-4-82）。

圖 5-4-81

圖 5-4-82

(三十二) 打馬抽鞭

　　身右轉，右腳向左腳左後側落步，蹲身；右手刀由前向右後斜下方抽（掃）刀，身微向左斜傾；左手斜伸左上方，掌心朝上；回頭目視刀尖（西北方向）（圖5-4-83）。

圖 5-4-83

(三十三) 閉門一炷香

右手刀由右後下向上、向前堵截，臂直，刀身直立，刀刃朝前，刀尖朝上；左手豎掌，屈臂護於右肘裏側；身微左轉，左拗四六步；目視前方（圖5-4-84）。

第 六 段

(三十四) 順風掃葉

右轉身，左腳收回右踝處；右手刀及左手同時向上、向後托起，左掌隨之向下，護於右肩內側（圖5-4-85）。重心前移，隨即左腳向右前方邁出，右腳蹬地擊前腳，即擊步，右腳先落地，左腳隨後前落再起，擊步，右腳先落，左腳前落；右手刀在後拖刀；右腳前行閃落，以腳尖為軸外碾，左腳隨即向右後閃展成右弓步；右手刀隨之從

圖 5-4-84　　　　　　　　圖 5-4-85

右腿外側用刀尖直臂向前上掃撩，刀柄在上，刀刃在前，刀尖斜朝前下，左側身；左手立掌舒展左後方（圖5-4-86）。

圖5-4-86

(三十五) 七星勢

重心前移，左腳向右從右腳後向前倒行步；右手刀刀尖向上、向左，刀刃前行，用刀背向左肩外掛刀；同時，左手掌心朝上，由右肘下向右前方穿出；眼看刀（圖5-4-87）。右腳向右前方邁出，成右弓步；左手迅速向左平斬，掌心朝下；右手刀與左手同時由左向右橫抹刀，刀柄在右前方，刀刃朝前，刀尖斜對前方；目視前方（圖5-4-88）。

圖5-4-87

圖5-4-88

（三十六）青龍出水

左腳向右腳後墊半步；左手護於右腕處，同右手一起向上托刀（圖5-4-89）。迅速向前旋劈、拉壓刀（即刀由左向上、向下拉壓）；右腳向前虛提（圖5-4-90）。上右步，弓步直刺刀，左手立掌平伸身後（圖5-4-91）。

圖5-4-89

圖5-4-90

圖5-4-91

圖 5-4-92　　　　　圖 5-4-93

(三十七) 獅子搖頭

　　上左五五步；左手扶於右腕處，右手直握刀，右手外翻，手心朝上，先用刀背向左、向上、向右半圈，向右崩擊，再用刀刃向左前方平抹（圖 5-4-92）。上右步；翻刀，右手心朝下，向右平抹刀（圖 5-4-93）。此刀左右搖腕、搖刀頭。取敵之頭部。

(三十八) 烏龍擺尾

　　接上勢。重心下降，半蹲身，撤右步，成五五步；翻刀向左平抹（圖 5-4-94）。撤左步；翻刀向右平抹，取敵

圖 5-4-94

圖 5-4-95

圖 5-4-96

胸、腹（圖5-4-95）。

（三十九）似蛇塌地

接上勢。重心繼續下降，全蹲身，撤右步；翻刀貼地面向左平抹（圖5-4-96）。撤左步，翻刀向右平抹。此刀取敵之下盤，小腿、足踝（圖5-4-97）。

圖 5-4-97

（四十）白馬剪蹄

接上述動作（撤左步，右手刀從下向右平抹）。繼續向右上、向左下方砍出，左手斜伸左上方，掌心朝下；重心移至左腳一邊，成右半仆步（圖5-4-98）。起重心，左腳向右腳右前方蓋跳步，右腳起跳，向右前方跳步；右手刀向右斜上方崩刀；左腳落地虛提；右手向回拉刀，左手

圖 5-4-98

圖 5-4-99

圖 5-4-100

回護右肩處（圖 5-4-99）。右腳向前落地，向前弓步刺刀，左手立掌平伸左後方，面向西南（圖 5-4-100）。

（四十一）攜琴訪友

向左後回轉身；右手刀隨身轉向上擺刀架於頭上；左

圖 5-4-101

圖 5-4-102

手從左後向上、向右、向下，護於右肩內側；左腳虛提右腳前，目視前方（圖5-4-101）。左腳前趨，重心移至左腳，屈膝，右腳向左腳前上步，成虛步；左手向上架，右手刀隨左手及右腳從右腿外側向前下方斜插刀，刀刃朝上，刀尖朝前斜下方；刀盤高於右膝，手心在上；目視刀尖，面向北（圖5-4-102）。

第 七 段

(四十二) 龍女捧珠

重心前移，左腳向右腳後倒步，右腳迅速前提；右手刀從下向右、向上圈刀，再迅速前劈；左手下落扶住右腕，刀柄靠左膝，刀尖朝斜上方，指向對手（圖5-4-103）。

圖 5-4-103

圖 5-4-104

（四十三）蜻蜓點水

　　右腳前落；右手刀向前上方點刀，左手護於右腕；重心前移，蹲身上左步，右手向回拉刀；上右提膝步；右手刀向前上方點刀（圖 5-4-104）。

（四十四）黃龍偷心

　　落右步，上左步；用刀背向右下掛刀；重心前移，右腳向左腿後倒行；右手刀經下，向右、向上、向左下方壓刀，左手仍護於右腕處（圖 5-4-105）。上左弓步，左轉身；右手刀向前突刺，左手平伸左後方（圖 5-4-106）。

圖 5-4-105

圖 5-4-106

(四十五)雄雞上嶺

左腳向左移步,右腳向左腳前提膝繞步;右手刀向下、向左外轉環,再向上、向前下外剪腕(圖 5-4-107)。落右腳上左步,右腳緊跟,提於左膝內側,雞行步;右手向前點刀,左手護於右腕(圖 5-4-108)。

圖 5-4-107

圖 5-4-108

圖 5-4-109

圖 5-4-110

(四十六)斜提出鞘

右腳前落；右手向外翻刀，手心朝上，向下、向回用刀背向右腿外側掛刀，刀繼續向後、向上；右轉身，左腳經右腳前向右腳後落蓋步；右手刀繼續向下，貼左腿外側，斜提刀，左手扶住右腕（圖 5-4-109）。右手刀繼續向右，用刀刃向右方反撩陰刀；蹲身成左龍行步；刀刃朝上，刀尖高與胸齊，左掌掌輪朝上，掌心朝後，平伸左後方；眼視刀尖（圖 5-4-110）。

第八段

(四十七)圈刀法

重心稍起，左腳向左側移步，上右步；右手刀向下、向左、向上、向右、向下用手腕圈刀；左手自然立掌平伸左後方；目視刀尖（圖 5-4-111）。

圖 5-4-111

(四十八) 帶還刀法

重心前移；右手刀用刀背向回帶刀，向前長身；右手刀用刀刃向前上撩刀；左手立掌平伸左後方（圖 5-4-112）。

(四十九) 提撩刀

上左步；右手刀由上向左後方掛刀，左手護於右腕（圖 5-4-113）。上右跳步，直身站立，左腿高提膝；右手刀從左後方向下、向前提撩刀，右手經右耳側高舉過頭頂，右手刀裏

圖 5-4-112

圖 5-4-113

圖 5-4-114

轉腕，刀尖向下落，刀刃朝後，成背刀勢；左手立掌，護於右肩內側；目視前方（圖5-4-114）。

（五十）十字披紅

落左步，重心下降，左轉身；右手刀向左側斜下方劈下，左手在右臂裏側（圖5-4-115）。繼續向左後上方掄刀；上右步，右轉身；右手刀從左上方向右側斜下方劈出；左掌斜伸左側，手心朝上（圖5-4-116）。

圖 5-4-115

圖 5-4-116　　　　　　　　圖 5-4-117

（五十一）夜叉探海

上左弓步，右側身；右手刀從右後向上，經頭頂，身體前傾，向前下方紮刀，刀刃朝上，刀尖斜朝下，左手護右腕（圖5-4-117）。

（五十二）左剪腕

重心後移至右腳，左腳提於右腳內側，成左丁步；右手刀向後反劈，左手護於胸前（圖5-4-118）。左手由上向右落下，向左、平伸左後方；同時，左腳向左前上步，再上右提膝步；右手刀從

圖 5-4-118

右側下方向前，外剪腕點刺刀（圖5-4-119）。

(五十三)鷹翻旋肚

重心前移，左腳向右腿後（右前方）倒行；右手刀下轉環，向裏（右）、向上撩刀，左手平伸左方（圖5-4-120）。右腳向前提步；右手刀由上向下劈拉刀，左手護住

圖5-4-119

圖5-4-120

<table>
<tr><td>圖 5-4-121</td><td>圖 5-4-122</td></tr>
</table>

圖 5-4-121　　　　　　　圖 5-4-122

右腕（圖5-4-121）。右腳落
弓步；右手刀向前紮出，左手
平伸左後方（圖5-4-122）。

（五十四）撕撩刀

左轉身，左手扶右腕，右
手刀向左、向上、向右下圈
壓，再繼續向左斜上方撕拉刀
（圖5-4-123）。上動不停。

圖 5-4-123

右手緊接撩刀；左弓步；刀尖
朝上方，左手護右腕，停於左耳外側，右轉頭；目視右方
（圖5-4-124）。

收勢

右轉身，右手刀向右上搖刀（圖5-4-125）。上動不
停。再下拉刀，刀柄收於右肋，刀尖朝胸前；右弓步；左

圖 5-4-124

圖 5-4-125

手接刀，眼看刀柄（圖 5-4-126）。左手抱刀，向左掄
擺，抱於左腰間，刀刃朝前，刀尖斜朝後方；右腿直立，
左腳高丁步，置於右腳前；右手從右向前抖腕亮掌，撐於
頭右斜上方，頭左轉；目視左方（圖 5-4-127）。右轉

圖 5-4-126

圖 5-4-127

圖 5-4-128　　　　　　圖 5-4-129

頭，目轉向前，左腳轉正；右手從前上向下慢慢按掌（圖
5-4-128）。右腳與左腳併步，右手鬆垂右腿外側；目平視
前方（圖5-4-129）。

第五節　通背四路拆刀動作名稱及技術圖解

一、動作名稱

第一路

預備勢
托天勢
入海勢

（一）藏刀勢（直立）　　（二）七星勢

（三）青龍出水　　（四）龍女捧珠

（五）日繞山尖　　（六）浮雲起落

（七）壓刀勢　　（八）猛虎爬山

（九）肋下點鋼錐　　（十）倒行腕圈刀

（十一）蓋步大圈刀　　（十二）攜琴訪友

（十三）提撩刀　　（十四）打馬抽鞭

（十五）虛步藏刀

第二路

（十六）轟雷暗發

（十七）閃展步底撩刀

（十八）圈壓刀　黃龍偷心

（十九）鷹翻旋肚（轉環提撩刀法）

（二十）轆轤斜肩

（二十一）摘星刀

（二十二）橫刀法

（二十三）拗步紮刀

（二十四）剁手刀

（二十五）斜撩刀

（二十六）跨虎蹬山

（二十七）三角刀法（斜劈、橫掃、斜撩）

（二十八）龍女翻身捧珠（右）

第三路

（二十九）十字披紅（劈刀）

（三十）提撩刀（跳步）

（三十一）似蛇塌地

（三十二）閉門鐵扇進步、（跳步二勢，螃蟹步）

（三十三）閉門鐵扇退步

（三十四）連珠箭

（三十五）擊步、刺刀

（三十六）白馬剪蹄

（三十七）底托旋刀

（三十八）搖刀勢（搖旗勢）

（三十九）子午封刀

（四十）閃身弓步斜刺刀

（四十一）龍女捧珠（底崩刀）

第四路

（四十二）闖刀（二勢）

（四十三）雄雞上嶺（二勢）

（四十四）斧劈山門（二分開、左右）

（四十五）獅子搖頭龍擺尾

（四十六）底掛上點刀（蜻蜓點水，環形三勢）

（四十七）龍女捧珠

（四十八）刺虎勢

（四十九）雙插花（掛刀）

（五十）夜叉探海

（五十一）怪蟒翻身

（五十二）風攪雪

（五十三）撕撩刀

（五十四）直立藏刀勢

收勢

二、技術圖解

第一路

預備勢

兩腳併步站立；左手抱刀，自然垂於體側；右手五指併攏鬆垂體側；目平視前方（圖 5-5-1）。

托天勢

左轉頭；左手抱刀上提，刀盤至腰間，刀尖向左後外傾斜；右手同步上提至右腰間（圖 5-5-2）。右手從下向右前方 45°角直臂仰掌，向上緩慢托起過頭頂，同時緩慢

圖 5-5-1

圖 5-5-2

<table>
<tr><td>圖 5-5-3</td><td>圖 5-5-4</td></tr>
</table>

深吸一口氣；目隨右手（圖 5-5-3）。

入海勢

目轉視前方；右手變俯掌，由頭頂下蓋（有灌頂之意）（圖 5-5-4）。右手緩緩經身前下按至丹田處，用鼻慢慢長呼出一口氣（圖 5-5-5）。

（一）直立藏刀勢

左轉頭；目視左方（圖 5-5-6）。右腳向右橫跨一小步，右轉身；左手抱刀，由前向左平掄刀柄至右腰間，右手也轉至右腰間；目視刀柄（圖 5-5-7）。右手接刀，刀下垂藏於右腿側；左轉身，左腳與右腳併成丁字步；左手立掌，向左側平推掌，掌心朝左；轉頭，目視左方（圖 5-5-8）。

圖 5-5-5

圖 5-5-6

圖 5-5-7

圖 5-5-8

（二）七星勢

左腳向右腳後倒插步，左翻身，左手向上、向後反

圖 5-5-9

圖 5-5-10

抒,左手刀由下向前、向上撩掛刀(圖 5-5-9)。左手由後從腰間向前俯掌,從右手臂下向前穿出(圖 5-5-10)。右手刀在左肩處立刀時,右腳向前跨步,成弓步;左手翻掌向左平展,右手刀由左向前、向右橫抹斬,兩手臂在身前成90°角,右手刀尖斜指左前方(圖 5-5-11)。

圖 5-5-11

(三)青龍出水

左腳向右腳後上半步;右手刀刀尖向下,刀柄朝上,向左外掛刀,左手護於右腕處(圖 5-5-12)。右手刀繼續由左向上、向前、向下迅速劈刀;左腿屈膝下蹲,右腳虛

圖 5-5-12

圖 5-5-13

提；刀柄在左膝前，刀
尖朝前（圖 5-5-
13）。右腳向前跨步成
弓步；右手刀向前刺
刀，刀刃朝下，左手立
掌（掌輪朝下）向後平
伸，手與刀對稱（圖
5-5-14）。

（四）龍女捧珠

圖 5-5-14

重心後移，右腳向
左腳後撤步；左手由後向上、向前下扶住右腕；右手沉臂
猛立腕，刀尖上崩，刀身斜立朝前，刀柄在左膝前方；腳
成龍行步，目視前方（圖 5-5-15）。

圖 5-5-15

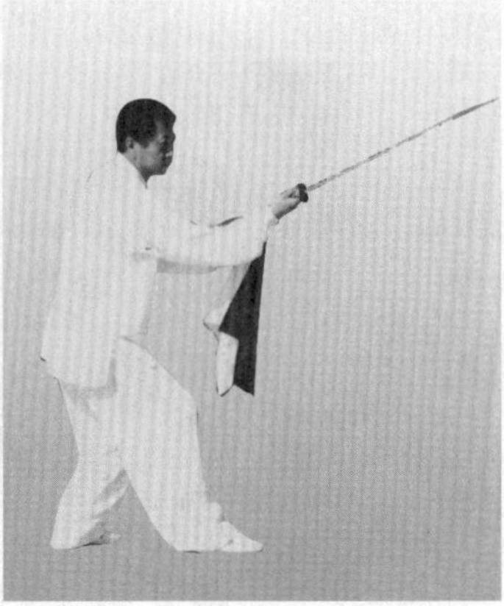

圖 5-5-16

(五)日繞山尖

圖 5-5-17

左腳向左前方上步，右腳緊接著向左腳前提膝步，左側身；右手刀向腹部回收後，再向前上方平指紮刀（指敵右太陽穴），刀身平斜，刀刃朝左，刀尖高與眉齊（圖 5-5-16）。右腳向右上閃展，左腳隨後右閃，落右腳後成右三七步；同時，右手刀向下、向右轉環，向前上方指紮刀（指敵左太陽穴），刀刃朝右，左轉身，左手平伸身後；目視刀尖（圖 5-5-17）。

(六)浮雲起落

左腳向右閃跳，右腳隨之左閃，蹲身成右丁字步；同時，右手刀向下，坐腕斜立刀向左旋刀（旋敵腕），刀柄止於左肩處，刀身直立，刀刃朝左後，刀尖朝上；左轉身，左手護於右腕處；目視右前方（東北）（圖5-5-18）。

(七)壓刀勢

右轉身，向右前方落右步，左腳迅速跟進半步，蹲身成右提膝步；右手刀由左向右前下方壓刀（力點在刀身下部），刀柄在右膝外前方，刀尖朝右前方；左手立掌，平伸左後上方（圖5-5-19）。右腳向右前方跨步，成右弓步；右手刀向前刺刀，左手臂平伸身後（圖5-5-20）。左腳向右腳後倒行；右手刀向外、向上（外上）圈刀後再向

圖 5-5-18

圖 5-5-19

圖 5-5-20　　　　　　　　圖 5-5-21

左下壓刀；左手護於右肩內側，成右提膝步，刀尖朝左前
方（圖 5-5-21）。

（八）猛虎爬山

　　右腿上提，左腿半蹲；右
手刀迅速上崩掛刀，微屈右
臂，裹肩，肘在前，刀尖朝後
上；左手護於襠前（圖 5-5-
22）。左腳蹬地，右腿向前跨
跳步；右手刀向前下劈刀；右
腳落地，左腳跟進，落右腳後
面，成三七步；左手護於右肩
內側（圖 5-5-23）。

　　右手迅速向右上崩掛刀，
動作同上述，只是右腳虛提

圖 5-5-22

（圖5-5-24）。左腳蹬地，右腳向前跨跳步，向前下劈刀，動作同上述（圖5-5-25）。

　　右手迅速向上崩掛刀，動作同上述（圖5-5-26）。左腳蹬地，右腳向前跨跳步，右手向前下劈刀，動作同上所

圖5-5-23

圖5-5-24

圖5-5-25

圖5-5-26

述，只是左腳跟進後成右提膝步（圖5-5-27）。

（九）肋下點鋼錐

接上勢。右腳向前跨弓步；右手刀向前突刺，左手平伸身後，目視前方（圖5-5-28）。

（十）倒行腕圈刀

左腳向右腿後倒行；右手

圖5-5-27

刀向下、向右、向上、向左、向下用腕部轉動圈刀（圖5-5-29）。右腳向右開步，右手刀再圈一次（圖5-5-30）。左腳向右腳後再倒行，右手刀再圈一次（圖5-5-31）。當圈到左側時向右上弓步，右轉身；右手刀內轉腕，向前平斬刀（面北），左手仍在後平伸（圖5-5-32）。

圖5-5-28

祁家通背拳

圖 5-5-29　　　　　　圖 5-5-30

圖 5-5-31

圖 5-5-32

（十一）蓋步大圈刀

　　重心後移左腳，右腳向左前方繞步；右手握刀，直臂向下、向左、向上、向右大圈刀；左手由後向前、向上，

圖 5-5-33　　　　　　　　圖 5-5-34

從右肘彎處向下、向左圈動，與右手刀配合（圖 5-5-33）。左腳向左前方上步；右手刀再圈一次，左手圈攔配合（圖 5-5-34）。右腳向右前方上步；右手繼續圈刀，左手圈攔配合，當圈至前上時，外翻腕繼續向右、向下圈刀，左手扶住右腕（圖 5-5-35）。

(十二) 攜琴訪友

接上勢。當右手刀圈至下方時，上右步，在前虛提，左腿屈膝下蹲；右手刀向前斜下方反紮，刀刃朝上，刃尖朝前下方；左手微屈臂，仰掌，伸於左側後斜上方（圖 5-5-36）。

(十三) 提撩刀

右腳向前落步，上左五五步；右手刀向前、向上提撩（圖 5-5-37）。再向左、向前下底撩，刀刃朝上，左手扶

圖 5-5-35

圖 5-3-36

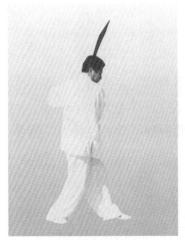

圖 5-5-37

圖 5-5-38

於右腕下，右手刀外翻腕，刀背朝上；上右提膝步；右手刀向上、向後崩掛（圖 5-5-38）。立即向前點刀，左手由

下向後平展（圖5-5-
39）。

（十四）打馬抽鞭

重心前移，上左步；
右手刀向右下方反掛，右
手刀繼續由右下向後、向
上舉，刀刃朝前，左手在
頭頂護於右腕處；左腿屈
膝下蹲，右腳並於左腳內
側成丁字步，右轉身；右

圖5-5-39

手刀向右身後斜下方掃，左手仰掌斜舉左上方；左歪身，
右轉頭，目視刀尖（圖5-5-40）。

（十五）虛步藏刀

右手刀立刀，刀尖朝下，用刀背向左外掛刀（圖5-5-
41）。迅速向前劈刀（圖5-5-42）。右腳向前跨弓步；右
手刀向前突刺，左手立掌，自然對稱平伸於左後方（圖5-

圖5-5-40

祁家通背拳

5-43）。突然向左後轉身135°，重心落右腳，左腳虛提於右腳前；右手內轉腕，刀身隨身左轉，後拉刀，刀尖朝前，藏於右腿側；左手突屈腕上挑成立掌，直臂朝前；目視前方（圖5-5-44）。

圖 5-5-41

圖 5-5-42

圖 5-5-43

圖 5-5-44

第二路

(十六)轟雷暗發

重心前移，右腳向左腳內側上扣步，同時突然整個身體左旋身 180°，左側身，右腳在前，左腳在後成右弓步；右手刀隨轉身向前闖犂刀，刀刃朝下，刀尖斜朝前上，刀柄在右膝前，左手平伸身後斜上方；目視前方（圖 5-5-45）。

(十七)閃展步底撩刀

左腳向左前方閃展上扣步，右腳向左腳後閃落成左弓步；同時，右手刀內翻腕，刀刃在前，刀尖向左、向下、再向前底撩，刀尖斜朝前下方，左手扶住右腕下；目視刀尖（面向西南）（圖 5-5-46）。

圖 5-5-45

圖 5-5-46

（十八）圈壓刀黃龍偷心

左腳向左前方移步，右腳向左腳前上步；右手刀外翻腕，由下向左、向上、向右圈壓（圖 5-5-47）。同時左側身，腰胯向左挺，空後腰；右手刀向前連壓帶推、帶紮，左手仰掌平伸左後方；目視刀尖方向（圖 5-5-48）。

圖 5-5-47

圖 5-5-48

(十九)鷹翻旋肚（轉環提撩刀）

左腳從右腳後向前倒行，左側身，空前腰、胸；右手刀向下、向右轉環，刀刃朝上提撩（圖 5-5-49）。上右步，左腿微屈，左腳向右腳後跟步，下蹲，右腳提膝步；

圖 5-5-49

圖 5-5-50　　　　　　　圖 5-5-51

右手刀外翻腕，由上向下劈，左手在腹前右肘彎內側，刀尖朝前；身朝東，轉頭目視右方（圖5-5-50）。右腳向前跨弓步；右手刀向前突刺，左手對稱平伸左後方（圖5-5-51）。

（二十）轆轤斜肩

左側身，頭不動；右手刀向下、向左掛，向上、向前掄劈；同時，左腳向右腳前提膝上步；左手從後向下在裏側與右臂交叉後向前、向上、向左後掄臂配合（似同拳中大鵬展翅）（圖5-5-52、53）。上右步，上述動作再做一次（圖5-5-54）。

圖5-5-52

圖5-5-53

圖 5-5-54

（二十一）摘星刀

接上述動作。右手刀繼續向下掄掛到左側，左手由左
向下（圖5-5-55）。掄圈到右前時，左腳向前左方上步，
右腳前提，向左搖胯，右轉
身；右手刀外翻腕，手心朝
上，向上、向前下用刀背向右
外下方裂壓；同時，左手從右
手腕底下穿出，掌心斜朝上，
向左上方斜挑（兩手有撕張
力），空胸緊背，兩手均微
屈；右轉頭；目視右下方（圖
5-5-56）。頭左轉，目左視；
右腳向前落五五步；右手刀向
左斜上方掃刀，刀柄停在左耳

圖 5-5-55

圖 5-5-56

圖 5-5-57

斜上方，刀尖朝左斜上方，
刀刃朝左，左掌扶於右腕內
側（圖 5-5-57）。

（二十二）橫刀法

圖 5-5-58

右腳向前微偏右上弓
步；左手按住右腕，右手握
緊刀，沉肩墜肘，挺腕，刀
由左上向右偏下橫抹，用身
力走剛意，力點由刀身向刀
尖滑動，刀尖朝前；目視刀
尖（圖 5-5-58）。

（二十三）拗步紮刀

左腳向前上五五步；右手刀向前平紮，刀刃朝右，左

手仍按住右腕（圖 5-5-59）。

（二十四）剿手刀

右手刀外轉腕，刀刃尖向右、向下、向左、向上剿旋
（圖 5-5-60）。左手撤至左身後；重心後移，右腳向後蹬
地，左腳向左後跳躍，右腳跟跳，落成右丁字步；同時右

圖 5-5-59

圖 5-5-60

手刀繼續向上、向後剜刀，刀
柄停左耳側，刀尖朝上，刀刃
朝後，左手合於右腕裏側；左
轉身，右轉頭，目視右方
（南）（圖5-5-61）。

（二十五）斜撩刀

右腳向前落步，左側身；
左手推右腕，右手刀由上向左
後、向下、向右前上方斜撩，
左手斜伸左後下方（圖5-5-
62）。

（二十六）跨虎蹬山

右轉身，右腳尖外展，成半歇步；右手刀繼續向上，

圖 5-5-61

圖 5-5-62

圖 5-5-63　　　　　　　　圖 5-5-64

隨後，鬆腕舉臂，刀尖後落，成背刀勢（圖 5-5-63）。左手向左側平展，左腳向左側前側蹬踹（圖 5-5-64）。

（二十七）三角刀法（斜劈、橫掃、斜撩）

向前落左腳（圖 5-5-65）。左弓步；右手刀由上向左斜下劈，刀柄落左膝前外側，刀尖斜朝前右，左手在右手上方（圖 5-5-66）。上右步，併於左腳側，全蹲身；右手內轉腕，刀向右平掃，左手向左平展（圖 5-5-67）。右腳前行落虎步；右手刀由下向前上方斜撩，左手扶住右腕，刀柄過頭，刀刃朝上，刀尖斜

圖 5-5-65

圖 5-5-66　　　　　　　　圖 5-5-67

朝前上方（圖 5-5-68）。左腳跟落半步，右提膝步；右手內轉腕，刀由上向下直劈，左手臂斜揚左後方（圖 5-5-69）。右腳前踏，成右弓步；右手刀向前突刺，左手向後平伸（圖 5-5-70）。

圖 5-5-68　　　　　　　　圖 5-5-69

圖 5-5-70

（二十八）龍女翻身捧珠（右）

上左步，右轉身；右臂上舉刀，順其步平架刀，左手從下向上護於右肩內側（圖 5-5-71）。從右向後翻身 180°；右手刀由上向後隨身翻劈（圖 5-5-72）。外翻腕，刀從右

圖 5-5-71

圖 5-5-72

側下掛後，由右後向上、向前斜抱刀；右腳尖外展，蹲身成龍行步；刀柄在右膝外側，刀尖斜指前上方，高不過眉，刀刃斜朝右下方；目視刀尖前方向（圖5-5-73）。

圖5-5-73

第 三 路

(二十九)十字披紅（劈刀）

右腳向右前方斜上步，左腳隨之外閃於右腳後成五五步，左轉身；右手刀從右上向左斜下方劈出，刀柄落於左腰，刀刃朝左後，刀尖朝下；目視前方（圖5-5-74）。左腳向左前方閃步，右轉身；右手刀由左下向後、向上、向右斜下方劈出；同時上右步，提於左腳前；左手與右手分開，向左前上方仰掌斜挑（圖5-5-75）。

圖5-5-74

圖5-5-75

圖 5-5-76

圖 5-5-77

(三十)提撩刀(跳步)

重心前移，成虎步；右手
刀向左斜上反撩刀，左手護於
右前臂上（圖5-5-76）。左
腳向前上方跳步，右腳蹬地向
上跳起；在空中裏轉腕，刀由
上向左後、向下、再向上提
撩，左手舒展左後方（圖5-
5-77）。左腳落地，右腳隨之
前落，提膝下蹲；刀由上向下

圖 5-5-78

劈出，刀柄落左膝前，刀尖朝前；左手由後向上、向前、
向下扶住右腕（圖5-5-78）。

圖 5-5-79　　　　　　　圖 5-5-80

（三十一）似蛇塌地

　　右腳向前跨成右弓步；右
手刀向前突刺，左手立掌平展
左後方（圖 5-5-79）。重心
後移，左腿下蹲，右腿仆地，
成仆步；右手刀隨之向後、向
下拉刀，刀柄在襠前，刀刃在
下，刀尖朝前，刀身稍離地
面；左手撐護在右肩內側（圖
5-5-80）。

圖 5-5-81

（三十二）閉門鐵扇進步（二勢）

　　重心仆地前移，左側身，左腳向右腳前右方蓋跳步，
右腳向右前方起跳（螃蟹步）；右手刀由下向前右上方崩
刀，左手向後平展（圖 5-5-81）。左腳落地，右腳前落，

圖 5-5-82　　　　　　　圖 5-5-83

提膝下蹲；右手刀向下劈出，左手由後向前護在右肩內側
（圖 5-5-82）。上面動作再做一次。右腳向前跨弓步，右
手刀向前突刺（面向東北方向），左手立掌平展左後方
（圖 5-5-83）。

（三十三）閉門鐵扇退步

重心後移成半仆步；右手
向下拉刀，左手護在右肩內側
（圖 5-5-84）。左側身，右
腳由左腳前向左後方蓋跳步，
左腳向左後方蹬跳；右手刀由
下向上，邊撤邊向上崩刀，左
手屈臂俯掌隨在胸前（圖 5-
5-85）。右腳落地，左腳隨之
左落；右手刀下劈，左手護在

圖 5-5-84

祁家通背拳

右肩內側（圖 5-5-86）。右手刀向前右弓步刺刀，左手立掌平展左後方，朝東北方向（圖 5-5-87）。

圖 5-5-85

圖 5-5-86

圖 5-5-87

(三十四) 連珠箭

重心後移，左腿下蹲，右腳提於左腳內側成丁字步；右手向下拉刀，然後向上翻腕，將刀柄平拉於左腰側，左側身，刀身平放，刀尖平指右前方，左手扶住右腕；目視右方（偏北方向）（圖 5-5-88）。右腳向左前方上步，向前閃身；右手刀向右方平桀刀，左手立掌平展左側（圖 5-5-89）。左腳虛提右腳內側成丁步；右手刀平拉回左腰間，左手扶住右腕；目仍視右方（圖 5-5-90）。左腳向右前上扣步，向前閃身；右手刀向右平桀，左手立掌平展左後方（圖 5-5-91）。右腳虛提左腳內側，成丁步；右手刀平拉回左腰間，左手回扶右腕；目仍視右方（東北方向）（圖 5-5-92）。

圖 5-5-88

圖 5-5-89

圖 5-5-90

圖 5-5-91　　　　　　　　　圖 5-5-92

(三十五)擊步刺刀

　　上身、刀、手不動；右腳向右上步，左腳跟擊右腳，右腳向右平跳步，左腳碰右腳後先落，右腳隨之前落（圖 5-5-93）。上述擊步動作連續再做一次後，右腳向右跨弓步；右手刀向右上指引犁刀，左掌平展左後方（圖 5-5-94）。

圖 5-5-93　　　　　　　　　圖 5-5-94

圖 5-5-95　　　　　　　　圖 5-5-96

(三十六) 白馬剪蹄

接上述動作。重心微後移，右腿下仆步；右手刀由上向下轉環，刀刃朝右，貼地面向右下砍刀，左手仰掌斜伸左後上方；目視刀尖（圖 5-5-95）。

(三十七) 底托旋刀

重心前移，右腿向前弓起；右手刀由下向上底托，左手推右腕；左腳向左前方上弓步；同時，右手刀外旋，刀尖由下向上、向右、向前下旋拉刀，刀刃朝前左，刀尖朝東北下方；左手按住右腕；目視刀尖方向（圖 5-5-96）。注意底托與旋刀要同時進行。旋刀要用身力。

(三十八) 搖刀勢（搖旗勢）

右轉身，轉頭；右手刀尖向上、向右、向裏、向左、

圖 5-5-97

圖 5-5-98

向前搖刀（上圈掛），刀柄在頭前右側，刀身立起，刀尖在上畫圓（圖 5-5-97）。右轉身，高虛步；右手刀由上向右平掃，左手俯掌向左平展（圖 5-5-98）。

（三十九）子午封刀

圖 5-5-99

右腳向右後閃展，左腳隨之右閃於右腳後側，蹲身成龍行步，左轉身；右手刀由上向下劈刀，右手刀柄在右膝前，右膝內側，刀尖朝前，左手上護於右肩內側；目視前方（圖 5-5-99）。

（四十）閃身弓步斜刺刀

重心前移，左腳向左閃身橫跨弓步；右手刀向右方斜

圖 5-5-100

刺刀，左手立掌平展於左後方；目視刀尖（圖 5-5-100）。

（四十一）龍女捧珠（底崩刀）

右腳向左腳後倒步，成左龍行步；右手向下坐腕，用刀尖向上崩刀，刀身斜朝前上方，刀柄在左膝前，左手由上向前下，按住右腕；目視刀尖前方（圖 5-5-101）。

第 四 路

（四十二）闖刀

重心前移，右腳向前沖步，左腳蹬催，成弓步；左手推右手刀，向前錯闖刺刀（刀刃朝下，刀身斜朝前上方，似

圖 5-5-101

圖 5-5-102

圖 5-5-103

槍中闖槍）（圖5-5-102）。左腳向右腳後墊半步，右腳虛提；左手扶右腕，右手刀向懷中裏擠，刀身在中線旋轉，刀刃朝左，微上斜，刀尖朝前（圖5-5-103）。左腳催右腳前沖，成右弓步；右

圖 5-5-104

手刀向前滾刺；沉肩墜肘，氣沉丹田，腳仍落五五步；左手立掌平伸左後方（圖5-5-104）。

（四十三）雄雞上嶺

右手刀向下拉刀；重心前移，上左步，左腿半蹲，右

腳緊隨，高提於左膝
內側（寒雞步）；右
手刀向前點刀（圖
5-5-105）。右腳前
落，重心前移；右手
刀向下拉刀；上左
步，右腳緊隨右膝高
提，右腳高提於左膝
內側，右手刀向前點
刀（重複一勢）。

圖 5-5-105

（四十四）斧劈山門（兩分開）

　　右腳向左前落步；右手刀在前，由上向下、向左（圖
5-5-106）。再向上、向右下圈劈；同時右轉身，左腳向左
前方閃展，右腳虛提左腳前（圖5-5-107）。右腳前落弓

圖 5-5-106

圖 5-5-107

祁家通背拳

圖 5-5-108

圖 5-5-109

步；右手刀向前突刺，左手立掌平伸左後方（圖 5-5-108）。右腳外碾，左旋身，左腳向右腳後外閃，右手刀向下、向右、向上底圈刀，即裏轉環刀，再向左畫弧劈出；腳落三七步；右手刀柄停於左膝

圖 5-5-110

前，刀尖斜朝前下；左手由後向上、向下護於右肩內側；目視前方（圖 5-5-109）。右腳向前跨步，成弓步；右手刀向前突刺，左手立掌平伸左後方（圖 5-5-110）。

(四十五)獅子搖頭

左腳向右腳右前側倒行步；右手向下、向右轉環（圖 5-5-111）。再用刀背向左崩刀尺餘（圖 5-5-112）。上右虎步；右手刀向右前方平斬（圖 5-5-113）。上左五五步；右手刀翻腕向裏合斬刀，左手由左向前合扣右腕；目

圖 5-5-111

圖 5-5-112

圖 5-5-113

圖 5-5-114

視刀尖（圖5-5-114）。

身微右領，撤左步；左手扶右腕，搖動腰身，用刀尖向右掃刀（圖5-5-115）。撤右步，搖身向左掃刀（圖5-5-116）。撤左步；向右下帶刀（圖5-5-117）。撤右步；右手刀由右向後掄刀，左手前伸，左搖身，右手刀向前點刀，左手伸於左後方（圖5-5-118）。

圖 5-5-115

圖 5-5-116

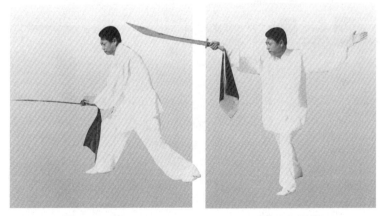

圖 5-5-117

圖 5-5-118

(四十六)底掛上點刀（蜻蜓點水）

左腳向左閃步，右轉身，向左搖胯，右腳繞步左腳前，側摘左胯，空下身；右手刀用刀背向下掛（注意刀刃先行，刀身微斜，力點在刀背），左手心斜朝上伸於左側上方；目視刀（圖5-5-119）。左腳向右腳前上扣步，轉向120°；右手刀由後向上、向前掄點刀，左手由上向前、向下、向後掄劈配合；目視刀尖（圖5-5-120）。上述動作再連續做兩次，各轉向120°，整個動作成圓形軌跡（圖5-5-121、圖5-5-122、圖5-5-123、圖5-5-124）。

圖 5-5-119

圖 5-5-120

圖 5-5-121

圖 5-5-122　　　　　　　圖 5-5-123

圖 5-5-124

（四十七）龍女捧珠

接上述動作。右腳向後跳步，重心後移，左腳向右腳
後倒步；右手刀外翻腕，向右下掛刀，再向上、向前、向

後抱刀；兩腿下蹲成右龍行步，右側身；右手刀柄在右膝外側，刀刃斜朝外，刀尖斜指前上方，左手扶住右腕，目視前方（圖 5-5-125）。

(四十八)刺虎勢

左腳向左前方閃步，成弓步，左歪身；右手刀，向前上方滾刺，刀刃朝下；左手立掌伸於左後下方，與右臂成斜線；目視刀尖（圖 5-5-126）。

(四十九)雙插花（左右掛刀）

重心後移，左腳回撤提於右腳前，摘左胯，左轉身；右手刀用刀背先行，向左下方掛刀，左手扶住右肘彎；目隨刀（圖 5-5-127）。向前落左腳，右手刀繼續向後、向上、向前掛，右轉身；右手刀由上繼續向前、向右下掛刀，左手伸於左斜上方；目視刀尖（圖 5-5-128）。

圖 5-5-125　　　　　　　圖 5-5-126

圖 5-5-127

圖 5-5-128

(五十) 夜叉探海

上左步，落弓步；同時，右手刀從右下向上、向前下方反紮刀，右臂在頭右上側，刀刃朝上，刀尖斜朝前下方，左歪身，左手扶住右腕；目視刀尖（圖 5-5-129）。

圖 5-5-129

(五十一) 怪蟒翻身

右手刀不動；整個腰身及右腿以腰為軸向右、向上、再向左、向下翻身（圖 5-5-130、圖 5-5-131）。翻身後，右手刀向前突刺，左手平伸左後方（圖 5-5-132）。

圖 5-5-130　　　　　　　圖 5-5-131

圖 5-5-132

（五十二）風攬雪

左腳向前上扣步；右手刀向左平掃並翻刀，刀柄停於左腰，刀刃朝外，刀尖向後，左手在右臂上平護於右肩處（圖 5-5-133）。右旋身；右手刀隨身右旋向右平掃，左手亦向左平展，轉身 180°；目視前方（圖 5-5-134）。右腳向左腳後倒行，身繼續右旋；右手外翻腕，刀身下垂，右手舉過頭，刀身從後腦、後背，向左、再向下畫掛，左手護於右腋外側；身朝東（圖 5-5-135）。左腳向右上扣步，繼續右旋身，以左腳掌為軸，右膝提起，右手刀尖朝下立刀，刀刃前行，隨身旋在右腿

圖 5-5-133

圖 5-5-134

圖 5-5-135

圖 5-5-136

圖 5-5-136 附圖

外側，快速旋畫，整個身、刀
一起旋轉 360°（圖 5-5-136、
圖 5-5-136 附圖）。旋轉後，
右腳落弓步；右手刀下壓，拉
藏於右腿外側，右側身，左手
立掌，向右前方平推，成弓步
藏刀勢（圖 5-5-137）。

圖 5-5-137

（五十三）撕撩刀

右手刀向前底托，左手扶
住右腕（圖 5-5-138）。然後迅速外翻右腕，刀身向上、
向右、向下旋刀；重心左移，成左弓步；右手刀向左下方
撕拉（圖 5-5-139）。左轉身，再向左斜上方撩起，刀柄
停於左耳外側，刀尖朝上，刀刃朝左後，左手扶住右腕；
右轉頭，目視右前方（東南）（圖 5-5-140）。

圖 5-5-138

圖 5-5-139

圖 5-5-140

圖 5-5-141

（五十四）直立藏刀勢

　　右手刀向右搖刀（圖 5-5-141），外掛後刀下畫；換右弓步，右撑身；刀柄置於右腰間（圖 5-5-142）。起身，左丁步站立；刀尖朝下，藏於右腿外側，刀柄貼於右

圖 5-5-142

圖 5-5-143

圖 5-5-144

圖 5-5-145

腰外側，左手立掌向左平推；左轉頭，目視左手方向（圖
5-5-143）。

收勢

右轉頭，目視前方；右手刀交於左手（圖 5-5-
144）。上左步，右腳併於左腳內側；雙臂自然下垂站立；
目視前方（圖 5-5-145）。

第六章
祁門劍

第一節　祁門劍的風格特點

一、概述

　　劍與劍術在我國傳統武術文化中，具有悠久的歷史。從有記載的《吳越春秋》「越女善劍」一說，到 21 世紀；從冷兵器戰爭的較技年代，到如今的資訊時代，劍術依然深存於廣大民眾之中，經各門各派傳人、武術家不斷的繼承、發展，形成了不同風格特點的種種劍術。屈指數來，有數十種之多。然而有一共識，即劍乃「百刃之君」「短兵之帥」。

　　隨著歲月流轉，它已不僅是短兵之利器，也是君王權位之象徵；文人雅士之佩飾，好物者之「鎮宅之寶」，強身健體者之器具；至於修心養性之人的「五車書，三尺劍，一爐香，乃此道中高明者耳。」使劍目的雖有不同，但其「劍魂」卻仍然是技擊之術。劍術雖曰小道，實藏大

道。其博大與精深，無法探其盡。

祁門劍，即通背門中劍術之一。它是在拳法的基礎上，以通背刀法、槍法及劍術的特點衍化而來，含有二十四字訣。其身法協調嚴整，龍飛鳳舞。其步法輕靈穩固，快似青煙。其手法單雙手合用，曲柔剛直。其劍法兇猛快捷，靈活多變；剛柔相濟，動靜相宜；虛實結合，奇正相生；人劍合一，劍神合一，具有很強的技擊性，又不失劍術之真美。

二、祁門劍的風格特點

（一）兇猛快捷，靈活多變

祁門劍法具有通背刀法的某些特點，身法、步法獨特，劍法不但快捷且兼兇猛，使人不敢迎其鋒。有習劍者，常認劍為「君」，而失之弱，不能戰矣。

祁門劍法雖猛，但不單以力勝。其劍法意念先導，變化多端，靈巧活潑，瀟灑飄逸。

（二）動靜相宜，剛柔相濟

祁門劍要求靜如山岳，動如雷霆，靜不露機，動如颶風捲地。動不專動，所主者靜；靜不專靜，所主者動。動靜亦無分，如一發動，劍則席捲而去，猶如秋風掃葉。

祁門劍運動過程中，蓄力、發力都要鬆緊自如，柔中有剛，剛中有柔，剛柔相濟。體態中和，神態中和，動作柔順，連續，圓活不滯。槍有逍遙戰杆，劍有魚郎問津，

皆悠悠自得之象也。切記「孤剛則折，獨柔剛廢」。

(三)虛實結合，奇正相生

祁門劍法與通背槍法、刀法、手法近似，入界之時，虛虛實實，假假真真，虛誘實擊，虛中有實，實中有虛，虛實結合，意在半路，多奇變，使敵無法測其陰陽。

古云：「刀走直線，劍走偏鋒。」祁門劍動作中，左右閃展，直行斜入，斜指中入，上指下入，下指上入，正中正、奇中奇，奇正相生。虛實奇正皆形於體，發於心，輕靈多變，開合有度，陰陽不測。

(四)人劍合一，劍神合一

劍術運動，由人體及劍形成多節連接，劍與人體連接形成一體，腿部、腰身、手臂及劍形成大三節。劍為三節之梢節，梢節一起，中節（腰身）、根節（下肢）合理齊動，意到、劍到、身到、步到、無處不到，方為人劍合一。

內在精氣神由眼神及周身的表現，要神與意合，意與體合，體與劍合。

古人云：「三合身帶劍，六合劍帶身。」祁門劍要求內外相合，周身協調嚴整，方能達人劍合一、劍神合一之藝境。

第二節　祁門劍的技術要求

一、手法及握劍方法

手，是人與劍之連接處，握劍之手及手腕合理運用是練劍的先決條件，劍術之脖頸，謂之劍把。用劍不比用刀，握劍要把活且固，手指鬆緊自如，手心空；手腕轉動靈活，翻轉隨意。

腕有直、曲、吊、扣、翻、轉、搖、挺等法，指有握、夾、螺、捲、鉗、鬆、緊等法；握法不同，有平握、直握、鉗握、提握、反握、墊握、合握等劍把。劍把不同，劍形即變，力點亦不同，劍法亦不同。

二、眼神

諺云：「眼觀六路，耳聽八方。」眼為心聲，祁門劍要求鷹目猿神，眼走劍追。對敵觀胸膛，兼顧上下左中右，視其形，洞其心，察其神情：實、躁、猛、急、貪、浮、欺、驕。斷其體動：動靜、剛柔、虛實、急緩。有效用眼、用心方能知己知彼，預則立。敵觀我時，則用自己各種眼神，虛虛實實、假假真真，引誘、欺騙、誑詐、震懾之。引上擊下，引下擊上，引左擊右，引右擊左，聲東擊西，逗引埋伏。

通背拳的「神引」「收神驚赫」即如是也。

三、身法

劍法易知，身法難求。身法乃劍術之主宰。劍法雖妙，身法板滯，則不能精矣。劍法之中，身動之形萬法也。故有「身法無定亦有定，千變萬化難形容」之說。身法的變化，以腰為中樞，協調之紐帶。腰動帶動身動，內外整動。奇正、鬆緊、側歪、偏斜、俯仰、屈伸，隨機應變，才能有劍法如同水銀泄地。

祁門劍有身似游龍、劍如飛鳳之意。運劍中進退反側、高縱低落、左右旋轉、閃展空化，均要求劍裏藏身。其主要劍法的身法仍與拳法的身法相關聯，如搖身膀趄；三尖（鼻尖、劍尖、足尖）相照；立身中正，上下一條線；身隨劍行，劍掩身形，劍法才能嚴、連、整、順、近、巧、靈、活、快、準。

四、步法

步法乃劍術運動之根基，步法不靈，身法不活，劍法必定呆板。諺云：「劍到步不到，等於瞎胡鬧。」祁門劍法輕靈穩固，快似青煙，身隨步轉，步隨身行。劍起身隨，步催，劍法方可到位。

祁門劍的步法有刀法之象，足似彈簧，飄忽不定，輕而不浮，快而不亂，隨意而動，落地生根，似彩蝶飛舞，又如風擺荷花。

其主要步法有提膝步（貓撲）、閃展步（猴閃）、跳

步（虎跳）、碾閃步（鷹翻）、墊步（喜鵲步）、倒行步（猿猴步）、繞步、龍行步（蓋步）、蝶步、丁步、弓步、半馬步、仆步、跪步等，可參照通背拳、刀的步法。

五、基本劍法

祁門劍的主要劍法有二十四字訣。

（一）崩劍

沉肩、墜肘、坐腕，用劍刃前尖部由下向上崩擊。柔中剛。

（二）劈劍

立劍用力自上而下，力點在下刃中前部，迅速絕倫。其勢剛。

（三）撩劍

立劍，用劍上刃前部左右向上撩出，撩走斜形。勢柔。

（四）掛劍

立劍，用劍脊由前向後上方或後下方順勢格開敵器。掛劍亦分左右。勢柔。

（五）點劍

提腕立劍，由上向前下點啄，有寸勁，力點在劍刃前下鋒。柔中剛。

（六）砍劍

用劍刃中部，用身力、實腕向左右橫行或斜下行，大氣磅礴，其勢甚剛。

（七）圈劍

取形以圓為法，搖腕用劍身循環不已，形成錐形軌跡，似風輪轉動，陰陽向背，變化無窮，乃祁門劍根基之一，須精心探索始臻奧境。

（八）壓劍

用劍脊或劍刃中後部，可分左、中、右壓住敵器。其勢剛。乃祁門劍根基之一。

（九）掃劍

左右抖腕，用劍尖或前部快速揮擺橫行，順人之勢，上中下三盤。其勢柔。

（十）抹劍

實腕，用劍刃左右斜橫，力點由中部向前部滑行。勢柔。

（十一）銼劍

立劍，用劍下刃向前捉錯，用劍及劍格堵截。力點由劍下刃前部向中後部滑行。勢剛。

（十二）拉劍

立劍，用劍下刃由前向後、向下刻畫，力點在前尖部。其勢柔。

（十三）剁劍

立劍，用劍刃中部向下砍，力不透底，有彈力。剁與劈有別，劈則勢大，剁則勢小。如剁餃子餡，剁到一定程度用力戛然而止。柔中剛。

（十四）捋劍

順敵之勢，用劍面（脊）向左右下方斜抹過去。走身力，有化意。勢柔。

（十五）探劍

立劍，用劍尖向前伸出，試探出劍，取其輕，為虛勢，如探海、探路。勢柔。

（十六）片劍

用劍刃中前部左右橫割，如片肉片兒。勢柔。

（十七）撲劍

用劍面（脊）向前邊撲打邊前槊，有捉拿之意。勢柔。

（十八）羅劍

網羅的意思。用劍之舞動，罩住敵身，不放彼入，亦不令彼出。勢柔。

（十九）收劍

劍由長勢變短勢，有合意，出劍如吐芯，收劍似回簧。收發自如。

（二十）提劍

腕屈提，劍由下向上提起，用劍身、劍格堵化敵劍。

（二十一）擊劍

攻擊、擊打的意思，廣義講其餘二十三字皆為擊打。

此意是用劍脊的中下部，迅速、猛烈、短促撞擊敵劍，有內力。其勢柔中剛。

（二十二）刺劍

用劍尖迅速攻敵。一般劍立者為刺，平者為槊。三尖一條線，其勢柔中剛，形簡意繁。此勢乃祁門劍根基之一。

（二十三）格劍

用劍脊走弧形，將敵劍格開，不是用刃硬截，有化

意。還有一種意思是用劍格進攻、防守。劍格不是裝飾，而是把前之盾。

（二十四）洗劍

洗者，清除之意。劍法之洗有兩重意思：一是用各種劍法形成劍幕，擾敵之精神，散敵之氣，懾其心魄。二是用劍刃順敵勢，洗敵之兵器、之手、之臉，有削意，如劍中白虎洗臉。

第三節　祁門劍動作名稱及技術圖解

一、動作名稱

第一路

預備勢

（一）仙人指路　　　　　（二）打馬抽鞭

（三）青龍出水　　　　　（四）童子抱扇

（五）金蛇狂舞　　　　　（六）獅子搖頭

（七）旋風奪位　　　　　（八）白虎洗臉

（九）鳳凰單展翅　　　　（十）龍女捧珠

第二路

（十一）海底撩陰　　　　（十二）白蛇吐信

（十三）海底撈月　　　　（十四）翻身截眉

（十五）蝶步點劍　　　　（十六）刺虎勢

（十七）橫掃千軍　　　　（十八）閉門鐵扇
（十九）十字劍　　　　　（二十）龍女捧珠

第三路

（二十一）直闖鴻門　　　（二十二）斧劈山門
（二十三）梨花擺頭　　　（二十四）烏龍擺尾
（二十五）鳳回頭　　　　（二十六）雲溜劍
（二十七）玉帶圍腰　　　（二十八）白馬剪蹄
（二十九）雄鷹展翅

第四路

（三十）前仆後撩　　　　（三十一）白虎入洞
（三十二）繞步崩撩　　　（三十三）左右龍行
（三十四）日照山尖　　　（三十五）夜叉探海
（三十六）鳳點頭　　　　（三十七）蜻蜓點水
（三十八）龍女捧珠　　　（三十九）旋風奪位
（四十）后羿射日　　　　（四十一）蛟龍翻身
（四十二）海底撈月
收勢

二、技術圖解

第 一 路

預備勢

面向南，兩腳立正站立，頭頂項領，體舒中正；左手自然垂於身體左側；右手直握劍，右前臂在右側端平，劍身豎直，劍尖向上，在右肩前與身體平行；目平視前方（圖6-1）。

（一）仙人指路

左手成劍指，屈肘，緩緩上提至腰間，手心朝上，劍指向前；當劍指達腰時，迅速左轉頭；目平視左方（圖6-2）。

圖6-1　　　　　　　　圖6-2

圖 6-3

圖 6-4

左腳向後撤步，成右小弓步；左手劍指內旋，經身前向右肩畫出，右轉身，左肘向前，左手劍指手心朝下；目平視前方（圖6-3）。左旋身135°，重心移左腳，右腳隨左腳同時碾動，左腳尖向東北方向，右腳併於左腳內側；同時，左手劍指向前、向左，隨身轉平畫，收於左肩下；右手直握劍，由右側向右前方伸

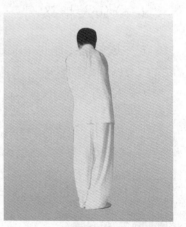

圖 6-5

臂，與左手異步，平旋左肩前；左手握住劍把下端，即雙握劍；眼隨左手環視至左方後迅速右轉平視右方（北）（圖6-4）。左轉頭，目視左前下方，同時劍尖向左前方落下，雙陰把同時向左前下方推把下紮劍；目視劍尖（圖6-5）。

迅速右轉身，甩頭，右腳稍動成高丁步；雙手握劍，輕緩向右側斜上指劍；目視劍尖方向（圖6-6）。

（二）打馬抽鞭

雙腿微屈，右轉身；雙把劍向頭右上方舉劍，左轉身，雙把由上向右後、向下、向前，用劍中前部上刃，由上向右後、向下、向前撩（圖6-7）。身繼續右

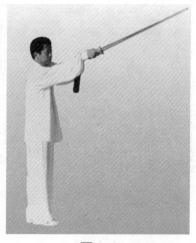

圖6-6

轉，雙把劍繼續向上、向左後外翻腕，向下、向右擰身，雙把劍向前撩，雙把提於頭右側（圖6-8）。劍繼續上撩，雙把內旋上舉劍；右腳微提，立即向下震腳，左腳前

圖6-7

圖6-8

圖 6-9　　　　　　　　圖 6-10

落五五步；雙把劍向前吊腕點劍（圖6-9）。雙把外翻，劍由前上向右下掛；同時，左腳向前上步，右腳跟提於左腳內側，蹲身成右丁步；劍尖繼續由下向上舉於頭上，迅速向右轉身，雙把劍由上向右後斜下方掃，劍脊朝上；右扭頭，回視劍尖方向（圖6-10）。

（三）青龍出水

　　左轉身，右腳向前上龍行蓋步；右把平握劍不動，左手劍指直臂前指；目視前方（圖6-11）。右腳外碾，左轉身，左腳由右腳後向前倒行步；右手劍從右側向前掄，欲至前方

圖 6-11

時，劍尖下落，右反把稍上提，向左方格劍後，立即內旋把，劍身由下向後、向上、向前劈劍（圖6-12）。劍繼續向下劈；左腿蹲，右腳提於左腳前；右把停止於右膝內側，左手劍指扶於右腕處，劍身立平，劍尖向前；目視前方（圖6-13）。右腳向前踏弓步；右手立劍向前突刺，左手劍指平伸左後方（圖6-14）。

圖6-12

圖6-13

圖6-14

圖 6-15

（四）童子抱扇

右手劍把裏旋，左側扭身，劍身向下、向右、向上、向下圈劍，劍把稍高，虎口向下，劍尖稍低（圖6-15）。

右腳向後蹬，左腳向後跳撤步；右手劍用上刃及尖向前、向上、向回撩掃；蹲身，左扭身，右丁步；右手豎劍抱於左肩裏側，左劍指前合，握把於右把下面；右轉頭，目視前方（圖6-16）。

（五）金蛇狂舞

上右步；雙把拗步，左撩劍（圖6-17）。上左步；雙

圖 6-16

圖 6-17　　　　　　　圖 6-18

圖 6-19

把拗步，右撩劍（圖6-18）。上右步，重心迅速下降成左
跪步；雙把劍當上撩至右肩側時，劍身向後、向左、向前
平掃；目視劍尖前方（圖6-19）。

（六）獅子搖頭

上左提膝步；雙把劍內旋，劍尖由下向左、向上、向右轉環片劍；左腳上弓步；然後緊接向左片劍（圖6-20）。

上右提膝步；雙把劍外旋，劍尖向下、向右、向上、向左片劍；右腳前落弓步；雙把劍緊接向右平斬（圖6-21）。

圖6-20

圖6-21

圖 6-22

圖 6-23

（七）旋風奪位

左轉身；雙手劍向左、向上、向右圈劍；左腳向右腳後倒行步（圖6-22）。雙把劍繼續向左斜下方撕拉，下截劍；左轉身，左腳向前落步，成左弓步（面向西稍偏南）；目視劍尖（圖6-23）。

（八）白虎洗臉

重心右移，右腳裏碾，左腳外碾，變右虎步；雙把劍由左下向右斜上方反洗劍；目視劍尖方向（圖6-24）。

圖 6-24

圖 6-25　　　　　　　　　　圖 6-26

（九）鳳凰單展翅

　　左腳向右腳內側提步，右轉身；雙把劍向右下掛劍（圖 6-25）。繼續右轉身，左腳向前平躍步，右腳尖擦地，腳跟提成虛步；同時，劍繼續向右後、向上、向前、再向右後下平斬，劍身反彈後橫展於右膝前，左手劍指仰展於左後斜上方；目視橫劍方向（圖 6-26）。

（十）龍女捧珠

　　重心稍起，左側身；右把劍向左側下掛，左手插入右臂劍裏側（圖 6-27）。左手護

圖 6-27

圖6-28

圖6-29

右腕，繼續向左後、向上、向右轉身，向右下掛劍（圖6-28）；向右後方撤右步，左腳相隨成橫馬步；右把稍停，翻腕，使劍尖由下向上、向前點劍（圖6-29）。點劍後順勁反彈，上舉劍（圖6-30）。右腳向右後跳落，左腳即向右腳後倒步；下蹲成低龍行步；右把劍向前、向右下掛劍後，再向上、向下壓劍，左把握住右把下端，雙把停於右膝外側，劍身斜平，劍尖斜指左斜

圖6-30

上方；右擰身，左擰頭，目視劍尖方向（西南）（圖6-31）。

圖 6-31　　　　　　　　　圖 6-32

第 二 路

(十一)海底撩陰

　　重心稍起，左腳蹬，右腳向右前方閃步，左腳隨之右閃成虎步；雙把劍裏旋，劍向右上畫弧後，立即左轉弓身，向左斜下方砍出（圖6-32）。右轉直身；雙把劍向右上斜洗；眼隨劍走，向西（圖6-33）。左腳向右腳裏側上扣步，右腳向左腳左後方閃展；雙把劍向左、向下、向

圖 6-33

圖 6-34　　　　　　　　圖 6-35

前下捲劍；左弓步；底撩劍，劍裏藏身；目視劍尖方向（圖6-34）。

（十二）白蛇吐信

雙把劍內旋，劍尖由下向左、向上、向右圈動，並向前上推把平斬劍；同時，右腳向前上步，屈膝下蹲，左腳扣於膝彎裏側，即扣腿半蹲；目視劍尖（圖6-35）。左腳左後

圖 6-36

落步，右腳回提；右把外旋，由前向左、再向右下方掃劍，左手變劍指畫向左後方，目視前方（圖6-36）。右腳前行，左腳扣於右膝彎內，扣腿半蹲；右把內旋，劍由右後向下、向裏、向前合劍，左手劍指由左後屈肘，由左肋

圖 6-37

圖 6-38

仰指向前合於右肘彎處，雙臂
同時向前上平紮劍；目視劍尖
（圖6-37）。

（十三）海底撈月

接上動。左腳向左前方閃
展落步，重心左移，右轉身，
右腳向左腳西側虛提；右手劍
向左、向下轉環，坐腕，劍鋒
上崩，左手劍指扶於右腕；目
視劍尖（圖6-38）。

圖 6-39

（十四）翻身截眉

左轉身，翻腰，向左上右步；左右合把內旋，合肘，
合肩，隨身向右腳前翻身撩劍（圖6-39）。繼續左後轉

圖 6-40

圖 6-41

身，右把繼續向上，翻身後，劍尖向下、向左後掛劍，左劍指配合於右肘下（圖6-40）。右把劍由左後向上、向前，右轉身，繼續向右下掛劍；同時，左腳後撤；左劍指由左後向上協調配合（圖6-41）。右把劍向後掛劍後，左轉身，右把先行，向頭左方格劍；同時撤右步，右轉身；右把橫握劍，用劍刃中前部向前

圖 6-42

橫截；右腿微屈，左腿屈膝勾腳，盤提於襠前；左手劍指手心朝上，屈肘，指向橫劍方向；右轉頭，目視南方（圖6-42）。

圖 6-43　　　　　　　　圖 6-44

(十五)蝶步點劍

　　左腳向前落蓋步，左轉身；右手用腕下掛劍，左劍指內旋護於右肘下；目視劍身（圖 6-43）。向左前方上右繞步，右轉身，右手劍用腕內旋，使劍由左向上、向前、向左下掛劍，左手扶劍柄；目隨劍走（圖 6-44、圖 6-45）。左腳向右腳右側上繞步；雙手合把向前點劍（圖 6-46）。

圖 6-45

圖 6-46

（十六）刺虎勢

右腳在左腳後落步，重心後移，成半馬步；雙把劍向下、向後拉劍（圖6-47）。重心前移成虎步；雙把坐腕，用劍前部向前邊洗劍邊崩劍（圖6-48）。向前上右步，左

圖 6-47　　　　　圖 6-48

翻身；雙把劍向右後、向下、向前撩劍（圖6-49）。向左
翻腰翻身，劍隨身翻，向前上左步，左側身；右手反握
劍，向右前上方弓步斜刺劍，目視劍尖（圖6-50）。

(十七)橫掃千軍

右轉身，左手劍指扶於右
腕處，用身帶動劍身向右上搖
旗，即上圈劍，劍尖向右上、
向回、向左在上水平畫圓；右
轉身，後仰身，右手劍向右橫
掃，左劍指亦平展左側方，目
視前方（圖6-51）。

(十八)閉門鐵扇

右腳向右後方撤閃步，左
腳隨之向右腳後跳撤步，成龍

圖6-49

圖6-50

圖6-51

行步；右手劍由右向上、
向前劈下，右手停於右膝
裏側，左手劍指扶住右
腕，劍身立劍平直，劍尖
指向東北；目視劍尖方向
（圖6-52）。

（十九）十字劍

圖 6-52

左腳向左前方上弓
步；右手立劍向右刺劍，
同時左劍指平指左側方（圖6-53）。

（二十）龍女捧珠

右腳向左腳南側倒步，成龍行步；右手劍向左小圈
後，坐腕，劍尖上崩，左手由後向上、向下扶住右腕；目
視劍尖（圖6-54）。

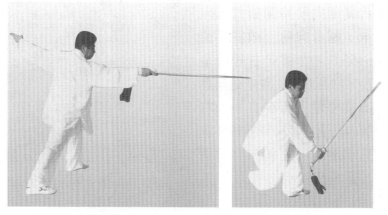

圖 6-53 圖 6-54

圖 6-55

第 三 路

(二十一)直闖鴻門

右腳向前上虎步；雙把
合握劍向前錯闖紮劍，立
劍，劍身向前上傾斜（圖
6-55）。左腳向右腳後墊
步，右腳虛提；雙把劍向裏
擠滾帶劍（圖 6-56）。右
腳向前上弓步；雙把劍外旋
向前滾拈，立劍向前刺劍
（圖 6-57）。

圖 6-56

圖 6-57

（二十二）斧劈山門

左腳向左前方閃步，右腳前提；雙把劍向左、向上、向右、向下圈劈；目視劍尖（圖6-58）。右腳向前踏弓步；右把向前刺劍，左劍指伸於左側後方；目視劍尖（圖6-59）。右腳外碾，左腳向右腳後閃落地，右腳虛步前

圖 6-58

圖 6-59

圖 6-60　　　　　　圖 6-61

提；同時，右手劍向下、向右、向上、再向左下圈劈，右把停於右膝裏側，劍尖稍低，左劍指扶於右肘彎處；目視劍尖（圖6-60）。右腳向前踏弓步；右手劍向前突刺，左劍指平伸左後方；目視劍尖（圖6-61）。

（二十三）梨花擺頭

右手劍向下、向右、向上、向左轉環，向左平斬劍，手心朝上；左腳向右腳右側上步；左手前合，雙握劍把，腰向右擺，雙把先行，帶動長劍向左平擺（圖6-62）。右腳向左腳左前方上步，即腳走S步，腰向左擺；雙把先行，帶動長劍向右平擺（圖6-63）。

圖 6-62

圖 6-63

圖 6-64

（二十四）烏龍擺尾

接上動。左腳向右腳前提膝步，腰向右擺；雙把先行，帶動長劍向左平擺（圖 6-64）。左腳向左前方閃步，右腳前提；用腰身帶動長劍，立劍，用劍面（脊）向右前下方擊劍；右腳前踏五五步；雙把立劍向前下刺劍；目視劍尖（圖 6-65）。

圖 6-65

（二十五）鳳回頭

上左步；雙把上提，裏旋，劍身豎起向右外，腕掛劍，劍繼續向後、向上；右腿高提，右轉身，回頭；雙把

劍向後下截劍，目視劍尖（圖6-66）。

（二十六）雲溜劍

右腳向前落步，左轉身；雙把劍由後上提過頭頂，向左雲劍（圖6-67）。左腳向右腳右後倒步，左旋身180°，重心下降，成低半馬步；雙把劍由上向前下方斜砍（圖6-68）。

圖6-66

（二十七）玉帶圍腰

雙把劍向左翻壓劍（圖6-69）；右腿向左腿左後方倒步，迅速右旋身360°；雙把劍隨身旋轉平掃劍，當轉身

圖6-67

圖6-68

圖 6-69

圖 6-70

圖 6-71

360°時，雙把翻轉向懷中，左跪步捋帶劍，劍峰平置於右側方；目視前方（圖 6-70）。

（二十八）白馬剪蹄

起重心；雙把劍向前上方探劍（圖 6-71）。上左步，重心迅速下降成低勢半馬步；雙把劍由上向右、向下轉

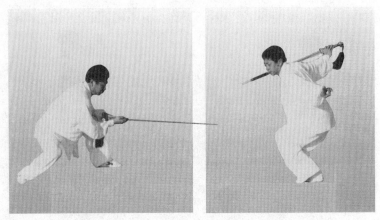

圖 6-72　　　　　　　　　　圖 6-73

環，向下斜砍劍，目視劍尖（圖6-72）。

(二十九) 雄鷹展翅

起重心，右旋身，右腳向左腳後倒步；雙把劍向右上斜帶過頭頂，劍身隨身旋360°，向右、向後、向左水平反雲劍；重心下降，雙把劍向左下壓劍後，重心撤至右腿，左腳併於右腳內側虛提，成左丁步；右把劍向後拉劍，劍身斜指前方，左劍指平展左後側方；左扭頭，目視左前方（圖6-73）。

第 四 路

(三十) 前仆後撩

左腳向左前方縱步，左腳先落地，右腳前落三七步；右手劍向前探刺，左劍指隨於前臂內側（圖6-74）。右腳

圖 6-74

圖 6-75

圖 6-76

向右後撤步，身體隨之稍後撤；右手劍尖下漏（落）（圖
6-75）。重心右移，左腳向右腳右前側繞步；雙把劍稍提
即下沉，劍尖向上崩撩（圖6-76）。接上動，雙手微回
帶；向前上右虎步；右手立劍向前刺劍（圖6-77）。

圖 6-77

(三十一)白虎入洞

右腳向左腳右後方倒行步；右手劍向下、向右、向上、向左、向下圈劍，劍把下壓，劍身有前撲意（圖6-78）。上右虎步；右手劍向前撲刺，左劍指平伸左後方；目視劍尖（圖6-79）。

圖 6-78

圖 6-79

(三十二) 繞步崩撩

　　右腳向左腳左前方上繞步，身體稍後撤；右手劍尖下漏，左手劍指斜伸左後方（圖 6-80）。重心移至右腳；右把稍上提立即下沉，劍尖向上崩撩，左劍指按右前臂（圖

圖 6-80

6-81）。左腳向右腳前上虎步；右手劍向前刺劍，左劍指平伸左後方；目視劍尖（圖6-82）。

圖 6-81

圖 6-82

(三十三)左右龍行

　　右腳向左腳左前方繞步、龍行；右手劍裏翻腕，翻劍，向下、向左、向上、向右下外剪腕，左劍指斜伸左後方；目視劍尖（圖6-83）。左腳向右腳右前方繞步，龍行；右手劍外翻腕、翻劍，向下、向右、向上、向左下裏剪腕，左劍指護於右腕處（圖6-84）。

圖 6-83

圖 6-84

(三十四)日照山尖

右腳向左腳前上步，左側身體向右歪斜；雙把劍內旋，劍身邊翻邊向上、向右、向前上螺旋平點劍（圖6-85）。左腳向右腳前龍行蓋步，向左歪身；雙把劍外旋，劍尖由右向上、向左畫弧，再向左平點劍（圖6-86）。上

圖6-85

圖6-86

右步；雙把內旋，劍尖向左、向上、向前吊腕前點劍（圖6-87）。

(三十五)夜叉探海

上左提膝步；雙把劍向上、向右後、向下、向前撩劍；向前撩劍時左側身；雙把在頭左上側（圖6-88）。雙

圖 6-87

圖 6-88

把劍從左側向前下撩劍，身體後仰，右腿高提；右把劍劍
尖在下，右把向上、向後立劍斜提，左劍指手心朝前，向
斜下方指；目視劍尖方向（圖6-89）。向前落右步，左腳
跟提，屈膝下蹲；右手反把向前下刺劍，左劍指護於右肩
內側；目視劍尖（圖6-90）。

圖 6-89

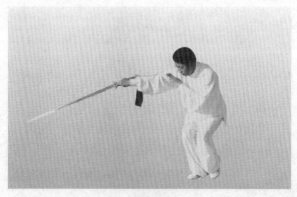

圖 6-90

（三十六）鳳點頭

右把劍向左後掛劍，腰身迅速向右側搖動，翻腕，用劍裏刃向前反劈；左腿提膝；左劍指扶於右把後；右扭頭，目視劍尖（圖6-91）。右轉身；右把劍向左後、向下、向上反撩劍，左手護腕（圖6-92）。右手劍迅速裏翻腕，向右後掛劍，同時撤右步；左劍指護右腕（圖6-93）。接上動。右手向前吊腕點劍，左劍指平伸左後方；目視劍尖（圖6-94）。

圖 6-91

圖 6-92

圖 6-93

圖 6-94

(三十七)蜻蜓點水

　　右擰身，右腳向前上繞步；左劍指上揚，右手劍向右下拉掛（圖 6-95）。左腳經右腳前向右腳右後上扣步，方向轉 120°；右把劍由下後向上、向前掄動點劍，左劍指由上向前、向下舒展左後方；目視劍尖（圖 6-96）。右腳

圖 6-95

圖 6-96

繼續向左腳右前方上繞步，右擰身；右手劍向右下拉掛，左劍指隨身擺向左上方；目視劍尖（圖6-97）。左腳經右腳前向右前方上扣步，方向轉120°，右把劍由下後向上、向前掄動點劍，左劍指由上向前、向上舒展左後方；目視劍尖（圖6-98）。右擰身，右腳向左腳左前方上繞步；左劍指隨身擰上揚，右手劍向右下

圖6-97

拉掛；目視劍尖（圖6-99）。左腳經右腳前向右上扣步，方向轉120°；右把劍由下後向上、向前掄動點劍，左劍指由上向前、向下舒展左後方；目視劍尖（圖6-100）。

圖6-98

圖6-99

圖 6-100

圖 6-101

（三十八）龍女捧珠

接上動。右把翻腕，左
手扶把，使劍向右下掛劍
（圖6-101）。右手劍繼續
向上、向前；右腳向後跳
撤，左腳隨之後跳至右腳後
方，屈膝下蹲成龍行蓋步；
雙把劍向後拉抱劍，雙把貼
於右膝外側，劍身左上斜，
劍尖斜指前上方（圖6-102）。

圖 6-102

（三十九）旋風奪位

向左前方上左弓步；雙把裏翻腕，劍向上、向右，圈
劍後，雙把劍向左斜下方撕拉（圖6-103、圖6-104）。

圖 6-103　　　　　　圖 6-104

（四十）后羿射日

　　雙把劍向右上斜掛，搖旗，外翻腕，雙把抱於右腰間；左歪身，右腳提於左腳內側；劍身上斜朝前上方；目視劍尖（圖6-105）。右腳前行，左腳跟提，左側身；右手劍反握向前上方刺出，左劍指舒展左後方；目視劍尖（圖6-106）。

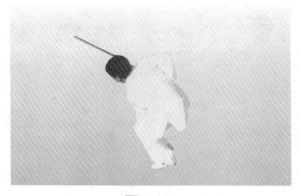

圖 6-105

圖 6-106

（四十一）蛟龍翻身

左腳後撤；右手鬆腕向下掛劍，左劍指舒展左後方；目視劍尖（圖6-107）。劍繼續向左後、向上、向前；撤右步；右手劍向右下掛劍，左劍指在左後上方配合（圖6-108）。右手劍繼續向右後、向上、向前，左手向前與右把

圖 6-107

圖 6-108

合握，從右邊右翻身180°回身，雙把劍從身體左側向前、向上撩劍（圖6-109）。雙把劍繼續向上，從身體右側向下、向前、向上撩劍；同時左腿向前撩起（圖6-110）。接上動，左腿向後落步，重心下降；雙把劍外旋，由左側向前平斬劍；目視劍尖（圖6-111）。

　　注：左、右腕掛劍亦即「腕花」。

圖6-109

圖6-110

圖6-111

圖 6-112

(四十二)海底撈月

雙把劍向左、向上、向右、向下圈劍（圖 6-112）；接上動，雙把劍向前、向上剜劍；同時身體後撤，右腳前提（圖 6-13）；上動不停，雙把劍由左向下、向前裏翻腕，沉右把，劍尖上崩，左劍指扶於右腕；目視前方（圖 6-114）。

收勢

起重心，左劍指手心朝上，向左側平畫；同時右腳落實，左腳隨左劍指左側繞步，腳尖外展，左旋身；右把豎劍，微屈臂，與身同旋；同左腳右側上扣步，面向南（圖 6-115）。左腳併於右腳，左側身；右把劍豎劍抱於左胸前，左臂屈肘，劍指搭於右腕裏側；身體立直，目視前方（南）（圖 6-116）。右手劍向後、向下、向前撩劍，至前方時迅速裏翻腕向上豎劍上崩；左劍指手心朝上，在左

圖 6-113

圖 6-114

圖 6-115

圖 6-116

腰處指向前方（圖6-117）。
接上動，右把收於右胸側，劍
身豎於右肩前，右轉身，左劍
指平指前方（南）（圖6-
118）。左劍指變俯指，緩緩
下落於身體左側；目平視前方
（南）（圖6-119）。

圖6-117

圖6-118

圖6-119

祁家通背拳

第七章
通背槍譜（十二杆秘訣）

    我國武術之流傳由來久矣，自軒轅黃帝造弓、矢、戈、矛後，武術之研究、兵器之發明與時並進。代有聞人，惜無專書記載。武器之中尤以槍為利品，凡兵刃有尖用以刺敵者，皆由槍法蛻化而出。上古刻木為槍，古語云：「槍乃百兵之祖。」槍之形式雖極簡單，而內中之法理卻頗為深奧。

    古之精於此技者，如隋時之尚大夫，三國之姜伯約、趙子龍，宋時之楊家，唐時之羅家，皆能盡變化之妙。至清代中期，有祁先生諱信以家傳大槍名聞於時，稱之曰「斷門槍」。有家藏槍譜秘不傳人，非入室弟子不得見也。昔之習武者率多不文，只憑口傳心授之法，故對於槍譜多不重視，是以傳流到今，此譜竟如魯殿靈光幾至失傳。

    胡先生悅曇、楊先生步蟾、翟先生樹貴、張先生聖武皆為祁門之嫡派衣缽弟子，平生治槍、刀、拳術，數十寒暑無一日之間斷，得以槍、刀、拳術俱臻奧鏡。此槍譜悉道光二年所書，距今近二百年矣，實屬珍本。

    胡、楊、翟、張四位先生歷經滄桑，將槍譜保留下

來，並傳於後世，功德滿矣。今按原傳體貌整理並公諸世人，盼後學者能發揚光大之。

第一節　通背槍法要論

槍 法 論

槍法一人敵也，兵法萬人敵也，有志於此者，當熟讀孫武，深明韜略，不可徒以此終身也。吾願學者，讀書明理，以理推術。明五行之生剋，曉四時之運轉，通人世之感應，達世運之興替，舉凡消長變化之理，進退存亡之道，吉凶悔吝之機，無不洞若觀火，料敵制勝，不過余事耳。過者亦足，隨事察理，披沙揀金，陶出半隙之明，以測趨避之機，保身保國皆所宜為。如是法不求精而自精，技不求巧而自巧矣。

昔柔桑氏修德廢武，以亡其國；有邑氏將眾好勇，而失其社稷。吾是以謂亂世之際，不可忘文章，升平之時，不可廢武備，古之精於斯者，其可用也。可以成功名，立事業，上可保衛國家，下可防護自身。至於隱居山林，逍遙世外，石室雖小，別有天地，五車書、三尺劍，一爐香，此乃吾道中之高明者耳。

勢 法 論

未研究勢法，先研究理術，勢有善，有不善，如理順未有不善之勢也。法有精，有不精，如理順未有不精之法。是以善學者，宜先明其理，理順則無有不善之勢、不

精之法也。

身 法 論

槍法之最要者，手法固宜活潑，身法亦不可固執，身法如電，運用如飛，忽遠忽近，忽屈忽伸，忽大忽小，忽進忽退，有時如大鵬展翅，有時如猿猴入洞，玲瓏活動方為合宜，若拘泥於大小定勝負則執矣。故曰：勿守株以待兔，須臨時而致宜。

功 夫 論

槍法雖屬小道，若不專心一致，則不成功，必須百倍其功，方不負古人留法之意。必反覆思繹，方知立意深遠，有舉一廢百之感，惜乎不能悉載於書，以為後世法也。古人云：「槍法已成，口不能明，誠哉是言也。」又曰：「身若有病是資敵，心存成見被人欺，不學空靈難為首，功夫不到終是迷。」

剛 柔 論

力有剛有柔，而柔居其九，剛居其一。用剛之時一轉瞬間即須變柔，蓋柔之伸屈反覆易，剛則較難，久剛必拙，人槍一變無可如何矣。或曰：純用剛或純用柔如何？予曰：非也！柔不動剛，剛不動柔，此相濟耳。用剛之時，必存柔力，是外剛而內柔；用柔之時，必存剛力，是外柔而內剛。若柔中無剛則失之軟，剛中無柔則失之勁。故曰：孤剛則折，獨柔則廢，信然。

虛 實 論

夫槍之虛實全在於心，不在於形。心若虛，形雖實亦虛；心若實，形雖虛亦實。槍雖深入，心防敵變，彼若轉動我能隨之，不亦實而虛乎。入即不深，視為必勝。有進無退，敵勢一變，必束手無策，不亦虛而實乎。傳曰：見可而進，知難而退。

貪 勝 論

從來虛則難攻，實則易破，彼虛我實不可性貪，貪則力猛，猛則出手無虛，敵槍一變，手足無措——敗矣。劍法有漁郎問津，槍法有逍遙戰杆，皆不貪之道也。

勝 敗 論

夫槍未出在我，已出在人，雖手眼清白，出手老成，亦難保必勝。吾法至善，安知無更善於我者；吾藝至精，安知無更精於我者。且生剋有一定之道，天地無必勝之理，安得有勝而無敗乎。要知勝敗難期，虛而已矣。法曰：敗時心宜靜，勝時心莫浮。十三篇大意不外乎此也。

神 情 論

夫用兵之道貴乎前知，槍法亦然。敵未動而神先告，或左或右，或進或退，或虛或實，觀其神情可以先知，迎其機而破之，斯為得法。若待其槍已發，從後追之必不及也。凡事豫則立，不豫則廢，信然。

自 新 論

槍法太多，難以概傳。一槍包羅萬有，必親之槍中，推出槍外之槍，法外之法，以至無影無形，然後臨時見機，變化無窮，一動一靜無不合宜。初學固是不能，功夫自爾入神，經曰：溫故而知新，可以為師矣。

躐 等 論

初學用功，固不可怠忽間斷，尤不可貪多務廣，彼怠忽者固無成矣。而貪多者尚未啟其淺，而隨探其深，而終未得其跡。而隨志在其妙，是以雖終日勤苦，而意緒忽忽，究無從容涵養之樂，反覆揣摩之巧，而鹵莽滅列，終無以探妙理之精深，其與怠忽間斷者，有何異哉。予仰體先哲之意，不敢少秘，今據其粗且淺者，錄之篇中，至若精微之旨，不可以言語形容者，要之在簡練揣摩，則由淺入深，由粗入精，其精微之妙用，亦未必不即此而得也。傳曰：譬如行遠必自邇，登高必自卑，有矣夫。

槍 法 歌

勸君對敵莫慌忙，持槍平穩把身藏。
反正左右刺虎口，劈打勾掛不尋常。
閃展交結加仔細，拖挑拐軋得人強。
順手槍來順手槍，底龍退是底龍傷。
外槍閃，裏槍戳，進者攪，退者遮。
總有掃地也不怯。
挑者挑，軋者軋，加上剗手也不怕。

翻也翻，轉也轉，黃龍戰杆龍出現。

遲刺快，快傷遲，山大吃力用心習。

滾也滾，拿也拿，上去挑，下去滑，

刺點咽喉急一下。

三星聚，鳳擺頭，下趨腳，上點喉。

點喉又撩眉，兩膝兩肋相隨。

外點遍體梨花段，內藏十面埋伏機。

佛留禪杖降虎狼，壯士熟習定家邦。

大地周遊無敵手，天下揚名第一槍。

四槍加八滾，照定敵人準，

鬼神也害怕，祖師也寒心。

第二節　通背槍斷法

一、通背槍十種主要斷法

（一）戰斷

戰者，我槍粘住彼槍之謂也。不放彼進，亦不令彼出，彼若摘槍明刺，即乘其槍將刺而刺之，百發百中。此乃諸法之大綱，故首列之。

歌訣：

逍遙戰杆最爲強，退步搭槍似奪槍。

撐隨按駝隨意用，左右兩分其中藏。

千槍萬槍皆有戰，無戰如同綱無綱。

降龍一擺誰能破，粘住不動便無妨。

一言難盡其中妙，學者須宜仔細詳。

【歌訣解釋】

逍遙者，不剛不柔，悠悠自得之象也。

戰者，粘也，粘住彼槍之謂也。彼動我亦動，彼止我亦止，豈非粘於彼槍之上乎。

退步搭槍者，向後退，輕輕搭於彼槍之上也，不退則離敵太近，恐敵用轉法紮來封閉不及。用力輕者取其易於活動，可乘其將轉未轉時而紮之。

似奪槍者，身擬後退似奪槍也。此乃身力，非手力也。

撐、隨、按、駝者，若高來則撐之於身外，或左右，或欲退去。得紮即紮，不得紮則隨之，在我槍下則按之，在我槍上則駝之。皆不可用力太過之意。

左右兩分者，彼從下分我手，我用手一按退步向後一帶，彼槍自落地矣。

千槍萬槍皆有戰者，然槍皆有此法也。無戰如同綱無綱者，極言此槍不可輕離彼槍，離則懈，懈則必失矣。即槍法練熟，一失則無以自保也。

降龍者，彼用橫身之勢按住我槍，以誆我也，識其勢而不動，則無奈我何矣。此雖注解大略，而規矩之細，得心之妙亦有不啻口傳之。

學者，苟能專心致志，反覆推求，亦可神而明之，變而通之，又何必耳提面命。故曰：「徒學不思則罔然，莫將此法等閒看，若能悟得其中理，無異見面親手傳。」

槍有九接九不接者，即左、中、右、上中下三盤。

九接者，一見即接住，看其動轉有病然後槧之。此先用戰之法也，雖得人不疾，而自保有餘。

九不接者，將槍搖動，不與相接，觀其面色，如欲槧我，我先槧之。如不得力，恐有所失，則急用戰法以自保，此後用戰之法也。雖得人甚速，而自保稍不足也。

(二) 起形斷

戰斷是接住槧，故用粘法。起形是離開槧，須用等法。

二斷成槍法之大綱，學者必先於此有得，方可博學廣見，以企於大通之後，隨心變化，乃為有益。不然槍法雖多，亦何以能為哉。

歌訣：

起形一斷最為精，借法談法在其中。

內外兩門可並用，須防底駝刺前胸。

彼要駝來我用奇，歪身進槍便成功。

【歌訣解釋】

起形者，乘彼槍已出未入界之時，將槍急搭彼杆上，身、腰向後斜轉四五分，彼槍已開寸餘，身向下一落隨一起，輕輕將槍一蹬，如鳥翔飛而登枝也。此借、淡、蹬三法並用，甚巧，然必須心領神會，自爾能得。

底駝者，右腿一跪，左足向前進，槍向彼一扭也，此乃槧中帶駝，非駝後方槧也。

歪身者，因駝槍太急，不及封閉，故歪身大閃，用奇

中奇以破之。

(三) 平斷

歌訣：

中門須用平斷槍，一送一領最爲強。

若用搬槍來破我，自吊一槍把他傷。

轉身一扭牛望月，天邊摘月自無妨。

【歌訣解釋】

平斷者，用騎馬式從中門進槍，彼要順槍桿紮來，就勢一領（是腰力），彼槍自開，我槍可復前進；若來代橫力，當用搬槍法；若已過我前手，當用曲法；若彼先用搬法，我則自吊以破之。

望月、摘月者，皆扭身取目之法也。

或曰：吾聞一門之中原有千變萬化，此數槍似不足以盡其妙也。予曰：變化多端豈能盡錄，不過舉一隅耳，使由此而推廣之。觀來勢之急緩就勢破勢，因法破法，自有無窮之變化，寓乎其中，在人之思不思耳。

又曰：此不過中門之一法也，若從上下進槍，恐無法以應之，予曰：彼取我上，我取其中，彼取我下，亦取其中，我必先到，彼則落後，蓋從中門之路進，近也。雖不顧上下，較之顧上下者，得人更捷也。

(四) 奸斷

歌訣：

奸斷單破四平槍，一接一送最難防。

左右兩邊隨機用，解圍須得用奇槍。

天邊摘月向右轉，還有向左轉一槍。

【歌訣解釋】

奸者，全不用力也，順人之勢，借人之力。

一接一送者，將槍粘住彼槍，彼進我退，彼退我進，彼急我亦急，彼緩我亦緩，隨彼之勢，借彼之力，以得人也。此斷與戰斷相似，此只在中門也。法至細難破，用奇槍向左右閃開，方能解圍。

(五) 力斷

歌訣：

首抵金槍剜斷揚，退身躲步足左向。

青龍入洞快著走，囚地金龍頭上創。

火龍三掇魂飛散，剛柔一滾神自忙。

此時要問何槍計，下邊須用立水槍。

【歌訣解釋】

剜斷者，即剜手也。

退身者，即我杆粘住彼杆，退其猛力，身微後退也。

躲步者，足向左斜，進身向左一轉，以刺其肋也。

青龍入洞者，身後退，槍向左一攪，然後直進也。

囚地金龍者，忽起刺頭也。

火龍三掇者，身向左一轉，手向面上一拈三花也。

剛柔一滾者，先柔後剛，從左向裏一滾也。

立水者，右手高起，進步刺足也。

或問曰：槍近敵面，何不急紮，又用拈槍虛晃之法何也。予曰：我槍老矣，急又實矣，恐彼一閃紮來，難以自保，不若待其即動而破之，觀其神慌而紮之，更妙矣。此兵法中不可深入之法。苟於槍法有得，而兵法可悟其奧。於兵法有得，而槍法自在其中矣。

（六）穿堂斷

歌訣：

一接一挫號穿堂，挫時最怕遇截槍。

半進半留藏妙用，截若來時用奇槍。

【歌訣解釋】

一接一挫者，彼槍出之時，用槍接住彼槍桿向後微領寸餘，遂將手一滾，挫入其身也。

怕遇截槍者，恐彼橫我也。

半進半留者，槍進彼身留住不紮也。

截若來時者，用奇破截也，或用截破之亦可也。

（七）飛斷

歌訣：

斜步一躍到身旁，足未落地橫進槍。

要問此槍何法破，鷂子挾胸最難當。

【歌訣解釋】

斜步一躍者，先將槍蹬開，隨即斜躍也。

橫進槍者，刺其身旁也。

鷂子挾胸者，右步斜進，左腿一跪，扭身反紮也。

（八）悠斷

歌訣：

悠來悠去戰杆長，上下晃動使人忙。

總有多槍來敵鬥，悠中帶指俱破傷。

【歌訣解釋】

人若太多直紮不得，故用悠法以晃之，使敵不知我將紮誰也，然後捨近紮遠，出其不意，攻其無備也。

指槍者，形似手指物也，前後左右皆可用，至於摔槍、斜槍、奇槍、奇棍、伏槍、截槍其中多用之，不可不知也。

（九）梨花斷

歌訣：

梨花萬點亂紛紛，一拈三花驚人魂。

要破此槍花裏去，去時須防奇槍根。

【歌訣解釋】

梨花紮槍，即蹬開左手一拈，似花亂動，怕從花中破我，拈槍之時必看神情，若欲來紮，必先截之。

（十）龍形斷

歌訣：

持槍嚴穩把身藏，五虎散斷名自揚。

金槍一動龍三獻，蜈蚣鑽地渾身忙。

獨龍取水揚頭去，鷂子翻身向後張。

雙手一撲龍變虎，仙家難躲這一槍。

要得死裏求生計，左腿橫踢急進槍。

彼用歪身忙閃過，二人齊起兩無傷。

【歌訣解釋】

持槍嚴穩者，乃端方正直，持槍不動也。用四平槍把住中門，有承定二法在內，故能藏其身也。

五虎散斷者，用五虎以散其勢也。

一動龍三獻者，槍法之搖動似龍也。

蜈蚣鑽地者，敵人按住我槍向左一截，我隨向右一轉，左腿一跪，槍向上一崩也。

獨龍取水者，彼用「蜈蚣鑽地」從右紮來，我向後一帶，彼槍一落，閃過我槍，又從左紮來，我槍按住彼槍向右一截，隨向左一轉，左腿一跪，提槍刺彼喉也。

鷂子翻身者，身向後張，用單手刺也。

雙手一撲者，身右轉，槍左扭，閃出彼槍，身忽起向前一撲，以錐之也。

左腿橫踢者，此時封閉不及，又不能閃，故用腳踢飛我槍，遂舉槍刺來，我即歪身閃過，身自無傷也。

二、其他散斷歌訣

(一) 虎形槍

勢惡莫若虎形槍，忽起忽伏最雄強。
但怕錐槍將肩刺，伏時須要緊提防。

(二) 哪吒槍

風火輪槍敵多人，步大槍搖左右掄。
錠甲一錐隨意用，一槍下去追人魂。
退步翻槍來取手，我用掃趟棍一根。
飛身躍起急刺肋，轉身翻槍刺後心。

(三) 長槍

長槍不與他槍同，一升一接氣運中。
彼槍若有橫力出，自吊一槍便成功。
此是紮細槍法，若要紮粗槍法，便受其苦耳。

(四) 底駝槍

槍高切防遇底駝，駝住直進最難破。
彼要駝來我用按，按住不動即妙著。

(五) 分槍

撤步鳳翔騰，背單及右行。
金槍忽上下，一槍左肋中。

(六)拗步槍

拗步原是短敵長，攜槍進步鬼神忙。
相機一發槍變棍，奇棍下邊變奇槍。

(七)錠槍

錠槍之中妙用難，停槍不動相機關。
敵人不明其中意，先進一槍魂自遷。

(八)伏虎槍

一起一伏似虎狼，雙手撲去勢勇強。
要知此槍如何用，淡法之中妙用藏。

(九)錐槍

震子騎馬笑哈哈，風走棉路無處捉。
若有好槍來鬥敵，錐槍等準下死著。
底用伏虎高用擢，其中又是錠甲多。
人人皆知槍法妙，若無淡法非妙招。

(十)中和槍

先師傳我中和槍，無形無影無柔剛。
渾然一體太極象，令人無處測陰陽。

(十一)錠甲錐

錠甲亦名金剛槍，勢如奔馬形似催。
下有槍來上有棍，神若慌兮定然得。

(十二) 阿難錐

阿難舉槍笑吟吟，身長足短妙如神。
將用此槍先用淡，淡開然後能得人。

(十三) 鳳凰出窩

鳳凰出窩槍最急，恰似落枝起登枝。
童子獻書來截我，歪身進槍自裕如。

(十四) 大蟒搖頭

大蟒一動步橫挪，左右搖來難捉摸。
出頭截腕龍吸水，一進便退奈我何。

(十五) 流星趕月

流星趕月步纏絲，纏住彼槍不放出。
出頭一視來傷我，斜槳定南即破之。

(十六) 旋風定位

旋風原是破剟槍，一提一錐最難防。
敵人千般來遮蔽，落得手頭空自忙。

三、散 論

(一) 四大截槍

我槍槳去，彼拿開槳我，我即一閃，將槍橫推彼身，

即是截法也，上下左右皆然。

(二)蜂穿花　破花槍論

彼攪半圈進槍，我斜步提手，紮彼肋下，曰「紮花芯」。

彼攪多半圈進槍，我即斜步提手紮彼股，曰「紮花葉」。

彼若攪一圈進槍，我斜步紮彼腿。名曰「紮花杆」。

彼若攪太多且急，亦可先紮，若輕緩不可先紮，恐彼用隨法。

(三)破刀法論

刀之善於抵槍者，莫過於戰法。未粘我槍，用梨花槍以晃之，視其神驚而紮之。

已粘我槍，後退亦用戰法粘住，待將近而紮之。雙刀撐槍而近，用並行剟手破之。若忽入我懷，不可慌，用奇破之，槍當劍使，紮之更妙。

(四)破鎲法論

未入槍口，宜搖以晃之；已入槍口，宜用並行。何為並行？在上挫來，我用力向上一撅；在下挫來，我用力向下一摔；在右挫來，我用力一推；在左挫來，我用力一搬，身向後一扭，都要鎲進前手方可用之，不然，恐其用轉環破我也。

(五)不可亂傳論

聞之有文章，必有武備，吾故欲以此術公請天下，傳之後世也。但傷人之術不可不擇人而傳，好勇性貪者不傳，不謹不慎者不傳。古人云：「教之不善罪坐於師。」孟子曰：「故善戰者服上刑，可不慎哉。」

第三節　通背槍要點

凡學槍者：

（一）要明槍之本。

（二）要識槍之法。

（三）要熟槍之根。

（四）要知槍之點。

何為槍本？動、靜、承、定、虛、實、奇、正是也。

何為槍法？撐、按、隨、駝、借、淡、併、閃是也。

何為槍根？子午封槍、圈槍、闖槍是也。

何為槍點？劈、砸、勾、掛、托、挑、摔、軋、纏、攔、刁、轉、圈、掃、盤、紮、曲、直、崩、靠、拋、指、梭、拿、搬、穿、孤、挦、剜、攪、截、畫是也。

注解：

(一)槍之本

動者，取之舞之靈活也。

靜者，清心寡欲也。

承者，接也。

定者，按也。

虛者，半進半留也。

實者，出手老成也。

奇者，旁兵設伏也。

正者，當面交戰也。

動靜者，動不專動，所主者靜；靜不專靜，所主者動。動靜互為經緯者也。

承定者，按住敵槍持而不動，心懷欲槊之勢，二目窺其神情，見其欲動之機，即欲槊我，我先槊之。

虛實者，有法勢，有虛中虛，有實中實，有實中虛，有虛中實。

何為虛實法勢？法虛勢虛，為虛中虛；法實勢實，為實中實。勢實法虛為實中虛，勢虛法實為虛中實。

奇正者，身槍有奇有正，有奇中奇，有正中正，有正中奇，有奇中正。身歪槍斜為奇中奇，身正槍正為正中正，身正槍斜為正中奇，身歪槍正為奇中正。

(二) 槍之法

撐者，若從高來則撐之身外。

按者，在我槍下則按之。

隨者，得槊則槊，不得槊則隨之。

駝者，托也。在我槍上則駝之，可以駝中槊。

借者，借人之力，順人之勢。

淡者，悠悠自得之象也。

併者，就勢破勢，因法破法。

閃者，左右轉步，閃其身也。

以上十六條即本法，為初學之要法，當先研究明白，然後再學槍點，方不失規矩。不然，大綱已失，雖有妙法亦難自保矣。

(三) 槍之根

子午封槍，即擺拿是也，亦叫似封似閉，又名軋槍。乃諸槍根基之一，為上下之定法，起形斷等法之母。槍中之劈槍、崩槍、磨旗、守株待兔等皆從此槍而出。

圈槍，乃諸槍根基之二，戰斷等法之母。槍中纏粘槍、攪槍、轉環槍、滑槍、扔槍、撥草尋蛇等槍法皆從此槍變化而出。

闖槍，即紮槍也。意有六面，乃諸槍根基之三。乃平斷、奸斷、穿膛斷等法之母。槍中穿指、穿袖、前撲、後撩、拈槍等，皆由此槍變化而出。

此三槍形簡意繁，習者需常練常思，方能領悟其奧妙。

(四) 槍之點

槍動之形，力點不同矣，細操即知矣。

師云：「身有三病莫臨敵，心存成見被人欺，不學空化難為首，功夫不到終是迷。」

三病者何也？三尖不照一也，當紮不紮二也，長而不知短用三也。

心存成見者，即不能空化也。

凡學槍者，一不可粗心，二不可間斷，三不可自高，四不可半途而廢，五不可不知文。不知文則理不明，槍法亦不能精，故必濟之以學。以窮其理，理明，則槍法不難

祁家通背拳

登峰造極矣。

第四節　通背槍散點

一、散點名錄

左右兩分，黃龍三轉，迎風抱扇，天邊摘月，
巧女紉針，孤雁出群，撥草尋蛇，青龍入洞，
白蛇弄風，白蛇吐芯，斜紮定南針。
轉環、穿指、穿袖、抱旗、奇槍、指槍、
捽槍、撥槍、搬槍、曲槍、崩槍、劈槍、
梆槍、掂槍、闖槍、拈槍、圈槍、鎖槍、
軋槍、滾槍、攔槍、奇槍。
白猿入洞、走馬回頭、犀牛望月、
童子獻書、鐵牛耕地、鷂子挾胸、
降龍一擺、白牛耕地、獨龍取火、
火燕鑽心、奇槍把子、身歪槍斜進。
以上十二點為奇中奇。
白猿摘桃，蜈蚣鑽地，身正槍斜進。
以上三點為正中奇。
紉槍、黃龍臥道、身歪槍正。
以上三點為奇中正。
槍法亦有正中正，即身正槍正也，思之即行。

奇槍奇棍

藤蘿纏枝、穿花取蕊、拜佛聽經、
鳳凰擺頭、鳳凰展翅、仙人指路、
太公釣魚、青龍出水、挾書投澗、
劉伶醉酒、蕭何追韓信、反弓背射、
劈山救母、金風掃地、登梯取月、
白猿獻果、回頭薦諸葛、順水推舟。

二、部分散點注釋

(一)中平槍

裏用拿，外用纏，高用崩，低用砸。槍響需要進步，槍不響須防轉環，窺其隙而紮之，此即大槍之母也。此法不過敵一槍之大略耳。或謂高用崩，低用砸，如槍紮上路，而我槍自下而上崩；槍紮下路，而我槍砸其前手，而所論者，非也。若上崩，敵槍下轉，若收退不及易被敵人所傷。而崩者，非縮步不可。砸其前手者，何如刺其喉。夫崩砸一法非敵一人者也，而群杖亦不離是法。譬如：數十人一字排開從中路紮來，自外門橫崩一槍，其群槍不崩而自遠矣。如數十槍分上中下紮來，砸其上路一槍，則中下之槍自落矣。若不明勢理臨機變用，將何以禦敵乎。恐後之學者有誤，不揣愚昧之見以錄之。

上中平、下中平二槍用法如前。

(二)撥草尋蛇

此槍乃破取腳之槍，俟其來時，隨其槍而撩其手以刺之。

(三)蜈蚣鑽地

此下路槍也。如外門紮來，則用外纏法；如裏門紮來，則用裏拿法；如上來，則以掛槍紮之。

(四)死中反活

此槍亦破轉環。如我拿彼槍，彼用轉環，已過我前手，急用顛槍法，上步紮之。

(五)倒拽梨式

此槍亦破轉環之法也。如我拿彼槍，彼用轉環，則急速閑身偷步，躲過其槍以刺之。

(六)白蛇弄風

此槍上邊須用撩眉勢以引之，彼必用槍拿我，俟其開槍之時，急往下轉，其槍空揚，我則用崩槍而後紮之。

(七)老僧出洞

此槍若敵從彼紮來，則偷步紮之，彼若還槍，我則用槍軋住彼槍再紮之。敵從前來，用砍拿法刺之。如若砍空，則用白鳳亮翅之法以俟之。

（八）老僧入洞

入洞者如拽梨之狀，用法與回馬槍相同。

（九）朝天槍勢

此式須看彼槍來法高低。如彼刺我上，我閃步砍其手而刺之；如刺中路，則上步開其槍而刺之；如刺我之下，則上步砸其手而刺之。如開其槍而彼退，則用鋪地錦以俟其上；如開其槍彼用轉環，則用外纏絲進之。

（十）鋪地錦勢

此即一炷香之變態，如彼從外上，則用纏法；如彼從內上，則用拿法；如從高來，則閃身賺步，纏其槍而刺之。

（十一）抱琵琶勢

此法如彼從外上，則閃身賺步以紮之；如彼拿我槍，則轉環賺步以紮之；如彼從上來，則用盤槍上；如彼取腳，則用撥草尋蛇上。

（十二）金雞奪門

此槍如彼從中路正門來紮我，我即賺身閃步，不封不架刺之。

（十三）白馬駝絲

此槍之法，如彼刺我首，則用托刀勢架住，急用裏拿以刺之。

祁家通背拳

（十四）外門奪門

此槍之法，如彼從外門來，我則閃身賺步，不封不架，從外門刺之。

（十五）護膝槍式

護膝者，待式也。彼從外門來，則用外纏紮之，則知敵無謀，不知槍法；若從裏門來，則急速抽回前腿，拿開彼槍，詐敗而走，則知敵知槍法，不可輕敵也，俟有機再紮。

（十六）太公釣魚

此槍乃抱門等法，與護膝略同。無論彼從裏、外門進槍，我槍俱順彼槍往下一滑，則敵槍自落矣。

（十七）鐵牛耕地

此槍係奸斷門法，前露槍尖，後吞五尺斜身拗步。如上來，則用崩；如下來，則用砸；外門來，則用外纏；裏門來，則用裏拿。彼若圈槍以進我，則用隨法閃步紮之。

（十八）藤蘿纏枝

此槍係纏攔槍法，我拿槍進，彼隨我槍欲轉環，我則纏其槍，用順水推舟破之。

注：槍法甚多，難以悉注，神而明之，即可隨心變化，相機而動。

三、槍法回答

或曰：槍法有窮乎？曰：無窮。凡戰者以正合，以奇勝，故善出奇者無窮。如天地不竭，江水終而復始，像日月往而復來。法四時，聲不過五，五聲之變不可勝聽也。色不過五，五色之變不可勝視也。味不過五，五味之變不可勝食也。戰勢不過奇正，奇正之變，不可勝窮也。奇正如環之無端，豈能窮之哉。

又問曰：何為奇正？曰：真法以對面交戰為正，旁面設伏為奇。曰：奇正之說已聞命矣。交戰之時當何如？曰：

（一）入界宜緩，緩則自然，變化靈活。

（二）要攻彼顧我，則身手方有一定之地。

（三）要視敵之強弱，敵強則速去為高。

武子云：善敗亦勝也。敵弱敗，與戰，勿輕敵，速進恐墜彼詐術耳。

又問曰：初學用功當何如？曰：功夫原有次序，初曰指界，次曰活身，再次曰活步、運力、用巧、知勢知法、槍之用力處處皆活，此用功之大略也。

又問曰：槍來太緩將若何？曰：緩則多詐，宜退步搭槍以觀其變。

又問曰：槍來太急當如何？曰：彼心無韜略，惟恃猛力，用奇破之，可保必勝。

又問曰：前後兩人並來當若何？曰：用截槍之法轉身破之。

又問曰：四人並至當若何？曰：非向旁跳不能解圍耳。

又問曰：四面齊來當若何？曰：有百鳥鬥鳳之法。問其法若何？曰：難言耳。必將前所注之法一一練熟，以至於隨機變化，然後可學，不然，教之亦無益也。

又問曰：可得聞其略乎，曰：其理可言也。敵雖多，其中必有巧拙精粗之不同，當先視其孰巧、孰拙、孰粗、孰精，宜避巧而取拙、捨精而取粗。且其來者又有前後遠近之分，當捨前紮後，指左紮右，捨近而圖遠也。

又問曰：其理當如此，而用之之法，孰居其多。曰：悠斷、梨花斷、大蟒搖頭、哪叱斷，此其擇要而用之也。外用摔槍、指槍、錐槍、拋槍、奇槍、奇棍、滾身、飛步、跳步、箭步，庶乎可以出圍矣。

又問曰：有定法否？曰：學時有定規，用時無定法。又問曰：自戰斷至龍形斷已注解明白矣，虎形以下何以不解？曰：以下所用之法前已注清，故不贅言耳。

又問曰：何為承定一法？曰：承即接也。定者按住彼槍，持而不動也，心懷相機之勢。二目窺其神情，見其欲動之機以紮之，故曰：後紮兮先人至，順人勢兮借人力，此之謂也。

又問曰：我敗敵勝當若何？曰：凡勝利多驕，驕者有粗心之失，追則必多猛，猛則無節制，用伏槍破之，敗中取勝，伏槍最妙。

又問曰：追敵若何？曰：昔曹劌戰齊於長勺，齊師敗績，視其轍亂，望其旗靡而後追之，蓋懼其有伏也。由是觀之，雖紮槍亦不可不慎也，故必視敵人之神情驚慌，槍法散亂，然後紮之。將近敵身又不可太急，恐槍中加錐，急則難閃也。劍經云：敵去若驚，宜往前攻，敵形坦然，

戰宜安閒。

又問曰：敵是真敗是詐敗我知之矣，何以知敵巧拙？曰：觀其動靜可知耳。伏牛云：動靜者，互為經緯也。靜不專靜，所主者動；動不專動，所主者靜。動而不靜，敵知我失；靜而不動，亦知我失。蘇子云：動靜用權，惟敵先動，而無靜，靜而無動，物也；動而無動，靜而無靜，神也。物則不動，神妙萬物，水陰根陽、火陽根陰，五行陰陽，太極四時運行，萬物始終，混兮辟兮，其無窮兮。敵強則速去，非不敢與戰也。即用奇伏以破之耳。

第五節　祁門十二槍（杆）

一、概述

槍乃百兵之祖，長械中之利器，形雖簡單，而內中之法理頗為深奧。

清嘉慶年間，祖居河北冀梁城西南三十里大郭村的祁老威，好武成癖，藝成後行走江湖經師訪友，在山東羅家集巧遇羅永槍傳人，學得羅家槍法，原名「斷門槍」，亦名「五勁槍」「五戶槍」。

後祁老威將槍法傳於其侄祁信。祁信學得此槍法後，將羅家槍、楊家梨花槍、六合槍共冶為一爐，始有「祁家大槍」，實乃「羅家槍、楊家槍點」之精華。其槍法虛實結合，奇正相生，進銳退速，勢險節短，靜似山岳，動如雷霆。圓神不滯，神化無窮。

祁信練槍時，常用長一丈一尺五寸的大杆，不安槍頭，故稱「祁門十二杆」，其中包括十二趟連操法、十種主要斷法、三十二槍點、三十六槍（招）法。祁家藏槍譜，秘不傳人，非入室弟子不得見也。

由於歷史等原因，後世鮮有得其奧妙者，即使偶有之，或秘而不傳，或傳而失其真。現世普練一些槍法，早已離真遠矣。望後學中能有苦心研求、承繼發揚先輩心血結晶者，實乃中華傳統武術文化之幸事也。

二、十二種主要單操槍點及身法、步法

(一)單操槍法、槍點的目的

1.掌握各種槍法、槍點需要的人體配置，包括手法、身法、步法與槍的合理配置，力求角度、尺度合理，身架不散。

2.追求人槍合一，發力協調，線路準確，力點集中。

3.操出攻防中必須上、中、下、左、右（裏、外）之方法與功力，包括（1）上、下劈崩力；（2）左右橫力；（3）前絭力；（4）裏擠外滾力；（5）圓形力、混元力等等。

(二)抱槍勢

通背槍曾稱「斷門槍」，對敵之先先有抱槍勢，即抱門。前手為門，後手為根。一抱門，即分裏門、外門或大門、小門，這是先輩人為規定而已。實際上還有中門，往

往被忽略了，即前把手方向。以右把槍為例，即左手握杆在前，右手握槍把在後。左把與槍桿左側即為外門，右側即為裏門。抱門亦有各種埋伏，以求近、求快、求各種槍法及心意的變化。下面介紹通背槍幾種主要抱槍勢。

1. **中平槍**　亦四平勢，以中盤為主。三七步站立，身鬆整，右斜側，鬆腰，胯微斜，頭頂項領，鷹目猿神，舒胸理氣；前臂屈，虎口微斜朝上，左肘抵左肋；右把在右腰後，虎口在上，槍桿不離腰，三折九扣，槍尖、鼻尖、足尖成一立面。槍身平直。體態中和，神態中和，靜似山岳。注意身平、肩平、足平、槍平，即四平（圖7-5-1）。

此槍乃槍中之王，其槍法妙變無窮。有歌曰：中平槍，槍中王，高低遠近都無防。高不攔，低不拿，當中一點難遮架。去如箭，來如線，指人頭，紮人面，高低遠近都看見。

圖7-5-1

2. 上平槍　亦指南針勢，以上盤為主，高虛步站立，仍抱平槍。其餘要求同中平槍（圖 7-5-2）。

3. 下平槍　亦十面埋伏勢，以下盤為主。低半馬即四六步站立，仍抱平槍。其餘要求同中平槍（圖 7-5-3）。

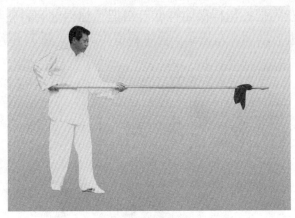

圖 7-5-2

圖 7-5-3

4. **定南針勢**　此勢身形同以上三種抱槍勢，只是槍桿向前下傾斜，槍尖低於後把（圖7-5-4、圖7-5-5）。

5. **太公釣魚勢**　此勢身形同前三種抱槍勢，只是槍桿向前上傾斜，槍尖高於後把（圖7-5-6）。

6. **倒曳犁勢**　右側身倒右弓步；右手陽把在右肩外上方，左陽把握槍桿微屈臂低於右把，槍桿貼胸斜朝前下，槍尖近於地面；左扭頭，目平視槍尖方向（圖7-5-7）。

圖7-5-4

圖7-5-5

圖 7-5-6

圖 7-5-7

（三）通背槍主要步法

通背槍主要步法同拳法、刀法、步法相同，有提膝步、三七步、四六步、弓步、攔馬步、仆步、順步、拗步、跟擠步、倒行步、蓋步、繞步、碾閃步、閃展步、縱

步、撤步、虎跳步、五虎群羊步等。

(四)十二種主要槍點、槍法單操

1. 擺拿紮槍（梨花點頭）

擺拿槍，即子午封槍，亦似封似閉，又名軋槍，梨花擺頭，起形斷之母，乃槍根基之一。外為擺，裏為拿。中平槍抱門（圖7-5-8）。腳站三七步，用腰身帶動，先向左微擰身；手中槍外擺，外擺時四指一攏，手心朝上（圖

圖 7-5-8

圖 7-5-9

7-5-9）。然後腰身微向左擰；手中槍裏拿，裏拿時虎口一拱，右手穩住配合（圖7-5-10）。左腳前踏成弓步；右手向前推把紮槍（圖7-5-11）。槍身上下運動，槍尖呈馬蹄鐵形∩。兩把有撕掙力，槍身有彈力。幅度先操大，上至頭，下至足；然後操小，上下一尺。前把活如梨花，後把穩如泰山。操小時，前把不宜仰至極點或覆至極點，宜取

圖 7-5-10

圖 7-5-11

中。

先操擺拿，然後操擺拿絲槍，拿擺絲槍，絲槍左腳前弓，左撐身，右把前推，向前平絲槍，左把滑把停於右手前二寸餘，注意左右把不可合一處，否則成一點單手絲槍，危險。

（1）定步操法：四六步、三七步、提膝步均可。

（2）活步操法：蓋步，倒步，前進，後退。前竄後跳。碾閃步（裏外）。閃展步（裏外）。

注：①絲槍要快，絲後即收回抱槍勢。因此槍接近是單手絲，故此絲槍只能離開絲，否則粘著絲危險。

②擺拿槍出：劈崩、滑、闖、摩旗等槍法。

2.圈槍（梨花搖頭）

圈槍亦是槍根基之一，戰斷之母。中平槍抱門（圖7-5-12）。站三七步，用腰身先左搖動，使槍身向左、向上、向右、向下圈動，此為外圈槍（圖7-5-13）。然後腰

圖 7-5-12

圖 7-5-13

身向右搖動，使槍身向右、向上、向左、向下，反覆圈動，此為裏圈槍（圖 7-5-14）。先操大圈槍（直徑五尺），再操中圈槍（直徑一尺），再操小圈槍（直徑大小如槍桿），槍紮滾豆之意即指此槍。

圈槍後，向前紮槍。

圖 7-5-14

挽手槍：槍尖走裏外∞字形，一紮槍。

【定步操法】

四六、三七、提膝步均可。

【活步操法】

蓋步、倒步、前進、後退、碾閃、閃展、墊步、前進、後退。

注：此槍出、纏、粘、隨、按、托、滑、攪、蹬、撥草尋蛇等槍法。

3. 闖槍

闖槍亦是槍根基之一，亦有裏外之闖槍，順步、拗步闖槍。

【定步操法】

中平槍抱槍勢（圖7-5-15），右腳蹬，左腳向前實踏成弓步或四六、五五，擠住肩肘，槍桿斜朝前上，用身力，雙手虎口在上同時前推，主力點在槍尖，輔助力點在

圖 7-5-15

圖 7-5-16

槍桿（圖7-5-16）。迅速回抱槍勢，反覆操練。

【活步操法】

跟擠步、墊步、閃展步、碾步等等。

注：（1）闖槍短，用步法彌補之。

（2）長械必須會短用，不知短用之法，常被長所誤，危險矣。用闖槍進身短用，即急用手法縮出槍桿，與短兵功用相同，此用長以短之秘。

（3）槍出是兩手之互助撐力。

4. 拈槍

抱中平槍（圖7-5-17）。向前踏弓步；雙把滾動，用腰身之力向前，邊拈邊紮槍。前把陰，手心朝下，後把陽，手心朝上；有身力，主力點在槍尖，輔助點滾動前桿，有鑽勁（圖7-5-18）。

【定步操法】

弓步、四六、五五步。

圖 7-5-17

圖 7-5-18

【活步操法】

墊步、閃展步、碾閃步、跟擠步等。

注：（1）拈槍出穿指穿袖、奸斷、中平斷、穿堂斷、巧女紉針等槍法。

（2）槍是兩手互助之勁而出，專在前手或後手皆非。

（3）槍身要有混元之力，不能貪敵杆。

5. 梆槍

太公釣魚勢抱槍（圖7-5-19）。高跟步紮槍（圖7-5-20）。後撤右腳，下坐腰，成低半馬步；左把滑按，右把後拉，雙手有撕掙勁，使槍向下梆拍（圖7-5-21）。連續操之。

圖 7-5-19

圖 7-5-20

圖 7-5-21

【活步操法】

閃展步、碾閃步、拗步、順步等。

注：此槍有劈、拍勁。

6. 掂槍

中平抱槍（圖 7-5-22）。用腰身，右把微抬，使左把

圖 7-5-22

向下斬摔、抬起再向下反覆振盪顛動，槍身有彈勁（圖7-5-23）。

【活步操法】

提膝步、三七步、後跳步、撤步等。

注：此槍有斬、劈、摔、蹬意等，主要用於防下。

7. 崩撩槍

中平抱槍（圖7-5-24）。虎步下紮槍（圖7-5-25）。

圖 7-5-23

圖 7-5-24

圖 7-5-25

圖 7-5-26

腰身向右微動；雙把微上抬，槍尖不動，右把微上抬向後、向下拉壓，左把微動配合，雙手有撕掙力，使槍尖由下向上崩撩（圖 7-5-26）。反覆操之。亦可與梆槍等合而操之。

【活步操法】

提膝步、三七步、五五步、繞步、前竄、後跳步等。

注：此槍猶如抖繩，是從下分敵前手或崩其杆，有彈性。

8. 鎖槍

（1）中平抱槍（圖7-5-27），向前弓步，紮平闖槍（圖7-5-28），重心後撤，成提膝步或三七步，雙把向下、向後拉槍，使槍尖刃向下、向後畫動（圖7-5-29），反覆操之。

（2）中平抱槍，弓步向前紮中平槍（或上紮槍），左把下滑下按，右把向右腰間拉槍，使槍尖向下、向後畫

圖7-5-27

圖7-5-28

圖 7-5-29

動。反覆操之。

【活步操法】

後撤步、後跳步、拗步、順步、提膝步、三七步等。

注：此槍下拉主要攻擊敵前手、虎口，故亦稱鎖口槍。

9. 劈、挑槍

朝天勢抱槍，即槍上舉，抱於左胸前；四六步站立（圖 7-5-30）。右腳後撤，重心下降成低半馬步，縮腰弓身；用身力帶動雙把，同時用力向

圖 7-5-30

圖 7-5-31

前、向下劈出，左把下劈
後，左肘抵左腰，右把拉至
右腰後；當槍劈至下平時，
整身全緊，劈力突然停止
（圖 7-5-31）。右腳向左
腳後上半步，腰身直起上
揚；雙把配合向左耳上挑
槍，左把停於左耳上側，右
把止於腹部（圖 7-5-
32）。反覆操之。

【活步操法】

墊步、半馬步、仆步、
弓步等。

注：此槍硬去硬回莫
軟，至剛，猶如搗碓，亦有
揚場意。

圖 7-5-32

10. 搬攔槍

太公釣魚抱槍勢，即中平槍，槍尖高於後把。向左為搬槍（圖7-5-33）。向右為攔槍，用腰身之力左右轉動帶動雙把向外或向裏搬攔槍。槍桿左右行程不可過大。

【活步操法】

倒行步、蓋步、碾閃步、五五步、四六步等。

注：（1）此槍乃爆橫力，用腰身之力，鬆到極點，緊到極點，柔至極，剛至極，有砍意。

（2）上、中、下三盤均要操之。

（3）搬攔後，槍立即回中線，乃為等法，即敵槍已出，方可用。

11. 梨花擺頭

（1）持中平槍，用腰身水平抖動，與雙把配合，使槍桿、槍尖水平彈性擺動。

圖7-5-33

（2）持中平槍，後把抵前腰，動作同上。

（3）持中平槍（圖7-5-34），右把後肘抵腰，肩身夾住合一，右把在左肘裏，用腰身水平抖動與雙把左右擺腕相配合，使槍桿、槍尖左右彈性擺動（圖7-5-35～圖7-5-37）。

圖 7-5-34

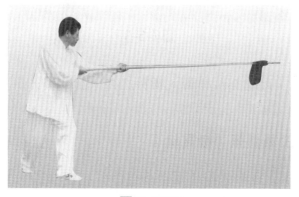

圖 7-5-35

圖 7-5-36

圖 7-5-37

　　注：此槍亦操橫畫、橫掃之力，出鎖喉、鎖口等槍法。

12. 纏腰橫（橫貫槍）

　　（1）抱中平槍（圖 7-5-38）；左把後拉，重心前移，成左弓步，左把亦稍滑，由右向前推把，用槍把向前

圖 7-5-38

上方橫貫敵頭部，槍不離腰（圖 7-5-39）。再向右轉動，上右步右把拉向右腰間，左把從左向前上推把，用槍前部向前上方橫貫敵頭部，槍不離腰（圖 7-5-40）。

（2）與上相同，只是身形下降，槍、棒水平左右橫貫敵腰胯部。

圖 7-5-39

圖 7-5-40

（3）與上相同，只是身形再下降，槍、棒左右下掃敵腿部。

注：①此槍乃短用法之一，亦周身及槍棒之橫力。

②橫貫左右時，一般不過中。

通背槍還有很多操法，每個招法亦可拿出反覆單個操作練習。這裏只介紹十二種操法，主要把上下之劈挑力、左右之橫力、前紮之直力、圓形之圈力、裏擠外滾之力等等，即形成⊕準星之力形，勤操即知其中味，知勢、知法、知理、懂勁，方能步入其門，漸近佳境。

三、對滑杆基本操法

對滑杆不光是指順杆滑的意思，而是槍點、槍法互動練習，兩人手中之槍，對力度、角度、尺度、時度、速度的感覺、反應，找「斤勁」。

（一）擺拿滑杆

1. **定步和直步對杆**：你紮我裏，我拿還紮你裏，你拿還紮，我拿；你紮我外，我擺還紮，你擺還紮，我擺；你紮我外，我纏攔（即順其紮槍方向向外圈攔）還紮你外；你纏攔還紮，我纏攔。然後反過來進行練習，再加步法進退練習。

2. **閃展步對杆**：你紮，我拿閃展上，你拿還紮，我拿；你紮，我擺閃展上，你擺還紮，我擺。然後兩人互換進行練習。

3. **對滑杆**：你紮上，我滑拿還紮；你倒一步，滑拿進步還紮，我倒一步，滑拿；你紮上，我滑擺還紮；你倒一步，滑擺進步還紮，我倒一步滑擺。

4. **摩旗**：你紮裏，我左碾閃步，搭槍；你抽撤紮外，我右碾閃搭槍（可外滑）。反覆練習。

5. **裏外劈槍**：你紮裏，我左碾閃步劈；你抽撤紮外，我右碾閃步劈，或敗槍式劈。反覆練習。

此槍意亦是摩旗，是視敵槍之形而不同。通常是高用滑，低用砸（劈），外（左）用擺（攔）或纏攔，裏（右）用拿、滑、砸。「摩旗斷門勢法嚴，子午封槍有真傳」。要細細揣摩始成。

（二）圈槍對杆

1. **裏外對圈槍**：兩人搭杆，一人圈，一人隨，前進、後退。兩槍粘住不離（由大到小）。不可緊亦不可懈，悠悠自得，找感覺。亦可用倒行步、蓋步等步法互圈。

2. **攪槍**：兩人搭杆前進、後退、圈小，有鑽意。即一人邊圈邊前鑽，另一人邊圈邊纏，兩槍粘住不離。兩人互換練習。

3. **挽手槍**：兩人抱槍，甲紮中平槍，乙正圈槍拿槍；甲轉環反圈槍找乙杆，乙再正圈槍拿槍。節奏由慢到快，互動練習。此槍至細專找杆，即一拈三花。正圈槍（即裏外圈槍）與反圈槍（裏圈槍）均要練習。

4. **粘隨槍**：兩人抱槍，甲紮槍，乙稍撤步，搭槍；甲變換各線路進攻，乙粘住甲槍，隨住，不放甲槍進，亦不令甲槍出。此槍是在熟練掌握圈槍的基礎上進行訓練。身法、步法、手法協調配合，鬆緊有度，悠悠自得之象，由慢到快。

（三）拈槍

1. 你紮中，我帶槍，還拈紮槍；你帶還拈紮槍，我帶槍。

2. 你紮中，我外纏，還拈紮槍；你外纏還拈紮槍，我纏攔。

3. 你紮中，我直拈紮裏；你帶，我抽撤或轉環槍再紮外；你外拈，我纏槍撤出。

（四）闖槍

你紮裏，我闖紮，你撤；你紮外，我闖紮，你撤；我紮裏，你闖紮，我撤；我紮外，你闖紮，我撤。

（五）搬攔槍

你紮外，我搬槍；你紮裏，我攔槍；我紮裏上，你攔槍，我紮外上，你搬槍。

（六）簡單攻防訓練

在對滑杆的基礎上，進行防守、防守反擊，進攻、進攻防守等攻防訓練，才能進行各種「斷法」研究訓練及更高藝境的槍法；才能人槍合一，隨心所欲，推出法外之法。

甲、乙均抱中平槍，距離以弓步紮槍能觸到對方為準，為了不致誤傷對方，用不安槍頭的長杆訓練為好。

1. 初步防守練習

甲紮乙裏中平槍，乙拿槍；甲紮乙外中平槍，乙擺槍；甲紮乙上槍，乙捉槍（高拿）；甲紮乙下槍，乙向下提撸防下；甲又紮乙上槍，乙捉槍；甲再紮乙下槍，乙掂槍防下；甲紮乙外中平槍，乙外擺槍；甲紮乙裏槍，乙拿槍。

此操法為最簡單的攻防練習，即防右、防左、防上、防下之意。先定步練習，然後配步法做前進、後退閃展練習。此勢主要練習初步防守，甲乙要互換。

2. 初步防守反擊練習

甲紮乙裏中平槍，乙拿來槍左閃展步上闖槍；乙拿來槍還紮中平槍，甲外纏攔槍，上右閃展步，拗步紮槍；乙

外纏攔槍還紮槍，甲攔槍。此勢要活步練習，甲乙要互換。

3. 簡單攻防訓練

甲紮裏門中平槍，乙拿還紮中平槍；甲拿紮中平槍，乙擺（攔）還紮中平槍；甲擺（攔）還紮中平槍，乙拿槍上指引槍攻上；甲拿槍，乙外轉環紮下（膝）；甲提擼防下，乙紮上；甲捉槍，乙紮下；甲掂槍防下，即紮上平槍，乙拿來槍；甲外轉環紮下（膝），乙提擼防下；甲紮上，乙捉槍；甲紮下，乙掂槍防下，即紮中平槍；甲拿槍，左閃展步，紮裏上闖槍，乙拿槍還紮中平槍；甲外纏槍，右閃展步紮外上槍，乙外纏槍；甲轉環紮乙裏中平槍，乙拿槍左閃展紮裏上闖槍；甲拿還紮中平槍，乙外纏槍，右閃展步紮甲外門上槍；甲外纏槍，乙轉環紮甲裏中平槍，甲拿槍。雙方後撤抱槍。

第六節　祁門十二槍(杆)動作名稱及技術圖解

一、動作名稱

一路　擺拿（三槍）

撩崩勢，擺拿進步三槍；裏劈槍、外劈槍；回身撲槍。

歌訣：

裹拿外擺把家看，子午封手有眞傳。

摩旗斷門磨膝步，裹外劈槍要相連。

二路　前仆後撩（二槍）

上步橫拿閃步紮；沱行外門崩撩，連三式，撩棒回身。

歌訣：

橫拿閃步紮裹撲，梆拍二字緊相連。

沱行外門底駝勢，崩中帶撩步法嚴。

三路　穿指穿袖（四槍）

上步穿指，閃步穿袖；掂槍；順水推舟；巧女紉針；烏龍入洞，跨劍回身。

歌訣：

上步穿指步緊跟，順水推舟閉住門。

閃身躍步去穿袖，巧女提膝走紉針。

四路　野馬闖槽（三槍）

撥草尋蛇；似蛇塌地，野馬闖槽，閃步穿袖；跳步歪槍，開步劈槍，劈棒回身。

歌訣：

似蛇塌地忙抬起，野馬闖槽勢法急。

閃身繞步走穿袖，跳步奇槍有一劈。

五路　大奇槍（四槍）

上步拿槳，隨槍；崩槍，劈槍；縱步槍，開步劈槍；跳閃步槳，梨花擺頭，烏龍入洞。

歌訣：

拿槍隨槍把枝纏，上步崩槍勢法嚴。

金雞奪門走臥步，閃身跳步把堂穿。

六路　大過橋（三槍）

裏劈槍，外劈槍，懷中抱月；退步擢棒，退步擢槍；裏外四槍。

歌訣：

裏外劈槍斷法嚴，懷中抱月緊相連。

擢棒撩槍退步走，裏外四槍把心剜。

七路　雲溜棍（三槍）

拿槳；裏拔棒貫，槍貫；槍劈，棒劈，槍劈；雲溜槍貫，棒貫回身。

歌訣：

拿槳撥草去尋蛇，左右貫耳步橫挪。

上下左右隨機變，劈槍劈棒似穿梭。

八路　童子抱扇（二槍）

拿槳外撥，臥步摔棒，開步槍劈；鳳凰奪窩，棒劈，回身棒劈，抱扇回身。

歌訣：

拿槍尋蛇往外撥，臥步劈棒招法多。

開步劈槍急又快，烏龍入洞鳳奪窩。

九路　正上橋（二槍）

拿紮外擺，棒撥，臥步槍；開步槍貫，拗步棒貫，槍劈，棒劈回身。

歌訣：

拿槍外擺棒撥草，閃身臥步使梨花。

槍貫棒貫不動步，劈槍劈棒似夜叉。

十路　花槍棒（四槍）

拿紮，臥步摔棒，上崩下砸；開步槍貫，棒貫，棒掃腿；槍劈，槍掃；棒攔腰，回身。

歌訣：

拿紮臥步棒崩劈，槍貫棒貫棒掃腿。

槍劈槍掃連環用，怪蟒纏腰勢法急。

十一路　倒上橋（二槍）

閃步戳棒，倒行步圈棒，棒砸，戳棒；棒掃，上步槍劈，橫棒，回身。

歌訣：

閃步戳棒倒步圈，下砸前手上戳面。

指上打下棒掃腿，劈槍橫棒把腰纏。

十二路　窩槍（四槍）

拿紮，擺棒，擺槍；倒行步紮，馬式拿紮，纏攔槍倒

步絮；馬式拿槍，下引槍，閃步上絮，槍劈，棒劈；回身
烏龍入洞，一拈三花。

收勢。

歌訣：

拿絮擢棒倒步貫，馬勢中平用纏攔。

倒步貫絮天邊月，劈槍劈棒緊相連。

(二)祁門十二槍(杆)所含三十六槍法

擺拿、梨花斷、鋪地錦棒、拈槍、摩旗斷門、藤羅纏
枝、撥棒、掂槍、裏外劈槍、崩槍、大奇槍、鎖口斷、撲
槍、金雞奪門、杆子捆人、中平斷、底托槍、穿堂斷、棒
摘星、剛斷、穿指穿袖、懷中抱月、側身槍、順水推舟、
擢槍擢棒、纏腰橫棒、巧女紉針、撥草尋蛇、圈棒、似蛇
塌地、左右貫耳、挽手槍、野馬闖槽、劈槍劈棒、圈槍、
天邊摘月。

二、技術圖解

第一路　擺拿

(一)預備勢

雙腳併立；左手掌心順左
腿自然下垂；右手在右腰側握
槍桿，槍把下端落地，槍尖順
右耳側上指，槍刃朝前；頭頂

圖 7-6-1

項領，舒胸理氣，目正平視前方（圖7-6-1）。

（二）崩撩勢

左手經身前向右繞，在右手上方握住槍桿，順右耳上提過頭頂，右手順槍桿下滑，握住把端；左手柄鬆握不動，右手握槍把，上舉過頭，抵住左手下方；雙手握槍，直臂向前緩慢前落，槍尖點地；左手離杆屈臂，立掌撐於胸前方，左掌根置於右前臂上方，掌尖高與鼻齊（圖7-6-2）。右腳向後撤步，同時，雙手握槍微上提後，立即向後坐身，成三七步；右手向右後下方，拉槍桿，左手鬆握不動，槍尖向上崩撩（圖7-6-3）。

注：崩撩之勁，猶如抖繩，要有身力。

（三）中平抱槍勢

接上勢。槍自然下落，成中平抱槍式，即腳落三七步，右側身，胯微斜；右手虎口朝下，握槍在腰後；左手

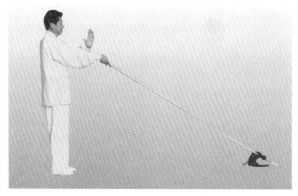

圖7-6-2

圖 7-6-3

虎口斜朝上握槍在前，左肘抵左肋，左肩微扣；大槍貼於
腰間，槍身平直，槍尖前指，槍尖、鼻尖、左足尖三尖一
條線（即在一個立面之內）；目視前方（圖7-6-4）。

（四）擺拿紮槍

右腳向前蓋步，腳尖外展；以腰和槍桿接觸部為支
點，後把微下壓，前把微上托，槍尖上挑；右手握槍再微

圖 7-6-4

上提右旋，左臂合肘，左手握槍，四指一攏外旋，向左下外擺槍（圖7-6-5）。左腳向前上提膝步；同時，右手握槍微左旋並下壓把，左手上托，槍尖上挑；右手握槍再微上提，左手握槍內旋，虎口一拱向下（拿槍）（圖7-6-6）。左腳向前跨步，重心前移成左弓步（虎步）；當左右手間有一定距離時，雙手同時向前推把，雙手虎口同時向前拱，雙肩下沉，雙肘下垂，右上臂下斜，肩身要挾住，

圖 7-6-5

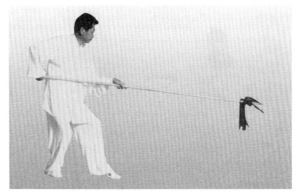

圖 7-6-6

右前臂水平，左手直臂下斜，使大槍與身焊接成一整體，向前平紮槍（圖7-6-7）。

注：1.以左手在前，右手把在後的右把槍為例，左臂及槍左外側即為外門，左臂及槍右側即為裏門。

2.外為擺，裏為拿，擺拿槍尖路線為馬蹄磁鐵形∩，頂端弧形要小，與花槍中攔拿走半圓弧有區別。

3.槍不離腰，擺拿槍桿要「扞肚」。

4.擺拿紮槍與花槍中之紮槍亦有區別。槍紮出時，雙手同時用力，兩手間有一定距離，這樣才有根節力、縱橫力，如同拳中之中拳、刀中之紮刀，要懂六面力（即上、下、左、右、前、後），方可理解通背槍紮槍之意。而花槍之紮槍，前手尖為準星，後手向前推把，實為單手之力，較弱，但可取其快、長之特點。

5.擺拿紮槍時，身、臂、手鬆緊要適度，擺拿之幅度大到極點，小到極點，先操大，後操小，槍紮滾豆之力即為小矣，細矣。

6.擺拿槍可出劈槍、砸槍、挑槍、崩槍、滑槍等，發

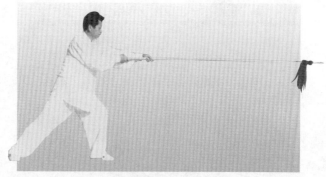

圖7-6-7

勁時要有身整之力。

7.單操時步法可進可退，可左右閃展，要輕靈活快。

（五）倒行步擺拿紮槍

右手握槍，向回撤歸腰後，左手鬆握槍桿撤回，左肘抵左肋處；同時，重心移至左腳，右腳從左腿後向前倒插步；同時亦擺槍（圖7-6-8）。重心繼續前移，上左三七步；同時拿槍（圖7-6-9）。上左弓步；雙手推槍向前平

圖 7-6-8

圖 7-6-9

絮槍（圖7-6-10）。

（六）蓋跳步擺拿絮槍

右腳從左腿前向前蓋跳步；同時左擺槍（圖7-6-11）。右腳落地，左腳迅速上三七步；拿槍（圖7-6-

圖7-6-10

圖7-6-11

12）。上左弓步；右手推把，左把滑把輔助平紮槍（圖7-6-13）。

（七）裏劈槍

右手握槍撤至右腰後，左手握槍，肘抵左肋（圖7-6-

圖7-6-12

圖7-6-13

14）。左腳外碾，右腳向左腳後閃展 45°角，腰身向右搖動，帶動長槍向右下圈劈槍；後把上提，前把下壓，整個槍身斜朝下，三尖一條線；目視槍尖（圖 7-6-15）。

（八）外劈槍

左手鬆握把不動；右把前推，下紮槍（圖 7-6-16）。

圖 7-6-14

圖 7-6-15

圖 7-6-16

右手握槍向下拉壓，左手向上抬起；右腳向右側方45°角跨右弓步；同時左轉身，右手向右肩外側拉槍，左手鬆握，邊滑杆邊向左外圈劈槍；左手直臂順左腿方向斜向下，手心朝上握槍，兩手間槍桿斜貼胸前，槍身斜朝左斜下心朝上握槍，槍桿斜貼胸前，槍身朝左斜下方；頭左轉，目視槍尖。

圖 7-6-17

成右弓步敗槍式，亦稱倒拽梨式（圖7-6-17）。

第二路　前仆後撩

(九)閃步下撲槍

右旋身180°，回身，左腳向右腳左方上扣步，右腳向

圖 7-6-18

左腳後閃展，成左半仆步；右手向下，向右腰後拉槍把，左手把隨身右旋180°，向右推槍橫掃，待槍掃到180°時，以槍前身向前下攔槍。三點一條線（圖7-6-18）。

(十)橫拿槍,閃步裏闖槍

重心前移上右拗步；同時縮身拿槍（圖7-6-19）。上

圖 7-6-19

圖 7-6-20

動不停。迅速向左前方閃展成左弓步；同時，雙把向前斜上方推闖槍，即沉肩、垂肘、裹合，右臂挾緊，肘微屈，右手高與腹齊；左臂撐直，左手高與胸齊，兩手間距尺餘，雙手虎口均朝上，槍斜，闖紮前方，主力點在槍尖部，輔助力點在前槍身；目視槍尖（圖7-6-20）。

　　注：闖槍要有身整之力。如遇敵中平槍，有滑闖之意，是線進攻而非點進攻。闖槍紮敵裏、外門均可，但此槍有闖紮敵裏門之意。

（十一）沱行外門崩撩槍

　　後把鬆抬，槍尖下行（底漏）；重心後撤，微右移，左腳向右腳右前方繞步，腳尖外展（圖7-6-21）。緊接著，右把急速抽撤回右腰後；左手微上抬後再下落，肘抵腰間，兩手協調配合，槍尖呈崩撩之勢；在左腳落地之時迅速上右弓步（圖7-6-22）。右手前推，拗弓步上紮槍（紮敵喉）（圖7-6-23）。

圖 7-6-21

圖 7-6-22

圖 7-6-23

注：

1.崩撩槍，其意是底崩敵之前手或槍桿，身體邊撤邊崩撩，以防敵槍砸己前手。

2.拗步紮槍是紮敵之外門，目標是槍平則紮敵前手或腰、肋，槍稍高則紮敵胸，槍再高則紮敵頭、喉。崩撩及紮槍時槍尖均要立著。

（十二）拉槍前撲槍

雙手同時向下、向回拉槍（圖7-6-24）。左腳向左前方閃步，右腳向左腳後閃展成弓步；同時，槍由下微向左，再向前上方撲紮槍，即後把前推，前把上抬裏旋，手心朝下，與右手同步，向前斜上方推撲，弓步紮槍，紮敵頭部（圖7-6-25）。

注：

1.拉槍是攻擊敵之手、虎口、腕，即鎖口槍。

2.撲槍是由敵之外門拉轉至裏門，連駝、連撲、帶

圖7-6-24

圖 7-6-25

蓋、帶紮。閃展步亦與之同步。

(十三)沱行外門崩撩槍

動作同第 11 式（圖 7-6-26～圖 7-6-28）。

圖 7-6-26

圖 7-6-27

圖 7-6-28

（十四）拉槍前撲槍

動作同第 12 式（圖 7-6-29、圖 7-6-30）。

（十五）沱行外門崩撩槍

底漏槍、崩撩槍同上述動作（圖 7-6-31、圖 7-6-

圖 7-6-29

圖 7-6-30

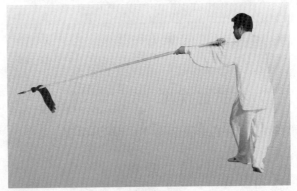

圖 7-6-31

32）。接換跳步、拗步，上紮槍，即：當左繞步欲落時，迅速換跳步，左腳落地，右腳亦迅速前落；雙手推杆，向前方紮槍（圖 7-6-33）。

　　注：上紮槍主要攻擊敵頭部，拗步槍即為沱行步外紮槍。

圖 7-6-32

圖 7-6-33

(十六)圈槍、中平槍

雙手將槍撤歸腰間，用腰轉動帶動槍身，正圈劈槍；同時上左步（圖7-6-34）。槍圈劈後，迅速向前踏左弓步；雙手推槍向前平紮槍（圖7-6-35）。

圖7-6-34

圖7-6-35

(十七)撩棒回身

重心前移，上右五五步；左手鬆握槍桿，前滑後握住，向回抱掛槍；同時，右手滑把，向前上方撩棒（槍把），高與肩齊；左手握槍，停於左肩內側；目視槍把（圖7-6-36）。左旋身180°，回身，左提膝步；右手回滑握把，左把前落，中平抱槍勢；目視前方（圖7-6-37）。

圖 7-6-36

圖 7-6-37

第三路　穿指穿袖

(十八) 穿指

　　右腳蹬催，左腳前行，右腳緊跟，腳落五五步；同時，雙手推槍，向前悠蕩，指引紮槍（穿指）（圖 7-6-38）。左腳向後蹬催，右腳後行，左腳回撤提膝步；雙手向回抽撤，槍歸位（圖 7-6-39）。

圖 7-6-38

圖 7-6-39

(十九)穿袖

右腳蹬催;向前拈桼中平槍(穿袖)(圖7-6-40)。重心前移,上右蓋步;同時雙手向回裹槍,槍尖稍高(纏槍),即左把裹肘外旋,左肩裹扣,右側身(圖7-6-41);向前趟左步,右腳蹬催成左弓步,雙手推把向前拈

圖7-6-40

圖7-6-41

絜槍（心含外拈之意）（圖7-6-42）。

（二十）穿指

重心向前移，右腳向左腳後上半步，左腳提膝步；雙手向回拉槍歸位（圖7-6-43）。左腳前趨，右腳蹬催，跟擠，五五步；雙手握槍，向前悠蕩，指引穿槍（穿指）

圖7-6-42

圖7-6-43

圖 7-6-44

圖 7-6-45

（圖 7-6-44）。左腳向後蹬催，右腳後行，左腳回撤提膝步；雙手向回抽撤，拉槍歸位（圖 7-6-45）。

（二十一）穿袖

左腳前趨，右腳蹬催，跟擠；雙手握槍，向前悠蕩，拈穿槍（穿袖）（圖 7-6-46）。重心前移，上右蓋步；同

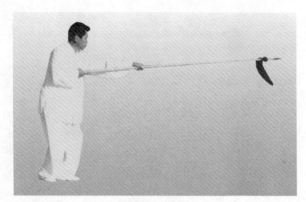

圖 7-6-46

圖 7-6-47

時身微右轉，雙手握槍向回裏帶，微向裏領槍（圖7-6-
47）。重心繼續前移，上左弓步；雙手前推加滾（即雙手
配合左把裏旋，槍身邊滾邊紮）拈紮槍（圖7-6-48）。

(二十二)掭槍

重心前移，上右蓋步；同時右把回抽，左把微滑後握

圖 7-6-48

圖 7-6-49

住槍，向下掑槍〔即用身力，腰為支點，後把微抬，前把四指一攏，渾身一整（緊）〕，用身力向下劈槍，劈槍後渾身即鬆（圖 7-6-49）。

(二十三)順水推舟

上左步；雙手握緊杆；左腳碾步，右腳後閃，身急速

圖 7-6-50

圖 7-6-51

右轉；身、手、槍合一，向右橫領並右推，左手心朝上，右手心朝下（圖7-6-50）。

（二十四）巧女紉針

　　微左轉身，同時左腳向回虛提；右把向腰間收回，前手虎口下壓，槍尖下畫（圖7-6-51）。左腳突然向前跨弓

圖 7-6-52

圖 7-6-53

步;同時雙手急推槍,向前上拈紮槍(圖7-6-52)。

(二十五)烏龍入洞

右腳向左腳後倒行步,左轉身;同時雙手握槍,左擺,用腰轉動向前絞槍一圈(即邊正圈槍邊螺旋前進)(圖7-6-53)。上左步同時反圈槍一圈(圖7-6-54)。上左弓步;右手向前推紮槍;目視槍尖(圖7-6-55)。

圖 7-6-54

圖 7-6-55

（二十六）跨劍回身

右腳向左腳右側上步；右把下壓，左把上滑後即握住，向左、向回、向右、向前畫水平圓，使槍成上搖勢（圖7-6-56）。左轉身；左手握槍，向左右下方斜掃；左腳虛提；右平握把停於左腳前方，高與肩齊，左手握杆停於左後方；左轉頭，目視左方（圖7-6-57）。

圖 7-6-56

圖 7-6-57

第四路　野馬闖槽

(二十七)撥草尋蛇

　　左腳向右腳左側開左步；右把向身前拉把，右肘抵腰，左手滑把，向右前下方撥槍，槍尖略高於地面；目視槍尖（圖7-6-58）。右腳向左腳後倒插步；同時左把滑握

圖 7-6-58

槍，貼地面向左前方撥槍，右手向後右拉把，高與胸齊；目視槍尖（圖 7-6-59）。左腳向左前方上弓步；右手向腰前拉把，右肘擠肋，左手滑握杆，向右前下方撥槍（圖 7-6-60）。

圖 7-6-59

圖 7-6-60

(二十八)似蛇塌地

重心後移，成五五步；同時右手微後拉，並在腰前畫小圈與左手配合；左手向前滑把，微向左撥槍後，向上圈崩（向左、向上畫弧）（圖 7-6-61）。右腿全蹲，左腿仆地，成左仆步；右把後拉，左把下壓，向下劈拍槍，槍桿要拍擊地面；目視槍尖方向（圖 7-6-62）。

圖 7-6-61

圖 7-6-62

(二十九)野馬闖槽

重心匍匐前移，左膝弓起，右腿蹬直，成過渡性左弓步；同時左手滑把，右手順地面向前推把穿槍（圖7-6-63），並逐漸將槍抬起，後把略高左把，槍尖低頭；右腳向前蓋跳步，左足蹬地前跳；同時右手向下、向回拉壓把，左手向上滑撐，槍尖向前上崩撩（圖7-6-64）。右腳

圖 7-6-63

圖 7-6-64

落地，左腳隨之前落三七步；同時左手下壓，向下劈槍（圖 7-6-65）。右腳前蹬，左腳向前踏成弓步；雙手向前上推把，闖槍（圖 7-6-66）。

注：1.崩、撩、劈、闖槍要一氣呵成。

2.崩、撩、劈猶如抖繩，裏外、中門皆可使用。

圖 7-6-65

圖 7-6-66

(三十)閃步穿袖

重心回撤；雙手向下、向回急拉槍；同時左腳向右腳右側上繞步（圖 7-6-67）。右腳急速向右前方閃展步，左腳隨之後閃；雙手向前推槍拗弓步穿袖（圖 7-6-68）。

圖 7-6-67

圖 7-6-68

祁家通背拳

（三十一）跳步歪槍

重心後移；雙手向回拉槍（圖7-6-69）。左腳向左前
跳步，下蹲，右腳隨著左腳落地，後落跪膝步；同時左手
隨之內旋，向左上方抬起，高與左肩齊，右手向左、稍前
方推把；左轉身，右肩向左扣，右把貼於左肘下，槍身左
歪，槍尖向右前上方紮槍（圖7-6-70）。

圖 7-6-69

圖 7-6-70

注：1. 跳步、歪槍紮要同步，腳到、手到、槍到。

2. 用法為奇中正，直行斜入。

（三十二）開步劈槍

重心稍起，變左五五步，鬆膛下胯，氣沉丹田；右手拉把於右腰後，左手外旋，四指向下一攏，外擺，下劈槍（圖7-6-71）。

注：劈槍要有身力，劈前全身要鬆到極點，劈時全身要緊到極點，緊後即鬆。

（三十三）紮槍

向前上右跟步；右手向前推把，前紮槍（圖7-6-72），迅速收槍回抱槍勢（圖7-6-73）。

圖 7-6-71

圖 7-6-72

圖 7-6-73

（三十四）劈棒回身

上右步；右手向左手處滑把，向前劈棒，左後轉身180°，右把後滑，抱槍勢（圖7-6-74）。

圖 7-6-74

第五路　大奇槍

（三十五）拿紮槍

拿槍，上左弓步紮槍（圖 7-6-75）。

圖 7-6-75

(三十六)隨槍（藤蘿纏枝）

槍回撤，仍為抱槍勢（圖7-6-76）。用腰帶動槍身裏圈槍一圈（圖7-6-77）。右腳上蓋步，繼續裏圈一圈（圖

圖 7-6-76

圖 7-6-77

7-6-78）。繼續上左步；左把繼續搖動，右把穩住，協調
配合，繼續裏圈槍半圈（即裏圈槍連三勢）（圖 7-6-
79）。

　　注：（1）隨槍右把在後，用腰動帶動圈槍。

　　（2）隨槍乃「戰斷」之意，要粘住敵槍，相隨，待機
待變而動，不可僵亦不可懈，鬆柔自如。

圖 7-6-78

圖 7-6-79

（三十七）崩槍

重心下降，左步變半馬步；同時右把前推後即下壓，左把上揚，用腰身之力使槍上崩，左把抱住槍停於左耳上方，右把止於小腹，兩手間之杆貼於身前（圖7-6-80）。

注：此崩槍亦含挑，有揚場之意。

（三十八）劈槍

右把向後拉，左手握槍向前下方壓下；低半馬步，腰身弓縮，向下用力劈槍（圖7-6-81）。

圖7-6-80

圖7-6-81

(三十九)挑槍

右腳向左腳後跟半步；
雙把握槍不動，用腰身向左
上方硬挑（圖 7-6-82）。

(四十)劈槍

左腳向前，鬆腰坐胯成
半馬步；用腰身向下劈槍
（圖 7-6-83）。

圖 7-6-82

圖 7-6-83

祁家通背拳

（四十一）挑槍

同第 39 式（圖 7-6-84）。

（四十二）劈槍

同第 40 式（圖 7-6-85）。

注：此劈挑槍是用腰身之整力，而非僅僅用雙臂之力，硬去硬回莫軟，如同搗碓。

（四十三）孤雁出群

接上勢。左腳向左閃步，右腳隨之左閃展步；落左腳後，雙把向裏拿槍（圖 7-6-86）。左腳向身後跳起，右腳蹬地隨之後跳；同時在空中右手迅速前推把，平抖槊

圖 7-6-84

圖 7-6-85

圖 7-6-86

圖 7-6-87

槍，左手鬆杆，立掌向左後方平展（圖7-6-87）。

　　注：此槍變單把，乃不得已而為之，故要邊紮邊撤，為敗中取勝之道也，亦名「捨命槍」。

（四十四）臥步槍

　　接上勢。左腳先落地，右腳隨之落於左腳後方並下蹲

成歇步；左側身，右把向回拉槍，置於左腋下，左手在右手前，微屈臂握住槍桿，右肩裏扣，槍身平置；目視槍尖（圖7-6-88）。

注：要縮小身形。

（四十五）開步劈槍

重心微起，右擰身，成四六步；右把向右腰後拉把，左把四指下攏，用身力向下劈槍（圖7-6-89）。

圖 7-6-88

圖 7-6-89

(四十六) 紮槍

左腳向前踏出成左弓步；右手推把，向前下紮槍，迅速回拉抱槍勢（圖7-6-90）。

(四十七) 擺槍跳閃步紮槍

左腳向右前方繞步；右把握槍外擺（圖7-6-91）。右腳向左腳前右方跳閃步，左腳隨右腳後閃成拗弓步；右把

圖 7-6-90

圖 7-6-91

推槍，向前平紮槍（圖7-6-92）。

（四十八）梨花擺頭

重心向左、向後撤；右把稍後拉，左轉腰向左微擺，左把平持，與右手同步左擺；右腳向後撤步；長槍左擺（圖7-6-93）。右轉腰並向右擺，帶動左把向右平擺槍，右把在左肘後，夾右肩，右肘抵腹，平擺，腕與左把配

圖 7-6-92

圖 7-6-93

合，槍尖呈大扇面平掃（圖7-6-94）。左腳向右腳前右方上繞步；腰身帶動，左把向左平擺（圖7-6-95）。右腳向左腳左前方上繞步；長槍再向右平擺（圖7-6-96）。上左步，長槍再向左平擺，再向右平擺。總體是雙手握槍不動，用腰身抖動，帶動槍身左右迅速平擺三次，槍尖扇面逐漸變小。

上左步，裏拿槍踏左弓步紮槍（圖7-6-97）。

圖7-6-94

圖7-6-95

圖 7-6-96

圖 7-6-97

第六路　大過橋（三槍）

（四十九）裏劈槍

接上動。迅速回拉槍；左腳外碾，右腳隨之左閃（左碾閃步），成四六步，身右轉；右把穩住，左把外圈，槍

向右前方劈下（圖7-6-98）。

（五十）外劈槍

右把前推下紮槍（圖7-6-99）。右腳向右落步，腳尖外展，右擰身，成右弓步；右把微向回、向下壓把，左把上滑向上、向左、向下外擺；同時右把上抬至頭右上方，

圖 7-6-98

圖 7-6-99

槍向外圈劈，成敗槍勢；左轉頭，目視左斜下方槍尖（圖
7-6-100）。

（五十一）懷中抱月

左轉身，左腳向右腳後倒步，成龍行步；右把向腹前
下壓，左把邊滑邊上抬至左耳上方，槍由下向上挑起；目
視前方（圖7-6-101）。

圖 7-6-100　　　　　　　　圖 7-6-101

(五十二) 退步攞棒

　　右把上抬，左把下壓，向前劈點槍（圖 7-6-102）。重心微起，左把迅速向前滑把，並向上、向左肩側抬起，右把前滑，向前、向上抬起；左撑身，成右四六步，使槍把由下向前、向上攞棒（圖 7-6-103）。

圖 7-6-102

圖 7-6-103

(五十三)退步擺槍

右腳向後退步；右把向上抬過頭，左把向下、向前、向上托起，雙手托槍桿，由左側從下向前、向上擺槍，槍尖與腰齊（圖7-6-104）。

圖 7-6-104

圖 7-6-105

(五十四) 拿紮槍

右把下壓，左把內翻；重心下降，三七步拿槍（圖7-6-105）。左腳前踏；右把推槍，向前左弓步、平紮槍（圖7-6-106）。

五十五、五十六、五十七式為退步攔棒、退步攔槍、拿紮槍，再重複一次（圖7-6-107～圖7-6-110）。

圖 7-6-106

圖 7-6-107

祁家通背拳

圖 7-6-108

圖 7-6-109

圖 7-6-110

(五十八)翻身劈槍

從右向後返身，右腳向左腳後倒步成半仆步；雙手握槍向反方向從上向下劈砸槍（圖7-6-111）。

(五十九)裏外四槍

上右閃展拗弓步；拈槍（裂敵肋）（圖7-6-112）。

圖7-6-111

圖7-6-112

稍回拉槍；上左閃展步，轉環裏闖槍（紮敵胸）（圖7-6-113）。槍尖向下、向外轉環；上右閃展拗弓步，外上紮槍（紮敵頭）（圖7-6-114）。槍尖下拉（鎖敵虎口）；上左閃展弓步，轉環裏闖槍（紮敵喉）（圖7-6-115）。

圖7-6-113

圖7-6-114

圖 7-6-115

（六十）蓋把回身

上右三七步；右把後拉，左把前滑尺餘，向下、向回拉至腰間，同時右手滑把，露出槍把（圖7-6-116）。由右側向前蓋槍把；左轉身180°，重心放右腳，左腳虛提；右把後滑握槍把，成中平抱槍勢；目視前方（圖7-6-

圖 7-6-116

圖 7-6-117

117）。

第七路　雲溜棍

（六十一）拿絮槍

左腳落三七步；拿槍（圖 7-6-118）。左腳前踏；右把前推，左弓步、平絮槍（圖 7-6-119）。

圖 7-6-118

圖 7-6-119

（六十二）裏撥槍

重心稍後撤，左腳向右側上繞步；右把回拉至腰，左手前滑，向右下方撥槍（圖 7-6-120）。

（六十三）棒貫

右腳向右前方上步；右把回拉右腰後，左把帶槍，向

圖 7-6-120

左上方斜掛槍（圖7-6-121）。右腳上右閃展步，左腳隨之後閃；右把前滑露槍把，由右側向前上方橫貫，左把拉至左腰間（圖7-6-122）。

注：掛攔及橫貫用腰身之力，一氣呵成。

（六十四）槍貫

左腳向左前方閃展步，右腳隨之左閃，成左弓步；右

圖7-6-121

圖7-6-122

把向後帶，左把前推，用腰身帶動槍身向前上橫貫（圖7-6-123）。

（六十五）槍劈

左把下壓，與腰身配合下劈槍（圖7-6-124）。

圖 7-6-123

圖 7-6-124

(六十六)棒劈

上右步、左把下拉，右把由右側向上、向前滑把劈棒（圖7-6-125）。

(六十七)槍劈

接上動。右腳踏弓步；右把向左腋下拉把，左手由左側向上、向前下劈槍（圖7-6-126）。

圖7-6-125

圖7-6-126

(六十八) 雲溜槍

上左扣步，右旋身；左把上提過頭，右把從左腋下上托雲槍（圖7-6-127）。倒右步，繼續右旋身；雙手雲槍，身轉至朝東時，右把拉至腰間，左手推把向右上橫砍槍（圖7-6-128）。

圖7-6-127

圖7-6-128

(六十九)烏龍入洞

上左三七步;下劈槍（圖 7-6-129）。裏圈槍一圈半;上左步,倒右步;外圈槍一圈（圖 7-6-130）。上左弓步平紮槍（圖 7-6-131）。

圖 7-6-129

圖 7-6-130

圖 7-6-131

（七十）棒劈

接上動。上右五五步；左把向左腰帶，右把從右向上、向前蓋把劈棒（圖 7-6-132）。

圖 7-6-132

（七十一）抱槍回身

左轉身180°，太公釣魚抱槍勢（圖7-6-133）。

第八路　童子抱扇

（七十二）拿絮槍

裏拿槍，右弓步平絮槍（圖7-6-134）。

圖 7-6-133

圖 7-6-134

(七十三) 外撥槍臥步摔棒

重心後撤，向右前方上左繞步；左把向左斜下方，帶把，向外下撥槍（圖 7-6-135）。上右步，倒左步，重心下降成臥步；左把向左腰回帶，右把由右側向上、向前、向下滑把臥步摔棒（圖 7-6-136）。

圖 7-6-135

圖 7-6-136

（七十四）開步槍劈

起重心，上右步；右把向上、向右掛棒（圖 7-6-137）。左腳向前上四六步；右把下滑，把端拉向腰間，左把上舉下滑，向前劈槍（圖 7-6-138）。

圖 7-6-137

圖 7-6-138

（七十五）弓步紮槍（鳳奪窩）

接上動。倒行步絞槍（圖7-6-139）。上左弓步；平
紮槍（圖7-6-140）。

圖 7-6-139

圖 7-6-140

(七十六)上步棒劈

接上動。迅速回拉槍；上右四六步；左把向左腰回帶，右把滑把，由右側向上、向前，蓋把棒劈（圖7-6-141）。

(七十七)上步回身棒劈

上左步，身右轉180°；回身馬步棒劈（圖7-6-142）。

圖7-6-141

圖7-6-142

(七十八)倒步槍劈

右腳向左腳後倒步,右轉身180°;同時右把向下掛,左把向上、向前下劈槍(圖7-6-143)。拿槍(圖7-6-144),弓步、紮槍(圖7-6-145)。

圖 7-6-143

圖 7-6-144

圖 7-6-145

(七十九)回身抱扇

右旋身，變右弓步；右把拉至腰間，左把向右頭前方搖槍（圖 7-6-146）。左腳向右腳右前方上扣步；左手上抬至頭頂，右把向腹前推把，左把在上，槍身在上，順時針水平畫圓，搖動長槍，如同搖旗；繼續右旋身，右腳向左腳後倒步，轉身成右弓步；左手搖槍停於右耳側前方，右把停於右腰後，右扭身，槍身斜指右前上方；左扭頭，目視左方（圖 7-6-147）。

注：旋身一圈半 540°，前進方向西南。

第九路　正上橋

(八十)拿絮槍

重心左移，右腳向左腳後倒行步，左轉身；長槍由右上向左下撥槍（圖 7-6-148）。上左步；拿槍、弓步、絮

圖 7-6-146

圖 7-6-147

圖 7-6-148

槍（圖 7-6-149）。

（八十一）外擺槍

左腳向右前方上繞步；同時兩手協調一致，外擺槍
（圖 7-6-150）。

圖 7-6-149

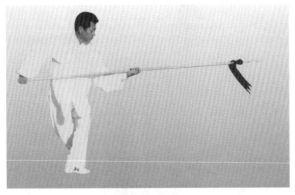

圖 7-6-150

(八十二)棒撥臥步劈槍

接上動。左把上抬，向前上右步，右把向上滑把，用槍把向左下方撥棒（圖7-6-151）。迅速倒左步，成半臥步；同時右把向左腋下推把，左把迅速向前下壓把劈槍（圖7-6-152）。

(八十三)開步槍貫

左腳從右腳前繞行，向左前方閃展步，右腳隨之左閃，落左腳後成左五五步；同時右把拉向右腰，左把上抬向外纏槍，腰身同時用力向右橫貫槍（圖7-6-153）。

注：兩手有撕掙力。

圖7-6-151

圖7-6-152

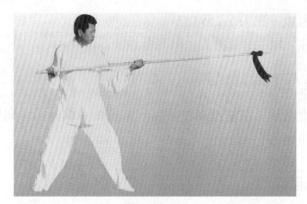

圖 7-6-153

(八十四)拗步棒貫

左把向左腰間帶把,右把向右、向前上推把,用腰身之力向前上方拗步橫棒貫(圖7-6-154)。

(八十五)槍劈

右把拉向右腰間,左把向上、向前、向下推壓,由上

圖 7-6-154

向下劈槍（圖 7-6-155）。

　　注：兩手有撕掙力，劈有彈性。

（八十六）棒劈

　　上右步；左把拉向左腰間，右把由右側向上、向前下劈棒（圖 7-6-156）。

圖 7-6-155

圖 7-6-156

(八十七)回身抱槍

左轉回身，左提膝步；右把下滑至槍把，抱中平槍（圖 7-6-157）。

第十路　花槍棒
(八十八)拿絮槍

裏拿槍，踏左弓步，平絮槍（圖 7-6-158）。

圖 7-6-157

圖 7-6-158

(八十九) 臥步摔棒

左步稍撤;用槍向左斜下外掛(圖7-6-159)。同時上右步,倒左步;右把上滑,由右向上、向前、向下壓把,臥步摔棒(圖7-6-160)。

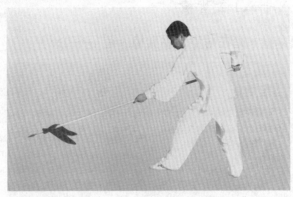

圖 7-6-159

圖 7-6-160

（九十）崩砸棒

左把下壓，右把上提使槍把上崩（圖 7-6-161）；右把迅速下壓，左把上提，使槍把向下劈砸（圖 7-6-162）。

（九十一）開步槍貫

左腳從右腳前繞行，向左前方閃展步，右腳隨之左

圖 7-6-161

圖 7-6-162

閃，落左腳後成五五步；同時右把下滑把拉向右腰，左把亦下滑把向前上推把，槍貫（圖7-6-163）。

（九十二）上步棒貫

上右虎步；左把帶回左腰，右把由右向前推把，棒貫（圖7-6-164）。

圖7-6-163

圖7-6-164

（九十三）棒掃

重心下降並移到左腿，右腳回提、左轉身，右腳併向左腳左側上龍行蓋步；同時右把由上向下外轉環，向左下棒掃（掃敵下盤）（圖7-6-165）。

（九十四）開步槍劈

左腳由右腳前繞行向前落步，右轉身；右把滑把向左腰間拉帶，左把上舉向前，四六步下劈槍（圖7-6-166）。

（九十五）槍掃

重心下降，右轉身，左腳向左腳右前側上龍行蓋步；左把由左外下轉環，向右下槍掃（掃敵下盤）（圖7-6-167）。

圖 7-6-165

圖 7-6-166

圖 7-6-167

(九十六)棒攔腰

右腳向左腳前方上虎步；左把向左腰帶把，右把由右側向前橫擺，用腰身左轉帶動槍把向左棒攔腰（圖 7-6-168）。

圖 7-6-168

（九十七）回身抱槍

右把下滑握住把端；左轉回身，左腳虛提；抱中平槍
（圖 7-6-169）。

圖 7-6-169

第十一路 倒上橋

(九十八)閃步戳棒

左腳向左前方閃步，右腳隨之前提；左把向上，再向下拉把至左腰側，右把向前推把戳棒（圖7-6-170）。

(九十九)倒行步圈棒、砸棒

重心前移右腳，左腳向右腳後倒行步；同時以左把為軸，右把向下、向右、向上圈棒（圖7-6-171）。上右五五步，砸棒（圖7-6-172）。上述動作連續再做一遍（圖7-6-173、圖7-6-174）。

圖 7-6-170

圖 7-6-171

祁家通背拳

圖 7-6-172

圖 7-6-173

圖 7-6-174

（一〇〇）戳棒

　　右腳向前踏弓步；雙把同時用力向前上戳棒（圖 7-6-175）。

圖 7-6-175

(一〇一)棒掃

重心後移左腳，半仆步；右把下轉環，配合腰身，向左下平掃棒（圖 7-6-176）。

圖 7-6-176

(一○二)上步槍劈

起重心，上左步；右把回帶右腰間，左把向上、向前、向下劈槍（圖7-6-177）。倒行左步，外纏槍（圖7-6-178）。上左步，紮槍（圖7-6-179）。

圖 7-6-177

圖 7-6-178

圖 7-6-179

(一○三)棒劈

接上動。上右五五步；左把回帶至腰間，右把滑把，由右側向上、向前下蓋把劈棒（圖 7-6-180）。

圖 7-6-180

圖 7-6-181

（一〇四）回身抱槍

右把下滑至槍把，左轉身，抱中平槍；目視前方（圖 7-6-181）。

第十二路　窩槍

（一〇五）拿絮槍

同第 88 式（圖 7-6-182）。

（一〇六）攉棒

上右三七步；左把上挑，回拉至左肩內側，右把滑把，由下向前攉棒（圖 7-6-183）。

圖 7-6-182

圖 7-6-183

(一〇七)倒行步下紮槍

上左三七步；右把上提舉過頭，左把由左側向下，槍身向前斜撩（圖7-6-184）。右腳向左腳後倒行，重心下降；右把向前下方栽把下紮槍（圖7-6-185）。

圖 7-6-184

圖 7-6-185

（一○八）馬式拿紮

上左步；右把由右向右腰後裹把，左把內翻，重心下降，半馬步拿槍（圖7-6-186）。左腳前踏弓步；右把推槍前紮（圖7-6-187）。

圖 7-6-186

圖 7-6-187

（一〇九）提櫓下紮槍

　　左把微外翻，右把下壓回抽，並經右向上搖把過頭，前槍外纏（圖7-6-188）。右腳向左腳後倒行；右把向前下栽把下紮槍（圖7-6-189）。

圖 7-6-188

圖 7-6-189

（一一○）閃步上紮槍（天邊摘月）

左腳前行落半馬步；右把由右向右腰間搖把，左把內翻，半馬步拿槍（圖 7-6-190）。右把前推，中平引紮槍（圖 7-6-191）。右腳向右側閃展步，左腳隨之後外閃，腳落拗弓步；槍從下右轉環後，右把向前上推把，左把上抬至頭右前方，向前上方斜紮槍（圖 7-6-192）。

圖 7-6-190

圖 7-6-191

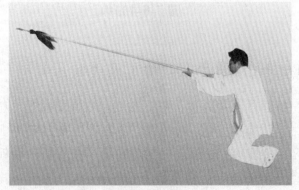

圖 7-6-192

(一一一)梆槍

上左步；右把回抽，左把下壓，落四六步（亦半馬步），向下梆槍（圖7-6-193）。右把前推，左弓步、平紮槍（圖7-6-194）。

(一一二)棒劈

上右步；左把回拉至右腰間，右把滑把，由右側向

圖 7-6-193

圖 7-6-194

上、向前下劈棒（圖7-6-195）。

（一一三）回身拿絮槍

右把下滑至槍把，左轉回身180°，左腳虛提；左右把配合拿槍（圖7-6-196）。左腳前踏弓步；右把前推平絮槍（圖7-6-197）。

圖 7-6-195

圖 7-6-196

圖 7-6-197

（一一四）烏龍入洞

接上動。迅速回左步，提膝；槍亦回抱槍勢，用腰帶動槍身，裏圈槍兩圈（圖7-6-198）。緊接外圈槍一圈（圖7-6-199）。左腳前踏弓步；右把前推平紮槍（圖7-6-200）。此槍亦為一拈三花。

圖 7-6-198

圖 7-6-199

圖 7-6-200

（一一五）崩槍收勢

　　左右把同時微上提，右把迅速下壓，回抽至右腰後側；重心回撤，成左三七步；太公釣魚抱槍勢（即槍尖高於後把）（圖 7-6-201）。左腳收回，與右腳併步，左把上抬於右肩前側，右把前滑握在左把下方，槍豎立於右腿

圖 7-6-201

外側，左手鬆把向前微屈臂挑掌（圖 7-6-202）。左手變俯掌，慢慢回落於左腿外側；目平視前方（圖 7-6-203）。

圖 7-6-202

圖 7-6-203

歌曰：

加槍帶棒十二杆，兩家對敵數它先。

暗藏兩槍拿在手，上陣交鋒首尾連。

各種槍點勤操練，十個斷法細鑽研。

祁門留下神槍法，代代相傳仔細參。

注：祁門十二槍（杆）連操所含三十六槍法，只是槍法中主要部分，在此基礎上，仔細研求，窮究其理，結合有關散點招術進行單操、對拆，熟極之後，方能進一步求勁、求意，功夫上身，即可推出法外之法，以達「人槍合一」之意境。

編後話

《祁家通背拳》是以「集通背拳大成者」「中興之祖」胡悅曇先生，以及德藝雙修的楊步蟾先生、翟樹貴先生、張聖武先生畢生之心血結晶，以《南遊日記》《拳譜》《刀譜》《槍譜》為藍本，參照劉月亭、修劍癡兩位通背拳大師所留《拳譜》，加之編者數十年之研練體會，綜匯編纂而成。

其中難免有悖先輩所論之處，望武林同道體諒。

祁家通背拳內容豐富，除本書介紹的槍、刀、手法、劍法之外，尚有長器械「祁門棍法」、短器械「換手雙鑀」、暗器「飛刀」等，這裏不予介紹。只要精通「槍、刀、手」，其他器械則可根據兵器之特點以及通背拳基本法則的要求進行研練，即可入門矣。

本書介紹的通背拳法、刀法、槍法，可供初級、中級、高級各個階段的習練者進行參考。由於篇幅所限，本書對各種招法拆解並無詳說，習者可參照《祁家通背拳》VCD（含槍、刀、拳、劍共 15 碟）仔細參研。如欲不走彎路，可請教有傳授並進行深入研究、有一定造詣的老師進行指導。最主要者，要刻苦用功，親自拳中思考體會，「功行久之，方能一氣貫通」，否則「白費心機，枉勞神」矣。

研習祁家通背拳要從繼承和發揚中華民族文化的心態出發，陶冶情操，修身養性，體會其中之樂趣。古云：「文以評心，武以德觀。」故習武當以德為先，愛國、益

民、正義、平和；切勿好勇鬥狠，危害社會。

學習祁門通背的人遍及神州，其中不乏有傳授或有研究之人，望予批評指正。如有同宗、同源，分支脈的傳人，願提供源流資料者，可續入祁家通背拳宗譜表，並可共同交流，共同提高，以達推動中華武學文化發展之目的。

十分感謝眾多武林同道及朋友對我們的支持和幫助。

作　者

太極跤

1 太極防身術

定價300元

2 擒拿術

定價280元

3 中國式摔角

定價350元

簡化太極拳

1 陳式太極拳十三式

定價200元

2 楊式太極拳十三式

定價200元

3 吳式太極拳十三式

定價200元

4 武式太極拳十三式

定價200元

5 孫式太極拳十三式

定價200元

6 趙堡太極拳十三式

定價200元

原地太極拳

1 原地綜合太極二十四式

定價220元

2 原地活步太極四十二式

定價200元

3 原地簡化太極拳二十四式

定價200元

4 原地太極拳十二式

定價200元

5 原地青少年太極拳二十二式

定價220元

6 原地兒童太極拳十捅十六式

定價180元

健康加油站

1 糖尿病預防與治療

定價200元

2 胃部機能與強健

定價180元

3 不孕症治療

定價200元

4 簡易醫學急救法

定價200元

5 肥胖健康診療

定價200元

6 肝功能健康診療

定價200元

7 高血壓健康診療

定價200元

8 高血糖值健康診療

定價200元

9 尿酸值健康診療

定價200元

10 膽固醇中性脂肪健康診療

定價200元

11 痛風劇痛消除法

定價180元

12 三溫暖健康法

定價180元

13 手・腳病理按摩

定價180元

14 B型肝炎預防與治療

定價180元

15 吃得更漂亮、健康

定價180元

16 茶使您更健康

定價180元

17 圖解常見疾病運動療法

定價180元

18 科學健身改變亞健康

定價180元

歡迎至本公司購買書籍

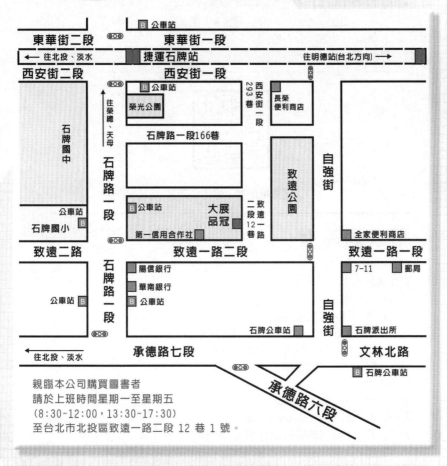

親臨本公司購買圖書者
請於上班時間星期一至星期五
(8:30~12:00，13:30~17:30)
至台北市北投區致遠一路二段 12 巷 1 號。

建議路線
1. 搭乘捷運
　　淡水線石牌站下車，由出口出來後，左轉(石牌捷運站僅一個出口)，沿著捷運高架往台北方向走(往明德站方向)，其街名為西安街，至西安街一段293巷進來(巷口有一公車站牌，站名為自強街口)，本公司位於致遠公園對面。

2. 自行開車或騎車
　　由承德路接石牌路，看到陽信銀行右轉，此條即為致遠一路二段，在遇到自強街(紅綠燈)前的巷子左轉，即可看到本公司招牌。

國家圖書館出版品預行編目資料

祁家通背拳／單長文　編著
——初版，——臺北市，大展，2007 年〔民 96〕
面；21 公分，——（中華傳統武術；12）
ISBN　978-957-468-531-8（平裝）
1. 拳術—中國　2. 刀槍術　3. 劍術
528.97　　　　　　　　　　　　　　　96002971

祁家通背拳

ISBN-13：978-957-468-531-8

編　　著／單長文
責任編輯／張建林
發 行 人／蔡森明
出 版 者／大展出版社有限公司
社　　址／台北市北投區（石牌）致遠一路 2 段 12 巷 1 號
電　　話／（02）28236031・28236033・28233123
傳　　眞／（02）28272069
郵政劃撥／01669551
網　　址／www.dah-jaan.com.tw
E - mail／service@dah-jaan.com.tw
登 記 證／局版臺業字第 2171 號
承 印 者／高星印刷品行
裝　　訂／建鑫印刷裝訂有限公司
排 版 者／弘益電腦排版有限公司
授 權 者／北京人民體育出版社
初版 1 刷／2007 年（民 96 年）5 月

定價／550 元

推理文學經典巨著，中文版正式授權

名偵探明智小五郎與怪盜的挑戰與鬥智
名偵探柯南、金田一都讚嘆不已

日本推理小說鼻祖—江戶川亂步

1894年10月21日出生於日本三重縣名張〈現在的名張市〉。本名平井太郎。
就讀於早稻田大學時就曾經閱讀許多英、美的推理小說。
畢業之後曾經任職於貿易公司，也曾經擔任舊書商、新聞記者等各種工作。
1923年4月，在『新青年』中發表「二錢銅幣」。
筆名江戶川亂步是根據推理小說的始祖艾德嘉‧亞藍波而取的。
後來致力於創作許多推理小說。
1936年配合「少年俱樂部」的要求所寫的『怪盜二十面相』極受人歡迎，
陸續發表『少年偵探團』、『妖怪博士』共26集……等
適合少年、少女閱讀的作品。

1 ～ 3 集　定價300元　試閱特價189元